零基础
开一家赚钱的
餐饮小店

流程设计+运营管理+营销推广

苏先生◎著

中国铁道出版社有限公司

CHINA RAILWAY PUBLISHING HOUSE CO., LTD.

图书在版编目（CIP）数据

零基础开一家赚钱的餐饮小店：流程设计+运营管理+
营销推广/苏先生著.—北京：中国铁道出版社有限公司，
2024.6

ISBN 978-7-113-31166-7

Ⅰ.①零… Ⅱ.①苏… Ⅲ.①饮食业-商业经营 Ⅳ.①F719.3

中国国家版本馆CIP数据核字（2024）第076928号

书　　名：零基础开一家赚钱的餐饮小店——流程设计+运营管理+营销推广
　　　　　LING JICHU KAI YIJIA ZHUANQIAN DE CANYIN XIAODIAN：LIUCHENG
　　　　　SHEJI+YUNYING GUANLI+YINGXIAO TUIGUANG

作　　者：苏先生

责任编辑：张　明　　编辑部电话：（010）51873004　　电子邮箱：513716082@qq.com
封面设计：宿　萌
责任校对：刘　畅
责任印制：赵星辰

出版发行：中国铁道出版社有限公司（100054，北京市西城区右安门西街8号）
印　　刷：天津嘉恒印务有限公司
版　　次：2024年6月第1版　　2024年6月第1次印刷
开　　本：710 mm×1 000 mm　1/16　印张：17　字数：228千
书　　号：ISBN 978-7-113-31166-7
定　　价：79.00元

序 •———————————————————————————————

1. 我是谁

我是苏先生，一个半路出家的餐饮人。大学读的心理学，毕业后当过销售，做过保险和早教老师。工作做了不少，薪资仍然少得可怜，与很多现在打开这本书的年轻人一样，年龄见长，钱包却没能鼓起来，反而有越来越扁的迹象。听人说餐饮行业门槛低，适合我这种一穷二白又想赚钱的人，吭哧吭哧准备了大半年，利用空闲时间兼职干了三四家餐饮品牌，摸清楚情况后，找了两个合伙人就开始了我的餐饮创业之路了。

2013年，开始了第一个项目：榴梿甜品店，第二年回本后就开始了融资扩张，最高峰时有22家门店；

2016年10月，我开始在知乎上以"苏先生"为笔名分享开店经验；

2016年12月，我开始转型做新式茶饮；

2017年4月，机缘巧合之下做成了一个网红奶茶品牌，到2021年末大概有200家门店。

除了自己的餐饮项目，我也跟其他人一起合作开过咖啡店、龙虾店、牛味店、烧烤店等餐饮小店。除了开店，作为迷你投资人，还投过几个餐饮小项目。按时间从前往后看，好像我做餐饮一路顺风顺水。事实上，从2013年入行开始，到2016年末，公司账上的余额大部分时间都低于10万元。那赚的钱去了哪儿呢？变成货了。货卖掉之后的钱呢？变成房租、工资和新店了。

我还算幸运，好歹赚到钱了，只是看不到现金而已，身边不少同行在煎熬中倒下，再没能爬起来。餐饮的确是一个进入门槛很低的行业，但餐饮的盈利门槛很高，这也是我为什么要写这本书的原因之一。

2. 为什么要写这本书，这本书适合谁看

写这本书的目的，其实书名就点明了，想帮你们开一家能赚钱的餐饮小店。几乎每个人都有一个小店梦："等我累了或是老了，回老家开一家小店"。鉴于进入餐饮行业的低门槛，这个梦要实现其实很简单，店开起来很容易，找个项目装修一下就能开门迎客。但由于盈利的高门槛，这个梦很短、很容易醒。新手开店存活期普遍很短，成功赚到钱的概率不到10%。以茶饮为例，2021年在58同城、百度贴吧等公开平台上转让的门店中，近20%的存活时间不足三个月，64.7%的门店未满一年就关闭了。

我想有小店梦的你，肯定不希望自己的小店在三四个月内就倒闭。开店之前，你可能会找各种资料，比如开店教程。很奇怪，其他课程都很丰富，比如教理财、运动、恋爱的，但是很少能看到教开店的，即使有，也是媒体、培训机构发布的居多，而他们的立场与餐饮创业者并不一致，输出的内容与创业者的需求时常存在差异。

我自己开店前也做过相同的事情，除了各种品牌员工流出来的配方外，没有太多有价值的信息。而且这些外流出来的配方，对新手而言其实没什么用。产品技术不是拿到一张配方就能掌握的，不要把连锁品牌的配方幻想成武侠世界里的武功秘籍。

技术包含很多隐藏的条件，比如供应链，连锁公司的原物料大多经过定制，与供应商签订了保密协议，不允许外供给其他品牌。就算你有门店配方，知道是哪家供应商的货，但拿不到定制品，也就不可能复制出一模一样的产品来。

开店之初，缺乏有价值的参考信息，就意味着大部分餐饮创业者都是摸着石头过河。过了河的，知道河里有什么，但是怕后面的同行影响自己的生意，没有意愿传授经验。后来的过河人，每次都是从零开始，然后低效地重复探索。在餐饮行业这几年，我看到过很多因为一时冲动开店，而几个月后赔到倾家荡产的新手，每个新手都在犯同样的错误，不停地重复浪费钱。

这本书就是写给那些想要过河的人看的，是一本"过河指南"。适合那些资金少、对餐饮有兴趣但无从下手的新人，或者在经营上遇到困难的餐饮从业者。希望通过这本书，让那些还没开店的人知道怎么才有可能盈利，让已经开店的人知道怎么增加收入、减少亏损。

3. 本书的主要内容

本书内容较多，或深或浅地涉及开一家餐饮小店需要面对的一些关键问题。

本书内容共四章：

第1章是开店的思想准备，让你有个合理的心理预期再决定要不要干餐饮。包括创业的成功率如何？怎么做开店预算？餐饮行业利润有多少？怎样才能通过餐饮创业实现财务自由？创业该不该合伙？如果合伙怎么做才能提高成功率？说不定看完这部分，你的小店梦当场碎裂，后面都不用看了。能不能实现盈利，心理准备是非常重要的一环，如果你的预期是2~3个月回本，大概率会以倒闭收场。

第2章是开店的项目筹备，先规划好品牌的整体情况，决定卖什么东西，怎么卖。包括了解餐饮行业的品类、怎么选择成功率高的项目、自营和加盟怎么选、怎么分辨快招公司避免被骗、品牌定位是什么及如何确定品牌的定位。如果你选择加盟一个品牌，这部分内容可以略过。

第3章是项目的落地，到了实际的执行环节，这部分内容最多。例如，怎么给餐饮店起一个好名字，让它能自带流量？怎么去注册商标，保护知识产权？怎么获得开店需要的技术？有哪些靠谱的途径？什么是好产品？怎样才能做出一款好产品？产品怎么更新？产品怎么做差异化？怎么做菜单？怎么定价？怎么规划合理的产品线？原材料怎么买？怎么搭建供应链？要买哪些设备？怎样才能少花钱买好货？怎么选址？租赁合同应该注意哪些细节？如何找到心仪的设计师？需要设计哪些内容？店铺装修如何选择可靠的施工方？如何控制装修进度和预算？如何减少装修与设计图的差距？门店开业前需要办理哪些证照？怎么办理？

第4章是项目的运营，门店怎么运作起来？如何做好日常运营？开业活动怎么做？SOP（标准操作规程）和QSC（商品质量、服务质量、清洁状况）手册怎么做？食品安全制度怎么建立？怎样做好餐饮服务？岗位和考勤有哪些注意事项？外卖平台怎么做？营销怎么做才能以小博大，提高品牌的传播力？跑通模式后，如何选择扩张路径？如何管理多家门店？如何搭建加盟体系？

餐饮是一个非常大、非常复杂的行业。各个品类之间可能有很大的差异，比如火锅和烧烤，预算、选址、产品都不一样。按时下说法，它们分属于两个"赛道"。一本书无法覆盖所有餐饮品类，所以，本书的讨论内容会有一些限定。

首先，品类方面以小吃快餐和面包甜点为主，原因有三个。

（1）小吃快餐和以奶茶甜品为代表的面包甜点是餐饮业最大的两个"赛道"，门店数量最多，其中，小吃快餐2023年的门店数量在全行业中的占比更是高达51%。

（2）这两个"赛道"的门店都是小店，资金门槛低，容错率高，适合新手创业。如果一上来就想搞个500平方米的火锅店，很明显，你大概率不是新手，即使是新手，也是个有钱的新手，这不在本书的讨论范围之内。

（3）这两个"赛道"我相对比较熟悉。我从业的大部分时间都是在做甜品、奶茶和各种小吃快餐。

其次，只讨论营业面积100平方米以内、预算60万元以内的餐饮小店。

考虑到新手的预算和能力，过大面积、过高预算，他们容易把握不住。当然，100平方米以上的小店或者65万元的预算，还是在本书的讨论范围之内。上面的两个限定数字只代表大致区间，只要小店的本质没变，大概率本书的内容还是适用的。

最后，案例大部分以奶茶为例，会少量涉及其他品类。

原因在于奶茶这个品类虽然看起来很小、很简单，但在餐饮行业中属于标准化程度高、竞争激烈的代表品类，奶茶的设备专业化、产品更新快、连锁品牌多，日常运营压力大。

奶茶产品更新以周为单位，从街边奶精+茶粉调制开始迭代了十多年，从1.0更新到3.0，产生了无数个新品，奶茶店需要不断推出新品，才能维持消费者的热度。同样是做水，精品咖啡店一年都出不了一个新品，常卖的也就这么几个：美式、拿铁、摩卡、卡布奇诺。直到以瑞幸咖啡为代表的新型咖啡店的崛起，新品数量才有明显上升，仅2021年瑞幸的新品就超过100款。

奶茶的单量也是餐饮行业中最高的品类之一，单个门店每天卖出300单很常见，头部品牌每天600单~800单是常态，日常运营的压力可见一斑。如果连奶茶店都能经营好，其他品类自然不在话下。另外，本书中提及的所有加盟品牌，仅作为案例分析，不作为加盟建议。包括我的自有品牌，部分案例采用自有品牌是为了回避知识产权风险。

下面开启正文内容，手把手教读者朋友开一家小店。

目　录 ●————————————————————————————————

第 1 章

思想准备

1.1 创业的成功率：九死一生

开家餐饮小店是创业的一种选择，但只要是创业就有失败的可能。那创业的成功率大概有多少呢？有一个特别适合描述创业成功率的成语"九死一生"，也就是说，创业成功率大概是10%。

这里的成功至少是存活三年并实现盈利，实际上，如果把"活着"也算成创业成功，那么成功率还能高一些。调查数据显示，餐饮行业的闭店率约为70%，餐饮企业的平均寿命也只有508天，存活率大概是30%。我们可以通过每年餐饮企业的注册量和吊/注销量来观察餐饮创业者存活情况，如图1-1所示。

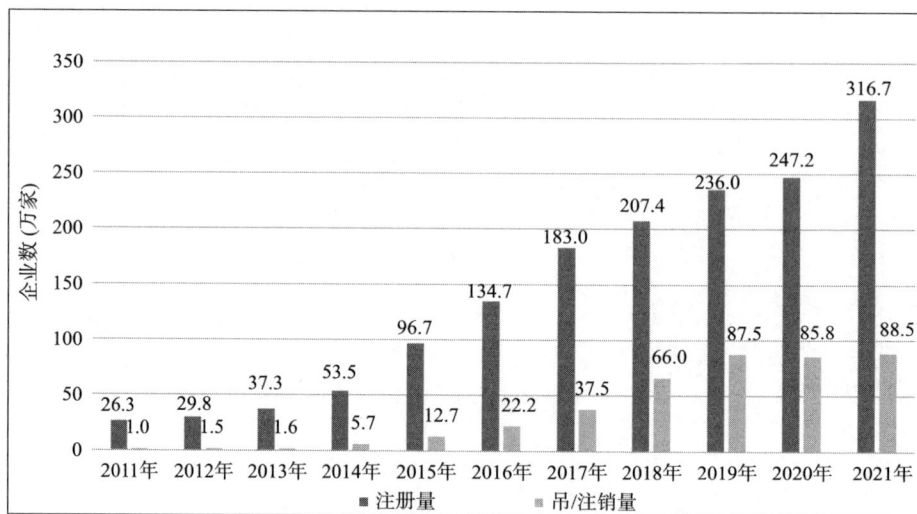

数据来源：企查查。

图 1-1 2011—2021 年餐饮企业新增注册与吊注销量

存活率是多少呢？通过上述数据的交叉计算可以预估出餐饮企业一年、两年和三年的存活率，如图1-2所示。

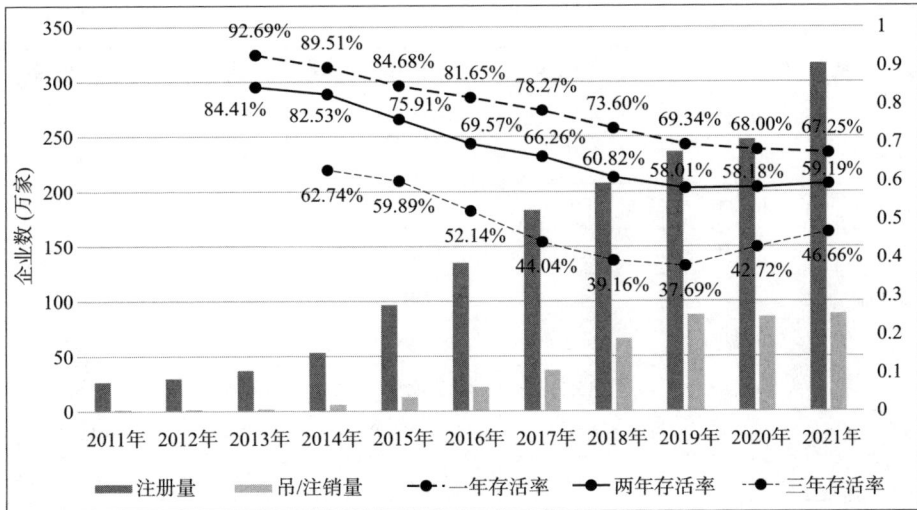

数据来源：企查查。

图 1-2　餐饮企业存活率

根据图1-2的数据，餐饮企业三年存活率为40%~50%，但需要注意的是，这些存活的门店中包含了存活率高的大型连锁品牌，它们是门店总数量的"压舱石"，对于创业新手来说，存活率远没有如此理想。并且存活并不意味着赚钱，不少存活的门店只是熬着，没有倒闭而已，也有倒闭后没有去注销的情况，就像炒股中的"七亏二平一赚"，新手创业成功赚到钱的概率不会高于10%。

好消息是创业的成功率并不是固定的，第一次创业可能是10%，经过经验积累后，第二次可能是20%，第三次可能是40%，因此，连锁品牌的开店成功率最高，它们有着更丰富的经验，门店的商业模式也已被验证过。那连锁品牌门店的成功率到底有多高呢？下面以几个上市餐饮公司为例，见表1-1。

表 1-1　餐饮上市企业门店数量变化表

品　　牌	年　　份	新增门店	关闭门店	期末门店总数	闭 店 率
老乡鸡	2019 年	182	43	769	5.59%
	2020 年	83	33	628	5.25%
	2021 年	53	62	619	10.02%

续上表

品　牌	年　份	新增门店	关闭门店	期末门店总数	闭店率
老娘舅	2019 年	42	15	295	5.08%
	2020 年	62	16	341	4.69%
	2021 年	69	22	388	5.67%
杨国福	2019 年	986	1 068	4 708	22.68%
	2020 年	1 467	939	5 236	17.93%
	2021 年	962	439	5 759	7.62%
一鸣真鲜奶吧加盟店	2017 年	153	39	1 005	3.88%
	2018 年	221	50	1 176	4.25%
	2019 年	150	79	1 236	6.39%
	2020 年	68	60	1 244	4.82%
	2021 年	102	121	1 225	9.88%
一鸣真鲜奶吧直营店	2017 年	82	19	239	7.95%
	2018 年	80	36	283	12.72%
	2019 年	140	53	370	14.32%
	2020 年	204	55	519	10.60%
	2021 年	467	72	914	7.88%

表1-1中的闭店率是由"关闭门店数量"除以"期末门店总数"计算得出，上述几家企业门店每年的闭店率平均为5%~15%。其中，老乡鸡和老娘舅以直营为主，闭店率较低，基本在5%左右；杨国福以加盟为主，闭店率最高为22.68%；一鸣真鲜奶吧采用加盟与直营相结合的运营模式，直营店与加盟店的比例大致是1∶1，表1-1中直营店的闭店率高于加盟店，这是因为它以直营店开拓新市场，市场培育完成后再引入加盟店，因此，并不代表一般情况，正常情况下，加盟店的闭店率显著高于直营店。

表1-1中只是按年计算的倒闭率，如果时间拉长到3~4年，闭店率会有一定程度的上升，杨国福三年闭店率大约是30%，一鸣真鲜奶吧四年闭店率大约是20%，老乡鸡和老娘舅三年闭店率大约是15%，也就是说，上述几家企业门店三

年的存活率为70%~85%，可以算是非常优异的成绩了。

新手创业显然不可能开多家门店练手，但是可以从小项目开始提高成功率，例如，在后备厢摆摊，将柠檬茶所需的器具和材料放入汽车后备厢，选一个人流旺的街口或者集市，现场调制，现场售卖，这就是一家柠檬茶专卖店的雏形。麻雀虽小，五脏俱全。通过摆摊，可以找出捕获率高的选址区域，统计出主力客户群、消费高峰期等信息。积累了一定的知名度后，再选择开实体店，成功率也能提升不少。

有钱、有经验的连锁品牌如果创立一个新的子品牌，那成功率大概有多少呢？以海底捞为例，海底捞自2019年开始孵化多个子品牌，截至2022年7月，超过半数，共七个品牌的门店已经全部关店歇业，新品牌三年存活率不足50%，见表1-2。

表 1-2　海底捞子品牌 2022 年 7 月门店经营情状统计

品　　牌	成立时间	品　　类	客单价（元）	城市分布	营业情况
十八余面馆	2019 年	面食	20	北京	两家门店正常营业
秦小贤	2019 年	面食	19	北京	全部关店歇业
捞派有面儿	2020 年	面食	9	成都	全部关店歇业
佰麸私房面	2020 年	面食	10	郑州	全部关店歇业
新秦派面馆	2019 年	面食	8	西安	全部关店歇业
饭饭林	2019 年	盖饭	19	北京	全部关店歇业
五谷三餐	2021 年	快餐	17	成都	四家门店正常营业
苗师兄鲜炒鸡	2021 年	快餐	50	郑州	四家门店正常营业
孟小将米线	2020 年	米线	10	郑州	一家门店正常营业
骆大嫂水饺	2020 年	水饺	10	郑州	一家门店正常营业
乔乔的粉	2020 年	土豆粉	13	郑州	全部关店歇业
大牟田	2020 年	日料	30	北京	全部关店歇业

数据来源：大众点评。

强如海底捞，新开子品牌也没有太高的成功率，餐饮上市公司中，就算孵化子品牌最成功的九毛九，也就孵化出"太二酸菜鱼"和"两颗鸡蛋煎饼"两个初具规模的子品牌。非上市餐饮公司中，孵化子品牌失败的案例比比皆是。

如果不跨界，做个同品类的子品牌呢？七分甜是奶茶行业中运营能力非常强的品牌，七分甜推出的子品牌"甘如饴"，也只是做奶茶的，但定位有所不同，不到半年以失败告终。

子品牌以另起团队或者投资的方式更容易获得成功，2022年咖啡热潮兴起，茶颜悦色新开"鸳央咖啡"，七分甜新开"轻醒咖啡"，甜啦啦新开"卡小逗"，但喜茶和柠季选择了投资"少数派咖啡"和"RUU"，相比前者，它们的成功率可能会更高。

上面案例说明一个事实：想从零开始创立一个新品牌的难度非常大，成功率非常低。创业能否成功受诸多不可控因素的影响，例如，行业的周期性和季节性、区域口味偏好、经济大环境、商圈的变化、成本的变动、同行的竞争，等等。创业就是面临各种不可控、解决各种困难的过程，但有些困难并不是依靠个人力量就能解决的。成功品牌的创业过程往往异常曲折，用"九九八十一难"形容毫不为过。

除了个人努力外，品牌的成功还需要不可复制的前提和条件。喜茶、海底捞、西贝莜面村的成功都是基于当时的市场环境，如果让聂云宸、张勇和贾国龙带上自己的团队时空穿越到2023年，从零开始打造喜茶、海底捞和西贝莜面村，成功率和品牌影响力将大大降低。前人的成功无法复制，但失败随便都能碰到，因此，我们不能刻舟求剑地学习某些标杆人物的经验。

创业是一场持久战，是一件很难的事，并不是所有人都适合创业。不能只看到少数成功创业者的光鲜亮丽，而无视多数失败创业者的黯然离场。那么，哪些人更适合餐饮创业，哪些人不适合呢？

适合创业的人，一般有如下特征：精力充沛，每天都想干点儿不一样的事；学习能力强、好奇心强，就算在打工，也不会仅仅满足于当前的工作内容；有毅力、有恒心，能延迟满足、能忍受长期不规律的生活。如果你打算加盟一个品牌，而不是创立一个新品牌，那么，你至少应该吃苦耐劳、自律性强、有较高的执行力。

餐饮创业的成功率不高，也不是所有人都适合餐饮创业，那么，为什么我们还要去做餐饮呢？餐饮创业有什么优势呢？餐饮创业门槛低、回本快，最低几万元、十几万元就可以开始，现金流充裕，不会被压货款，运气好十几年就能实现财务自由，是有志年轻人实现财富积累的路径之一。

餐饮行业市场容量大、前景好，随着居民收入的增长，餐饮总收入保持了较快的增速，在可预见的未来内都有机会，没有行业整体衰退的风险。中国餐饮行业总收入从2011年的20 543亿元增长至2019年的46 721亿元，年复合增长率约为10.82%，预计到2025年可增长至76 214亿元，图1-3为餐饮行业十年之间的收入变化。

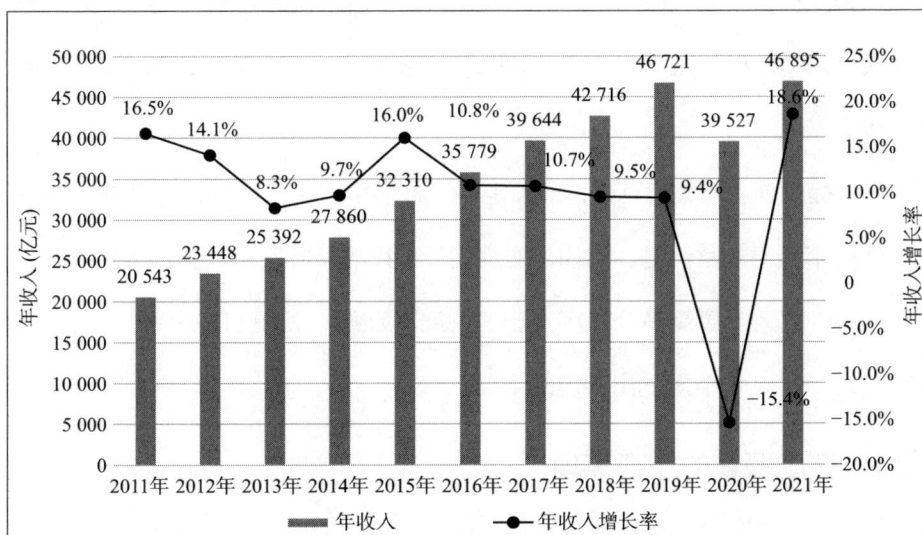

数据来源：国家统计局。

图 1-3　餐饮行业 2011—2021 年营收规模变化

餐饮市场不仅容量大而且高度分散，头部品牌市占率低，马太效应弱，例如，海底捞2021年上半年占火锅市场份额的5.8%，呷哺呷哺占火锅市场份额的1.2%，因此，餐饮行业永远有新玩家入局的机会。

虽然在微观层面，小餐饮门店异常脆弱，存活率不高，但餐饮业之所以成为世界上强韧的行业，恰恰是因为每个餐馆都是脆弱的，每分钟都有餐馆关门破产。如果你接受了餐饮创业的低成功率，也觉得自己适合干餐饮行业，那从哪里开始呢？下一节将从预算规划开始，一步步创立餐饮品牌。

1.2 预算：兵马未动，粮草先行

如果说创业是一场旷日持久的战役，那么创业者手上的资金就是"粮草和弹药"，只有后勤有保障，前线的胜利才能保证。没有资金作为后勤保障，创业的成功率无限接近于零。在开店之前，预算问题，也就是起步资金是首先需要考虑的。兵马未动，粮草先行，如果没有物质基础，想法、创意、技术、营销都将是空中楼阁。

除了提供创业的物质基础，预算也是一种指引未来的工具，它可以使未来的每一件事都变得非常清楚，例如，能规划什么样的品牌蓝图，能做什么水平的设计，产品研发又能接受多少费用支出等。简单理解，就是有多少钱，办多少事，先有"多少钱"，才能规划出相应的事。

1.2.1 开店预算的注意事项

预算既然这么重要，那有哪些需要特别注意的呢？

1.　开店预算要充足

预算首先要充足，如果刚开店就缺钱，往往会寸步难行，更别说想要成功了。资金是门店运作的"血液"，缺乏"血液"的身体会虚弱，容易生病，门店也一样。现实中，多数人会从媒体或者朋友那里，听过一些用极少预算开店后快速致富的成功案例。比如王某在二线城市用10万元开了一家奶茶店，半年后成功地开了第二家连锁店。

先不论这类案例中有多少水分，有多少以讹传讹的信息，只讨论在大多数情况下的情形，只讨论怎样合理规划预算来提高开店的成功率，不要抱着赌徒心理去开一家店。以10万元作为预算开业的店中，可能99%都倒闭了，只剩下1%成功存活。

2.　预算不仅要充分，也要明晰

碰到不少创业者来咨询开店问题，他们中的大多数对于开店预算是含糊不清的，一会儿说10多万元，一会儿又说可以加钱，问他能加多少，说不清楚。20万元开一家店和40万元开一家店，策略和方法完全不同。比如在选址上，20万元基本上可以放弃入驻购物中心，加盟还是不加盟的问题，也无须考虑，大概率不够钱付加盟费。预算一旦限定明晰，就能为后面的各个环节减少选择的压力。

3.　预算可以有冗余，但是一定得有上限

如果你打定主意开店了，预算其实就是我们最大能接受的亏损金额。有上限至少可以让你亏得有底气，不至于把创业变成财务投资的"无底洞"。假如设定最多能接受家庭总资产40%的损失，那么预算就是家庭总资产的40%，最多能接受家庭总资产20%的损失，预算就是家庭总资产的20%。

4.　不要通过借贷筹措资金，除非无息、无期限

创业九死一生，在项目前景不明朗的情况下，不建议通过借贷筹措资金，借

贷会加重创业过程中的心理负担，并且会放大创业失败后的损失。拿积蓄创业，亏光了大不了从头再来，借贷创业，很可能万劫不复。以网贷为例，分期还款，每日万分之三的实际年利息大约为10%，每日万分之五实际年利息接近20%，不少上市餐饮企业的净利率不到10%，都不够还贷款利息。如果贷款几十万元创业失败，不能按时还款，罚息加上利滚利，普通人正常工作几年都可能还不完利息，加上时刻面临催债的风险，生活将会变成灰褐色。

1.2.2　开店预算的六大部分

了解了做预算的重要性和注意事项后，我们在着手做预算时，具体应该怎么做呢？预算要花在哪几个环节？预算主要包括六个部分：房租和转让费、加盟费、设计装修费、设备费、物料材料费、人力成本。接下去按预算占比从高到低依次进行介绍。

1.　房租和转让费

这里的房租概念，只要租过房子的人应该都能理解，通俗地讲就是租住房屋需要支付的钱。那转让费是什么呢？转让费是指租户在店铺租期内（未到期），征得房东同意后将房屋转租，把租赁剩余期限，连同租户的装修、设备、经营的项目转给下一个租户，并向下一个租户收取的超过应收取房租的费用。

一般将房租、物业与转让费合并计算，作为一个整体考虑，统一称为房租成本。大部分商铺的房租成本是固定的，购物中心的房租成本则可能是波动的，即固定保底租金和营业额提成两者取最高，比如老娘舅419号嘉兴店，每年保底房租为36万元，提成租金为营业额9%，如果当年营业额超过400万元（400万元×9%=36万元），则收取营业额提成，如果没有超过400万元，则只收取保底房租36万元。

房租成本在预算占比中一般是最高的，每个城市的不同商圈、不同铺面价格都不一样，没有什么"平均价格"，房租只有具体到某一个铺面才有参考价值。总的来说，房租水平跟商圈和人流量高度相关，商圈位置越好，人流量越大，房租水平越高。

房租成本在开店预算中的占比有一条红线：40%。也就是说，房租成本在预算中的占比不应该超过40%，否则会影响门店存活率。除了在开店预算中的占比红线，在预估的营业额占比中，房租占比也不应该超过20%，标准占比为10%~15%，最好能控制在10%以内。房租占比在10%以内，大概率能实现不错的盈利，部分优秀的餐饮企业，房租占比可控制在5%以内，比如海底捞2018年的房租占比约为3.9%。

那这里的两个占比红线40%和20%有什么区别？举个例子，比如你想开一家拉面馆，预算是35万元，房租成本在开店预算中不超过40%，也就是35万元×40%=14（万元），拉面馆选择的铺面年房租应低于14万元。如果开在铺面A，预估日均营业额2 000元，房租占营业额不应超过20%，则铺面A的月房租不应该超过2 000元×30日×20%=1.2（万元），最好在2 000元×30日×10%=6 000元以内。

首次投入时，房租成本是按一年计算的，所以，同样是1.2万元/月的房租，开店预算中的占比就有（1.2万元×12月）÷35万元=41.1%，超过红线了，但是按营业额计算，则是20%，刚好在红线上。为了提高存活率，两根红线取最低值，在上面这个案例里，得出的结论是年房租应低于14万元（月房租低于1.16万元）。

知道了可承受的最高租金水平，选址会更有目的性，犯错的机会就少了。有些新手，先不做预算，扫街的时候一激动一跺脚签了一个比预想租金高很多的铺面，影响了其他部分的预算，没钱好好搞装修，没钱进货，资金紧张甚至现金链断裂，开业两三个月就倒闭了。

除了房租成本本身，房租交付的周期也会影响预算。交付周期越短越好，最短是押一付一，其次是季度付和半年付，最长是年付。周期越短，手上的现金越多。假设铺面月租金1万元，预算中留下12万元作为房租，房东要求半年付+一个月押金，那就只能留下5万元。如果谈到押一付一，则可留下10万元，前期资金能宽裕不少。

转让费与房租不同，不按周期支付，需一次性付清，而且部分铺面的转让费非常高。新手尽量选择没有转让费的铺面，理由有以下两点。

（1）转让费是对现金的极大损耗。

开店总预算40万元，转让费10万元，也就占了25%。转给你的人可能会信誓旦旦地跟你说，这笔钱可以让下一个租客支付，钱只是暂时存在这个商铺里。千万别信，谁都无法保证能拿回来，何况你应该也不希望自己辛辛苦苦开的店倒闭转让吧？

（2）绝大部分转让费是不合理的。

比如有统一管理的购物中心就没有转让费。真正的旺铺转让大概率轮不到我们，早被知情人拿走了。大部分是亏本转让，上一家生意做亏了，把亏损加到转让费上，想从下一家赚回来；或者是中介投机，拿空铺对外转让，就等着新手上当；或者是上一家租期要到了，贴个转让骗钱。以上三种情况，不管你转让费砍价砍了多少，往往都是亏的。

没有转让费的铺面可遇不可求，当找不到又急着开店时，怎样的转让费才是合理可接受的？唯一相对合理的转让费是房租相比周围低很多的铺面，比如附近都是8 000元/月，这个铺面因为上一家租客合同期长，流转少，没有涨价，还只有5 000元/月，这时候收取适当的转让费是可以接受的，但不应该超过年房租差额的一半（3 000元/月×12月×50%=1.8万元）。

除了房租和转让费，租房过程中还有物业费、水电押金、装修押金这几项额外的支出，这些都是需要提前合理预计并计入预算的，因此，需要多准备1万~2万元。

创业者可能对于房租的价格没有特别直观的认知，不知道所在城市大致是什么水平，下面列举几个商铺房租的具体案例以供参考。在讨论商铺的房租之前，需要先了解"建筑面积"、"公摊面积"和"实用面积"（套内面积）三个概念。简单理解，建筑面积≈公摊面积+实用面积，实用面积顾名思义就是租下铺面后实际能使用的面积，公摊面积是所有商户一起分摊的公共面积，包括墙体柱体占地面积、楼梯电梯走道面积、卫生间面积、设备房面积等。

购物中心铺面的公摊面积通常是25%~50%，街铺的公摊面积通常是10%~20%。购物中心一般以实用面积出租，街铺则以建筑面积出租，为了方便计算，下文中若无特别说明，街铺租金均按建筑面积计算，购物中心租金均按实用面积计算。

表1-3中的房租信息是扫街后获取的真实价格，采集时间为2017年—2018年，包含各个级别城市，具有一定的代表性。

表 1-3　2017—2018 年部分城市房租成本

城市级别	商　圈	建筑面积（平方米）	租金（元／月）	支付周期	转让费（元）
新一线城市	杭州武林夜市	100	54 000	半年付	无
新一线城市	成都春熙路	15	11 000	季度付	60 000
新一线城市	武汉光谷风情街	24	37 000	季度付	无
二线城市	贵阳南国花锦	60	32 000	半年付	无
二线城市	无锡茂业天地	15	10 000	季度付	无
二线城市	潍坊青州泰华城	50	5 000	半年付	无
二线城市	南通崇川荷兰街	25	6 500	年付	无
四线城市	泰安万达广场	80	8 400	年付	无

扫街费时费力，获取信息不易，那有没有不扫街也能获得大量房租信息的方法呢？首先排除网络查询，网络平台上的出租信息混乱不堪，充斥着大量中介信息，租过房子的应该都深有体会，需要耗费精力辨别筛选，与扫街相比优势不大。其实有一个正规且容易获取房租信息的途径：上市公司的财报。龙湖天街、星悦荟属于上市公司龙湖集团，吾悦广场属于上市公司新城控股，可以通过它们的财报来获取具体某个购物中心的平均房租。龙湖天街主要在一线城市、新一线城市和二线城市，吾悦广场一般在二线以下的城市，两者恰好可以互补，见表1-4和表1-5。

表 1-4　龙湖天街 2021 年租金概况

城市级别	商　圈	建筑面积（平方米）	2021年租金收入（元）	出租率	租金［元/（月·米²）］	租金［元/（日·米²）］
一线城市	北京大兴天街	144 565	242 882 000	99.90%	140.15	4.67
一线城市	上海虹桥天街	170 450	153 976 000	97.00%	77.61	2.59
一线城市	上海宝山天街	98 339	232 760 000	99.90%	197.44	6.58
新一线城市	重庆紫都城	29 413	22 606 000	100.00%	64.05	2.13
新一线城市	成都北城天街	215 536	178 054 000	84.30%	81.66	2.72
新一线城市	杭州西溪天街	130 063	236 118 000	97.40%	155.32	5.18
新一线城市	苏州星湖天街	112 537	116 796 000	97.20%	88.98	2.97
新一线城市	南京龙湾天街	120 367	179 180 000	96.30%	128.82	4.29
新一线城市	西安大兴星悦荟	44 227	64 213 000	99.40%	121.72	4.06
二线城市	常州龙城天街	119 328	119 621 000	96.70%	86.39	2.88
二线城市	合肥瑶海天街	98 320	62 997 000	90.70%	58.87	1.96
二线城市	济南奥体天街	77 571	89 888 000	95.50%	101.12	3.37

表 1-5　吾悦广场 2021 年租金概况

城市级别	商　圈	建筑面积（平方米）	2021年租金收入（元）	出租率	租金［元/（月·米²）］	租金［元/（日·米²）］
二线城市	常州武进吾悦广场	99 026	197 243 105	100.00%	165.99	5.53
二线城市	常州吾悦国际广场	62 763	135 815 250	100.00%	180.33	6.01
二线城市	宁波吾悦广场	62 204	63 067 710	100.00%	84.49	2.82

城市级别	商 圈	建筑面积（平方米）	2021年租金收入（元）	出租率	租金[元/（月·米²）]	租金[元/（日·米²）]
三线城市	桐乡吾悦广场	54 656	109 359 111	100.00%	166.74	5.56
三线城市	张家港吾悦广场	60 882	71 911 132	100.00%	98.43	3.28
三线城市	镇江吾悦广场	51 285	85 716 692	100.00%	139.28	4.64
四线城市	上饶吾悦广场	54 806	70 729 983	100.00%	107.55	3.58
四线城市	淮北吾悦广场	47 894	38 468 526	95.28%	70.25	2.34
四线城市	昭通吾悦广场	55 022	22 579 004	99.90%	34.23	1.14
五线城市	丹阳吾悦广场	67 574	96 512 469	100.00%	119.02	3.97
五线城市	慈溪吾悦广场	61 156	68 146 038	100.00%	92.86	3.10

还可以参考餐饮上市公司的招股说明书，以品牌的视角对比不同城市的房租差异，以老乡鸡和老娘舅为例，两个品牌定位不同，所处城市有差异，选址偏好也不同，因此，在房租水平上有较大差异，老乡鸡门店的租金水平较为平均，每日每平方米租金保持在4~6元，老娘舅的房租波动较大，最低3~4元，最高20~30元。

综上，对于房租和转让费的预算，以下建议可供参考：

①二线城市及以上核心商圈，房租建议准备30万元以上。

②新一线或者二线城市次级商圈，三线城市核心商圈，房租建议准备15万元以上。

③二线城市边缘商圈，三线城市次级商圈，四线城市核心商圈，房租建议准备10万元以上。

④四线城市非核心商圈及以下，房租建议准备5万元以上。

⑤房租面积尽量选择允许范围内最小，从而降低整体房租预算。

2．加盟费

这个费用并非必选项，如果你打算自营，这笔钱就可以省下来。加盟费的高低取决于你想要加盟的品牌，单店从几千元到十几万元不等，也有一些热门品牌单店会超过二十万元。如果是区域加盟费，几十万元到上百万元的比比皆是，当然这个不属于本书的讨论范围。

需要特别注意的是，品牌加盟费只是一种服务费，不包含物料、材料和设备等实物。加盟的费用，除了加盟费，可能还会有品牌使用费、管理费，到期退还或者合同结束后退还的保证金，需一并计算入内。

下面以巴比馒头的加盟政策为例进行讲述，如图1-4、图1-5所示。

向加盟商收取费用的种类和标准

序号	名称	基本收费政策		备注
1	加盟费/品牌使用费	12 800元/三年		适用新开门店情形
		7 800元/三年		适用门店续约情形
		其余金额		适用优惠政策门店
2	基本管理费	0~500元/月		基本收费标注为500元/月，公司制定了门店评级规定，根据门店季度评级结果，收取对应标准的基本管理费用
3	远程管理费	0~66元/次，按月结算		此费用主要用于对加盟店进行不定期的检查和指导，考虑加盟店所处位置及因此增加的门店管理成本，在基本管理费用基础上向加盟商额外加收的费用
4	其他费用	培训费	2 500元	适用新开加盟门店情形
			3 000元	适用门店转让情形
			其余金额	根据加盟商技术熟练程度不同，培训金额不同
		订货App服务费：12元/月		华东地区App订货系统使用费
		技术支持费：255元/天/9小时		公司根据加盟店的实际需求，派出专业技术人员到加盟店进行产品制作等相关指导，加盟商应支付的相应费用

注：①加盟费在加盟合同期限内分期确认收入；
②基本管理费、远程管理费、培训费等按照实际提供劳务完成的时点确认收入。

图 1-4　巴比馒头加盟费等收费政策

根据公司特许经营合同约定，公司对华东、华南区域的加盟店保证金收费标准为3万元/家；2018年公司开始拓展华北区域市场，为加快该区域的门店加盟速度，公司对华北区域的加盟店保证金采取优惠政策，收费标准为1万元/家。同时，公司综合考虑加盟店所在地区、加盟年限、加盟店经营状况等因素，结合公司市场拓展政策，对符合特定条件的门店，经公司业务部门审批，对其加盟保证金以及保证金的支付期限给予一定程度的优惠。

图 1-5　巴比馒头保证金收费政策

假设，你打算在天津开一家巴比馒头，那么，加盟相关的费用至少准备：1.28万元+0.7万元+0.6万元+0.25万元+1万元=3.83（万元）。如果选择加盟，预算会好做很多，正规品牌除了会提供加盟费的收费标准，还会有设计装修费、设备费和首批物料的收费标准。

3. 设计装修费

设计装修费是一个弹性非常大的支出项，可少可多。新手不熟悉装修，大概率只会多不会少，装修阶段的增项和处理意外的情况，都会产生额外的费用。想要控制预算，一定要做详细的预算表，可以把设计装修费分成四个大块：设计、施工、硬装、软装。然后在装修过程中，随时跟踪修正。

独立设计师设计费一般在每平方米50~300元，有的装修公司会提供"免费"设计，实际已经包含在整体报价中。施工费是工人的工资，包括水电工、瓦工、木工、油漆工的费用，浙北地区2023年是250~300元/日，人工成本在装修预算中的占比较高。施工+硬装综合计算，以浙北地区为例，每平方米的施工费用为1 000~1 500元。

因为工期越长，施工费就越多，所以，能用成品方案，就不要让工人做。比如，不需要定制的柜子都直接买成品，宜家或者林氏木业都是不错的选择。一个普通的三层斗柜，宜家只要300元，如果定制，木工敲敲打打至少2天（300元/日×2日=600元），油漆工刷三遍至少需半天（300元/日×0.5日=150元），再加上材料费用，不仅贵，效果也不及成品。

再如，定制柜用免漆板制作，在减少油漆工工期的同时还能减少油漆味。硬装指的是瓷砖、水泥、木材之类的主材，大部分在建材批发市场可以很便宜地买到。如果预算紧张，地板和桌椅板凳可以购买二手，比如全新实木地板每平方米200~500元，二手的只需每平方米60~100元，能省50%左右。

4. 设备费

不同品类对设备的需求有差异，预算可能大相径庭。餐饮小店一般设备数量不会太多，1万~5万元即可。例如，早餐店的设备费一般在1万元左右，粥店在2万元左右，鸡排店在4万元左右，甜品店/蛋糕店在5万元左右。

奶茶店标准化设备较多，总费用略高，不同细分品类间差异也不小，一般在5万~15万元。

5. 物料材料费

物料是指像肉、蔬菜水果、调味料等餐饮制作所需的原材料。材料又称包材，指包装耗材，比如吸管、打包袋、打包盒、纸袋等。

不同品类对物料材料的需求也不一样，幸好在资金需求方面没有设备相差这么大。餐饮小店一般首批物料材料费在1万~5万元，自营小店可以自己控制采购规模，前期试营业少量多次进货可以减少资金压力。

如果涉及包装材料的定制，比如，定制打包盒、打包袋，需要单独再准备5 000元~10 000元/款的定制费用。

6. 人力成本

不同地区工资差异很大，这里不再详述。除了员工要付工资，如果创业者自己全职做门店管理，那么也要给自己发工资，开店预算中应至少预留三个月工资。

随着人工成本越来越贵，占餐饮成本的比重越来越高，工资是长期支出，创业前期老板可以身兼数职，尽量将人力成本控制在营业额的20%以内。重服务的餐饮企业，高薪养人，人工成本会更高一些，最高可达30%。

现在预算的六个主要部分都讲完了，接下来把每个部分加起来，做一个整体的开店预算。

1.2.3　开店预算的测算及案例

案例1：杭州次级商圈卤味店预算

你想在杭州市（新一线城市）次级商圈开一家卤味店，加盟某品牌。面积预计15平方米，总部装修，员工3个，老板全职。总计需要准备至少52万元，详情见表1-6。

表 1-6　杭州次级商圈卤味店预算表

项　　目	预算（万元）	备　　注
房租费	15	年租金预估
转让费	0	/
品牌授权费	6	6万元／三年
保证金	1	可退
管理费	4.5	4.5万元／三年
设备费	6	/
培训费	0.5	5 000元／三年
设计费	7	设计费每平方米 200 元 按实际情况报价
装修费		
首批原物料	2	/
包材定制	0	/
人力成本	5	（3 个员工 ×3 800 元 + 老板 ×5 000 元）×3 月
营销费用	2	加盟公司规定
流动资金	3	/
小计	52	最低预算

案例2：绍兴边缘商圈甜品店预算

你想在绍兴市（二线城市）边缘商圈开一家甜品店，不加盟。面积预计50平方米，极简装修，员工2个，老板全职。总计需要准备至少27万元，详情见表1-7。

表 1-7　绍兴边缘商圈甜品店预算表

项　目	预算（万元）	备　注
房租费	10	年租金预估
转让费	0	/
品牌授权费	0	/
保证金	0	/
管理费	0	/
设备费	4	/
培训费	0	/
设计费 装修费	6	极简装修，硬装，按每平方米 1 000 元 预估值
首批原物料	1.5	/
包材定制	0	/
人力成本	3.6	（2 个员工 ×3 500 元 + 老板 ×5 000 元）×3 月
营销费用	0	/
流动资金	2	/
小计	27	最低预算

案例3：衡东县粥店预算

你想在衡阳市（三线城市）衡东县开一家粥店，不加盟。面积预计25平方米，极简装修，员工1个，老板全职，设备部分用二手。总计需要准备至少13.4万元，详情见表1-8。

表 1-8　衡东县粥店预算表

项　目	预算（万元）	备　注
房租费	5	年租金预估
转让费	0	/
品牌授权费	0	/
保证金	0	/
管理费	0	/
设备费	1.5	部分为二手
培训费	0	/

续上表

项　　目	预算（万元）	备　　注
设计费	2.5	极简装修，硬装，按每平方米800元预估
装修费		
首批原物料	1.5	/
包材定制	0	/
人力成本	1.89	（1个员工×2 800元 + 老板×3 500元）×3月
营销费用	0	/
流动资金	1	/
小计	13.4	最低预算

上面提到的三个案例中的总预算，是指开店的最低预算，并不是最终的预算。考虑到开店回本周期和中途的试错成本，预算需要留出一定的冗余空间。在计算房租时，留下一整年的房租，就是一种冗余。

除此之外，建议最终预算在最低预算的基础上额外准备20%~40%的资金。比如在案例2中，最终预算建议为32.4万元（27万元×1.2）~37.8万元（27万元×1.4）。

综上所述，开一家餐饮小店的预算，是妥妥可以买一辆C级车甚至D级车的。那么，花了这么多钱，利润能有多少，能赚到钱吗？下一节，我们来聊聊餐饮行业的利润。

1.3　利润：高毛利和低净利

众所周知，毛利高但净利低是餐饮行业面临的客观现状，该如何认知这种现状？下面进行详细讲解。

1.3.1 餐饮的高毛利和低净利现象

开一家店的预算并不多，那它能产出足够的利润吗？作为一个普通消费者，通过日常生活经验很容易得出餐饮是"暴利"行业的结论。作为准餐饮行业从业者，通过上一节的学习，我们知道毛利只是售价减去原物料成本后的结果。要变成最后拿到手的净利，还需要减去房租、人力成本、水电费、设备折旧等，最终能装到兜里的净利润并不多，很少高于10%。那这些成本到底有多少呢？图1-6为四个常见餐饮品类各项成本的占比情况，数据来自2020—2021年中国餐饮经营参数蓝皮书。

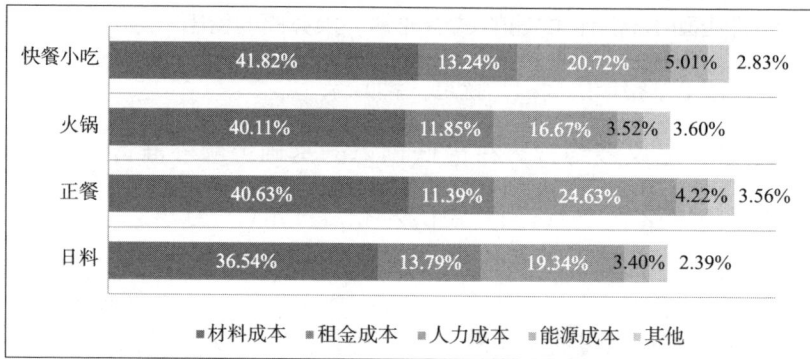

图1-6　常见餐饮品类各项成本占比统计

如果市场上出现了一个高毛利+高净利的餐饮品类，会有一批又一批的创业者蜂拥而至，慢慢拉低这个品类的净利润。有一些品类，也可能随着产品迭代升级，慢慢降低净利润，最典型的是奶茶，三次迭代详情见表1-9。

表 1-9　三代茶饮店区分示意

项　　目	第一代茶饮店	第二代茶饮店	第三代茶饮店
配料	茶粉、奶精、合成添加剂、人工色素	碎茶、奶精、罐头水果、果酱及果味粉、风味糖浆	原叶茶、鲜奶及奶油、新鲜水果及NFC（非浓缩还原）果汁、果糖浆、冰糖浆
代表产品	珍珠奶茶、波霸奶茶	蜂蜜柚子茶、百香果双响炮	芝芝莓莓、多肉葡萄、杨枝甘露

续上表

项　　目	第一代茶饮店	第二代茶饮店	第三代茶饮店
代表品牌	奶茶工坊、小兔子奶茶	COCO、1点点	喜茶、奈雪的茶、乐乐茶
产品均价（2021年）	低于10元/杯	10~20元/杯	高于20元/杯
门店面积	10平方米左右、以外带为主	10~30平方米、以外带为主	30平方米以上、注重设计的综合体验店
毛利	90%以上	65%~75%	50%~65%

除了奶茶，我们还可以看一下其他品类优秀公司的毛利率和净利率，见表1-10。

表1-10　上市餐饮企业毛利率统计

企业名称	2016年	2017年	2018年	2019年	2020年	2021年	平均值
海底捞	59.28%	59.45%	59.13%	58.48%	57.15%	56.27%	58.29%
呷哺呷哺	64.50%	62.74%	62.31%	63.10%	60.95%	61.91%	62.59%
九毛九	67.01%	65.12%	64.50%	63.33%	61.47%	63.21%	64.11%
老娘舅	/	/	/	66.00%	65.85%	66.89%	66.25%
老乡鸡	/	/	/	62.71%	62.34%	66.62%	63.89%
奈雪的茶	/	/	64.67%	62.94%	62.09%	67.40%	64.28%
瑞幸咖啡	/	/	/	46.34%	50.53%	59.84%	52.24%
星巴克	60.08%	68.44%	67.91%	67.83%	67.28%	70.06%	66.93%
海伦司	/	/	72.35%	65.32%	66.82%	68.58%	68.27%
元祖股份	/	71.02%	69.79%	71.43%	69.74%	70.09%	70.41%
一鸣食品	/	54.42%	55.44%	54.28%	54.24%	54.53%	54.58%
周黑鸭	62.32%	60.93%	57.53%	56.54%	55.47%	57.78%	58.43%

数据来源：公司招股说明书、公司财报、东财Choice。

　　注：①上述公司中部分有加盟业务，直营店毛利率高于整体毛利率；

　　　　②毛利率统计方法为（营业收入－材料成本）÷营业收入。

我们可以看到，12家公司的毛利率数据都很好看，普遍在60%以上，很"暴利"，与普通消费者的感知相吻合。而且毛利率一直很稳定，就算2020年以后受不利的客观环境影响，大部分公司的波动也不大。

接下来再来看一下净利率的情况，见表1-11。

表 1-11　上市餐饮企业净利率统计

企业名称	2016 年	2017 年	2018 年	2019 年	2020 年	2021 年	平 均 值
海底捞	12.53%	11.23%	9.72%	8.84%	1.08%	-10.12%	5.55%
呷哺呷哺	13.34%	11.47%	9.76%	4.82%	0.21%	-4.61%	5.83%
九毛九	4.41%	4.88%	3.90%	6.91%	5.08%	8.90%	5.04%
老娘舅	/	/	/	4.19%	1.80%	5.38%	3.79%
老乡鸡	/	/	/	3.06%	3.05%	5.57%	3.89%
奈雪的茶	/	/	-6.41%	-1.59%	-6.64%	-105.32%	-29.99%
瑞幸咖啡	/	/	/	-104.40%	-138.90%	8.60%	-78.23%
星巴克	13.22%	12.89%	18.28%	13.58%	3.95%	14.45%	12.73%
海伦司	/	/	9.44%	14.01%	9.26%	5.46%	9.54%
元祖股份	/	11.48%	12.87%	11.16%	13.03%	13.16%	12.34%
一鸣食品	11.88%	7.92%	8.95%	8.71%	6.78%	0.09%	7.39%
周黑鸭	25.42%	23.49%	16.81%	12.74%	6.92%	11.92%	16.22%

数据来源：公司招股说明书、公司财报、东财 Choice。

　　注：①周黑鸭有更重的零售性质，净利率偏高，以上净利率数据不适用单个卤味门店；

　　　　②净利率统计方法：净利率÷营业收入。

以上是从业者体验的净利率水平，普遍不到10%，甚至不到5%，偶尔还是负数，中国饭店协会的数据显示，2019年中国餐饮百强平均净利率仅为6.3%。上述上市公司中除了因财务造假被罚款的瑞幸咖啡，净利率最低的是奈雪的茶，身为茶饮头部品牌，截至2022年尚未在公司层面实现盈利。

需要注意的是，以上净利率数据为公司层面，单个门店的经营利润率会高于表中数据，比如品牌奈雪的茶2018—2020年门店经营利润率分别为18.90%、16.30%和12.20%。

除了受到突发情况的影响，净利率也受到企业运营的影响，一个错误决策可能对净利率造成致命打击。比如海底捞管理层2020年决定抄底，快速扩店，全年新开了544家（2019年末仅有门店768家），导致成本大幅度增加，相比

2019年中期报告，到2021年中期报告，海底捞原料成本同比增长73.40%，人力成本同比增长96.11%，物业租金成本同比增长106.66%，水电开支也同比增长57.86%。与此同时，因为门店增加等各种因素摊薄了单店收入，同店销售额明显下降，比如，2019年一线城市门店平均日营业额是13.3万元，到2021年降低为8.17万元，平均翻台率从最高5次降到3次，新店更低，只有2.3次。

最终，从2019年6月底的593家门店到2021年6月底的1 597家门店，海底捞门店数量增加了169.31%，营收仅增长71.81%。成本上去了，单店营业收入下来了，净利润自然就没有了，2021年上半年海底捞净利率不到0.5%，下半年更是亏损超过40亿元，半年时间就把2018—2020年三年间累积的利润亏完了，最终不得不决定关闭300家门店以减少亏损。从2021年往回看，新开门店战略性亏损，超过老门店的消化能力，加上低估了客观环境的持续性影响，2020年的抄底毫无疑问是一次错误决策。

上述案例中的企业都是餐饮行业中最优秀的企业，如果是新手，保持足够高的净利润更是一件难事。谁也不能保证经营期间不出意外情况，谁也不能保证经营期间没有错误决策。那为什么餐饮的净利润会这么脆弱？

1.3.2　为什么餐饮的净利润这么脆弱

在餐饮行业的成本结构中，固定成本占大部分，比如房租、人力成本和设备折旧。营业收入如果增加，这几个部分的成本占比则会下降，净利率会显著提高。营业收入如果降低，这几个部分的成本占比则会上升，净利率会显著下降。总的来说，营业收入的波动会对净利率有放大效果，营业收入持续增长可以放大利润，营业收入持续萎缩则会放大亏损。

举个例子来说明，见表1-12。

表 1-12　奶茶店简单盈利模型

项　目	平　时	旺　季	淡　季
营业收入	10 万元	15 万元	8 万元
原物料成本（按毛利 60% 计算）	4 万元	6 万元	3.2 万元
房租水电	1.5 万元	1.5 万元	1.5 万元
人力成本	2.5 万元	2.5 万元	2.5 万元
杂费折旧	1 万元	1 万元	1 万元
净利	1 万元	4 万元	0.2 万元
净利率	10%	26.6%	2.5%
营业收入增长（相比于平时）	/	50%	−20%
净利率增长（相比于平时）	/	100%	−75%

注：数据经过简化处理，实际经营中，人力成本及水电费用会随营收波动。

一家奶茶店，平时一个月营业收入10万元，原物料成本4万元，房租水电1.5万元，人力成本2.5万元，杂费折旧1万元，净利润1万元，净利率为10%。

旺季来了，营业收入一个月提高到了15万元，原物料成本6万元，房租水电1.5万元，人力成本2.5万元，杂费折旧1万元，净利润4万元，净利率为26.6%。营业收入只提高50%，净利润提高近100%。

淡季来了，营业收入一个月降低到8万元，原物料成本3.2万元，房租水电1.5万元，人力成本2.5万元，杂费折旧1万元，净利润0.2万元，净利率为2.5%。营业收入只降低到80%，净利润就只剩下25%。

由此可见，餐饮行业净利润的脆弱，根源在于高昂的固定成本和不得不面对的营业收入波动之间的矛盾，要保持良好的净利润需要维持合理的营业收入增速。作为新手，要对餐饮的净利率有合理的期待，切勿盲目乐观，更加不能拿生活中对于餐饮的高毛利认知，等同于高净利润，要有赚"辛苦钱"的觉悟。

那么，做餐饮赚钱有没有稍微上手轻松一些的方法及技巧？技巧当然是有的，下面就来详细讲解一下餐饮创业轻松致富，甚至实现财务自由的方法。

1.4　目标：餐饮创业实现财务自由的方法

上面几节的思想准备，讲的都是"坏"消息，餐饮创业成功率低、预算高，利润又少，简直不是有智慧的人应该干的事情，这一节讲点"好"消息调节一下，免得读者连续受挫，失去信心。

下面是三条难度由低到高，赚钱由少到多的餐饮创业方法。

1.4.1　开一家老店

不是所有门店净利率都只有10%左右，如果一个门店固定的运营成本低、房租低、人力成本低，不用更新产品，也不扩店，外加单价低消费频次高，受外围环境影响小，那么净利润可以大幅提高，时间拉长后，收益将会非常可观。老店就是这种类型，下面来看一个案例。

案例4：烧饼店的小本经营

浙北某地有一家烧饼店，店主从摆地摊开始，卖了20多年，主要卖烧饼、油条、豆浆。其中烧饼是核心产品，从0.5元一个涨到3元一个，只有三个口味：甜味、椒盐味和葱油味。

一般早上6点就有顾客在门口排队，排到7点左右，下午2点半又要开始排队，排到下午4点，到傍晚6点左右结束营业。一天大概卖3 000个烧饼、1 000根油条。一家四口都是员工，没有外聘，房租大概6万元/年。

我们简单算个账，只算烧饼和油条，假设两个产品毛利都是60%。一天毛利=3×3 000×60%+2×1 000×60%=6 600（元）。一个月毛利=0.66万元×

30=19.8万元。以月为单位，假设每个人工资5 000元，房租5 000元，水电500元，其他杂费2 000元。则一个月净利润=19.8-0.5×4-0.5-0.25=17.05（万元），净利率=17.05÷33≈51.67%。是不是相当完美的盈利状态？而且保持这种盈利状态并不难。

烧饼作为早饭和下午点心，消费频次高，每天都可以吃。普适性强，一家老小都能吃。单价低，受经济大环境影响小。房东要涨价？没关系，换地方开，搬迁成本很低，没有大包小包的设备，炉子一放就能开张。

类似的还有菜场门口开了十多年的卤味店，夜宵一条街上从你读书到毕业一直开着的烧烤摊，你家楼下从小吃到大的煎饼店等，这类老店有一些共同点，具体如下：

（1）一般都是个体户，店主年龄偏大，店龄极长。

外聘极少，夫妻档偏多，人员流动少，有利于品控。店龄动辄几十年，比如上虞的沈德记烤鸭开业于1986年，余姚的美味豆腐脑开业于1978年，截至2023年，店龄都超过30年。

（2）产品单一，但是普适性好，一般单价偏低。

这点上面的案例详细解释了原因，产品少有利于减少损耗以提高毛利，对于品控也是有利因素。单价低，受消费环境影响相对较小。

（3）产品标准化靠个人，有一定的细节创新。

没有成文的SOP和QSC，标准化主要依靠少量配比加上老板固定的操作习惯，产品带有很强的个人风格，形成独有的口味差异。产品细节上一般都有一些创新，比如烧饼的饼形、馅料及臭豆腐的酱料等。

（4）产品朴实无华但是广受好评，甚至会影响周围一代人的口味偏好。

老店是长期存在的，周围顾客可能从小到大都在吃，其他店的产品吃得少，长此以往，影响了他们的口味偏好，会认为老店的更"好吃"。比如你问武汉人热干面哪家好吃，大概率是说自己家楼下那家。老店独有的口味是一种"护城河"，周围如果出现了一家新店，产品跟老店相似（老店口味是带个人风格的，很难百分之百模仿），大概率打不过老店，因为周围顾客的口味偏好是老店养出来的，在顾客心里，老店更"正宗"，跟老店竞争实际上是要改变顾客的口味偏好，短期内几乎不可能。

（5）不开分店，或者开过但是关闭了。

因为产品标准化靠个人，不是靠SOP和QSC，所以，技术的传承容易出差错，老板教给儿子或者女儿也不能保证口味的一致性。

那怎么才能开出一家老店呢？老店的老是结果，不是原因。因为产品优秀，才能变成老店，而不是因为店老了，才有了优秀的产品。所以，我们先从一款产品开始，它可以是你擅长的任何东西，不需要一开始就租店面，可以从流动摊位开始，很多老店都是从一个小推车开始的，现在有移动互联网，也可以从朋友圈开始，等营业收入稳定后再租店面。然后边卖边改良，最终形成独特的产品风格，再加上一点儿时间的沉淀，这里的时间沉淀不是几天，不是几个月，是几年甚至十几年。最后，慢慢养出一群核心顾客，变成"老店"。

听上去过程好像很简单，那么为什么我们身边的老店这么少？因为需要坚持的时间太长，移动摊位365天无休就可以吓退大部分人，收益的累加效应很慢，日复一日的辛苦劳动，只有极少数的人才有耐心坚持下来。老店模式的优势在于，就算你放弃了，也不会有太大损失，最适合预算极低或者经济现状恶劣，想通过手艺赚钱养家，有足够动力坚持下来的人。

老店模式是创业方法上的捷径，时间上的漫漫长途，那么，有没有致富在时间上更快一些的路子？下面说一下餐饮品类的周期性及怎么利用周期性做一头

"在风口上起飞的猪"。

1.4.2 努力让自己处于"风口"

餐饮在细分品类上是有周期性的，利用周期性可以实现"躺着"赚钱的目标。这里的周期性是指一个餐饮细分品类随着时间的推移，从泡沫产生到破灭的过程，同时也是从增量市场回归存量市场的过程。泡沫产生的过程中品类是一个增量市场，市场边界在扩张，整体需求在增加，有大量市场红利，泡沫破灭后形成相对稳定的市场需求，回归存量市场，再等待下一次泡沫的产生，往复循环。

从地区上来说，泡沫一般从珠三角或者长三角出发，再覆盖到京津冀、东三省和中西部地区；从时间上来说，餐饮的周期很短，一个细分品类从崛起到退出市场一般为3~5年。我们国家经济发展速度快，消费者更容易接受新事物。短周期2~3年，长周期5~10年，周期的长短主要与需求是否广泛有关，需求越广泛则周期越长，所以，正餐相比轻餐的周期更长，甚至周期性很弱，变化以十几年为尺度。另外，品类的定价越低，周期越长，技术门槛越低，周期越短。

下面以港式奶茶作为短周期案例，以新式茶饮作为长周期案例，详细看一下整个周期中发生的事，帮助大家判断想要做的品类是否处在红利期。

先来看短周期的港式奶茶，如图1-7所示。

2014年是港式奶茶的起步阶段，独立门店大多分布在珠三角地区，其他地区的甜品奶茶店还能把"锡兰红茶+黑白淡奶"的丝袜奶茶作为引流单品。2015年初，明星门店开始进入大众视野，如南方米芝莲、北方大通冰室、上海桂源铺，门店形象也开始形成老港式的风格，朋友圈大量出现"丝袜奶茶+鸡蛋仔"的晒图，各种同行群里开始讨论丝袜奶茶的原材料、做法、工具等。港式奶茶的热度在百度指数上也可见一斑，图1-8为港式奶茶相关词汇在百度中搜索量的变化图。

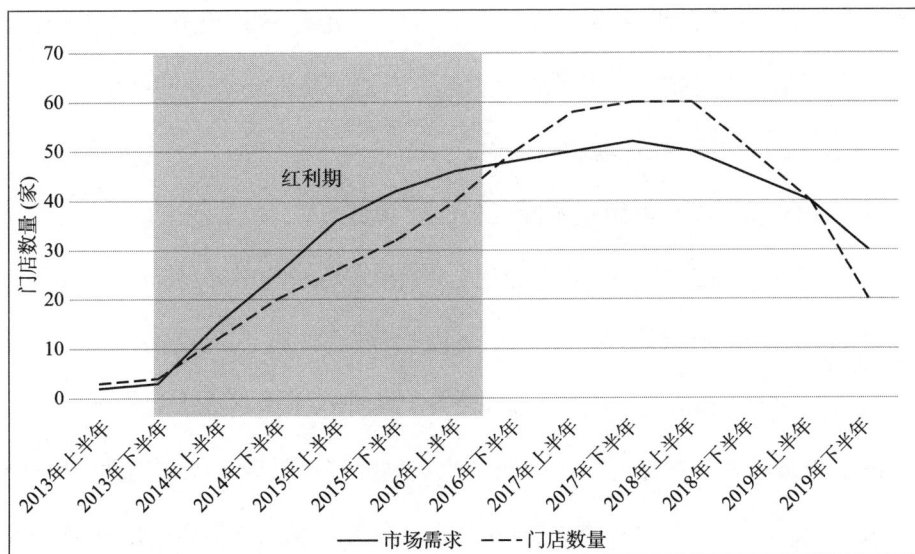

图 1-7 港式奶茶周期性示意

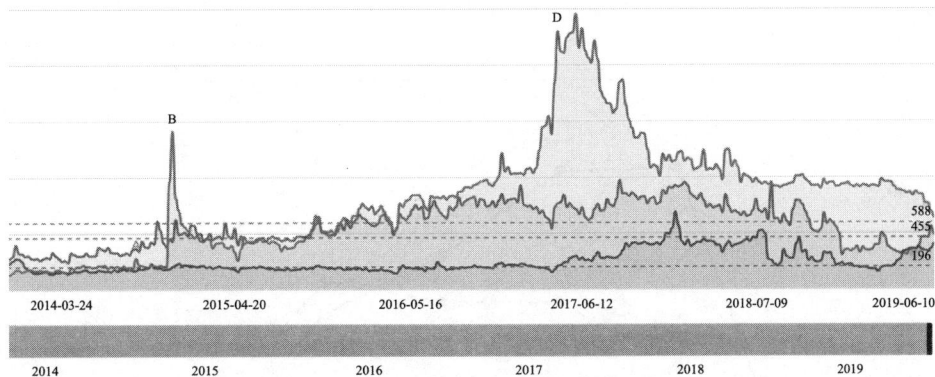

图 1-8 港式奶茶相关词汇在百度中搜索量的变化图

随后，门店数量急剧增加，从一二线大城市快速向四五线县城普及，小城市冒出很多专做港式奶茶的新品牌。据统计，在2011—2015年期间，全国诞生的港式奶茶品牌有几十个，开店数量将近10 000家。一个地区的首店、次店稳稳地赚走了市场开发的红利。到2017年初，港式奶茶在江浙沪、京津冀大部分地区基本都饱和了，中西部地区滞后半年到一年时间，还有一些新增店铺。供给远远大于需求，加上奶盖茶、水果茶快速崛起，港式奶茶的市场空间被挤压，在全国范围内，少数门店开始出现倒闭现象。

到2017年末，同行群里基本没人关心丝袜奶茶了，朋友圈里也没人晒丝袜奶茶了，江浙沪、珠三角的门店营业收入开始出现普遍的下降乃至腰斩，新店的增量开始集中在中西部地区。自港式丝袜奶茶泡沫破灭后，大约70%的门店活不到第二年，2019年某港式奶茶加盟店三个月内闭店率更是高达51.4%。

港式奶茶品牌后续新开门店的数量也大幅降低，以大通冰室为例，根据窄门餐眼数据，2016—2017年每年新开门店200多家，相当于平均每1.6天开一家。2017年后新开店数一路下跌，2018年新开169家，2019年新开130家，2020年新开38家，2021年新开22家，截至2022年7月，现存门店仅228家，相当于门店存活率约为27.89%。图1-9为大通冰室和米芝莲在2015—2019年新开门店数量变化。

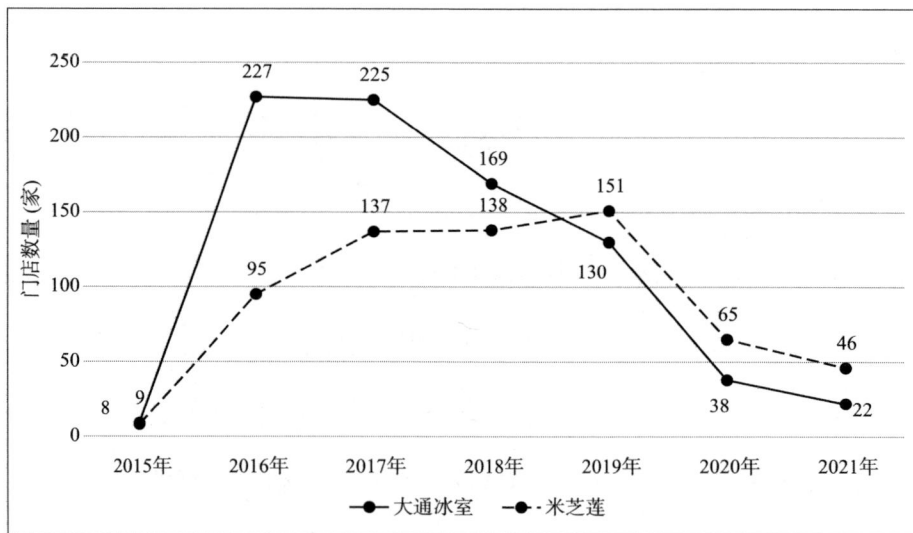

图 1-9　大通冰室和米芝莲在 2015—2019 年新开门店数量变化

大通冰室官方平台提供的门店数更高，2016年8月22日宣布总门店数有600多家，2016年12月5日宣布总门店数高达884家，相当于三个月开了近300家门店，实际存活率可能更低。

以后来者的角度看，江浙沪的三线城市，2015年初切入港式奶茶是一个很好的选择，领先当地市场需求大概半年，是非常好的时间点，做成一个网红店，花点儿钱做营销推广，刚好可以独占市场开发过程中的红利，有红利就意味着能当一头"风口上起飞的猪"，躺着也能飞起来。

如果时间改到2019年初，开一家港式奶茶店就是一件危险性极高的事，市场萎缩，存量竞争激烈，市场份额容易被其他品类的同行瓜分，产品老旧没有吸引力，营销难度大，能全身而退不亏到分文不剩已经是万幸，赚钱会是一种奢望。

接下来看一下长周期的新式茶饮，图1-10是两个新式茶饮品牌A和B门店数量的统计，数据采自品牌官网及公众平台。

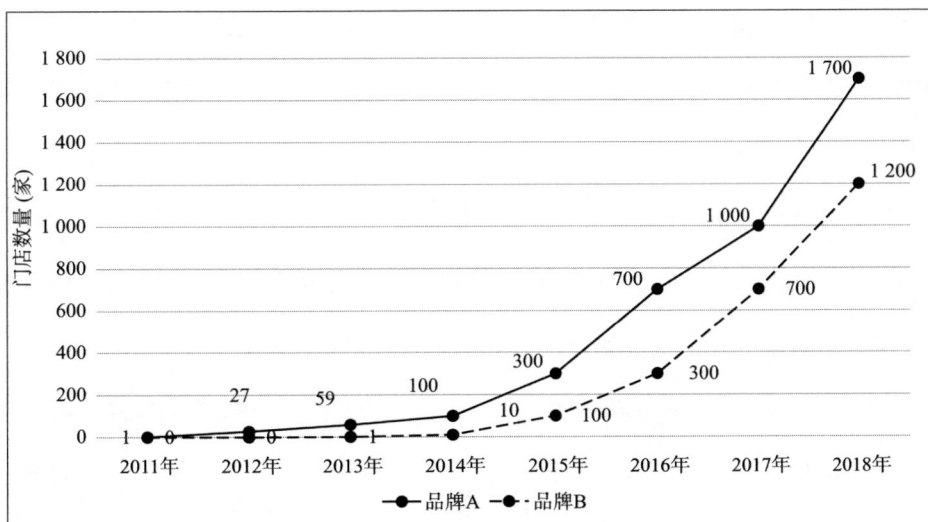

图 1-10　两个新茶饮品牌的门店总数统计

图1-10中的两个品牌，起步时间不同（品牌A是2011年起步，品牌B是2013年起步），所处地区不同，发展脉络却相当一致，都是在2015年左右爆发，因为这

一轮周期正是从2015年开始的。

2015—2017年是三年高速增长期，周期上行，此时新式茶饮是增量市场，有大量市场红利，新品牌层出不穷，门店数量极速扩张，通过日常观察也可以发现身边的奶茶店越来越多。仅2016—2018年，全国的奶茶店就增加了74%，2018年全国已经有40多万家茶饮店。

到2019年末，门店总数虽然还在继续增长，但红利期已经结束了，周期下行。与港式奶茶不同的是新式茶饮的市场需求并没有下降，只是增速减缓，回归存量市场，可以发现身边的奶茶店倒闭的越来越多，新品牌越来越少，众多中小茶饮品牌被迫出清，连锁品牌逆势扩张，市占率进一步提升，2021年饮品店的连锁化率是41.8%，为所有餐饮品类中最高。

存量市场的竞争是惨烈的，靠的是硬实力，就看哪个品牌的运营能力更强，图1-10中的两个品牌在之后的竞争中表现大相径庭，品牌A成长为全国性连锁品牌，截至2023年6月共有门店7 401家，品牌B被迫龟缩于本地市场，截至2023年6月门店仅剩余717家。2015—2019年就是一轮完整的泡沫产生到破灭的周期。

如果你在中西部地区，2015年开始做新茶饮，只要做得还行，2016—2018年应该都能赚到钱，开个3~4年，10家以上连锁问题不大，年入百万轻轻松松。如果你在珠三角地区，2019年后开始进入新茶饮，基本只能喝汤了。

当然，就算新式茶饮的周期结束，红利消失，不代表喝奶茶的需求就不存在了，也不代表就不能有新品牌突围了，像2020—2021年就冒出了新的细分品类柠檬茶。只是总体来说新增门店变少了，新品牌的出圈机会越来越小，成功率更高的入局方式是加盟一个在本地有竞争力的连锁品牌。

品类在红利期结束后如果伴随着需求下降，可能出现被其他品类兼并的情况。举个例子，榴梿甜品的泡沫破灭了之后，专卖榴梿的门店可能留存不到高峰期的十分之一，但是其他甜品店看到了榴梿甜品的需求，新增了榴梿甜品的产品线。满记甜品在2015—2016年把D24苏丹王加进了菜单，这在以前不可想象。

再比如，港式甜品泡沫破灭之后，奶茶店开始新增西米露的产品线，甚至有品牌主推杧果饮品。需求一直都是在的，红利期的时候需求大一些，有单独的门店来满足这些需求，低谷期需求小一些，只能以产品线的方式存活在其他细分品类里。

总的来说，我们要去找有红利的增量市场，努力让自己处于"风口"，顺势而为，让市场推着你走，而不是你推着市场走。

具体操作层面，周期性规律的运用，体现在开店时间点和品类的选择。合适的时间点进入高速增长的品类，像开了一场难度是简单级的游戏，可以享受增量市场的红利，达到躺着赚钱的目的。相反，在不合适的时间点进入结束增长开始洗牌的品类，就像开了一场难度极高的游戏，往往只能体会到存量市场竞争的激烈，赚钱的难度大大提高，存活率大大下降。面对周期，选择比努力重要得多。

那怎样才能找到处在红利期的品类呢？有一些品类，比如2020年左右的舒芙蕾，门店短期内快速增加，出现了多个新品牌，行业内也有大量讨论，但是后继乏力，昙花一现，不到一年就销声匿迹了，这是为什么？

有一个根源问题：为什么某个品类会出现市场红利？门店增加，新品牌增多，是市场红利的结果，并不是原因。如果我们只通过观察门店数和品牌的变化来判断，可能会误判。之所以一个品类出现市场红利，根源上是因为出现了有竞争力的新产品或者新模式。

新产品可能是旧产品的改良，也可能是全新的产品，前一种发生的可能性远大于后一种。比如2013—2015年很火爆的"彻思叔叔起司蛋糕",改良了传统蛋糕店的芝士蛋糕。之前蛋糕店一般用重乳酪,口感比较扎实厚重,容易吃腻,符合欧美人的口味偏好,爱吃的人少。"彻思叔叔起司蛋糕"改成轻乳酪,口感更加软绵,不容易吃腻,既有乳酪的奶香味,又有海绵蛋糕的松软感,更符合亚洲人的口味偏好,再改名叫作"起司蛋糕",成了一款全新的产品。

除了产品是新的,"彻思叔叔起司蛋糕"在模式上也有所创新,采用前店后场的经营模式,现烤现卖,约20分钟,12个蛋糕一起出炉,经过冷却、烙印、打包,五分钟后,新一炉再接着开工。蛋糕的制作过程就在顾客的眼前完成,透明度很高,也有新鲜感。加上限购措施,造成门前排长队现象,很快成了网红品牌。

总的来说,要判断品类是不是处在红利期,更重要的是观察品类是不是有足够的产品创新或者模式创新。

有些品类的火爆是由数个快招公司花钱堆出来的假象,并不是市场本身的力量。比如刚才舒芙蕾的案例中,产品上的改变是在松饼的基础上,揉入舒芙蕾的打发工艺,并不属于传统意义上的舒芙蕾,而是松饼的一个变种,受众窄,最佳食用期短,价格偏高。新增的门店大多是快招公司的加盟店,传统舒芙蕾品牌并没有快速扩张。

那这些快招公司做了一个假的增量市场,难道不会亏钱吗?当然不会!不仅不会亏,它们还能靠这个大赚一笔。接下来我们说一说能赚更多钱、能更快赚钱的捷径——加盟。

1.4.3 连锁品牌开放加盟

如果说餐饮创业有什么捷径可以实现财务自由,那么做连锁品牌开放加盟肯定算其中一个。自己开一家店,可能薄利多销,没有多少盈利,甚至挣扎在贫困线上。那如果做连锁品牌，铺开100家加盟店呢？

加盟模式轻资产轻人力，利润率非常高。加盟店对于连锁品牌而言，基本上只有收入没有支出，品牌授权费、管理费、设备费、培训费、装修费、原物料费等都是收入。加盟店自负盈亏，房租费、人力成本、水电费也不需要品牌公司承担。加盟店赚钱了，品牌公司多赚点，加盟店没赚钱，品牌公司少赚点，即使加盟店倒闭了，公司也没直接的经济损失。是不是一笔稳赚不赔的好生意？那做品牌公司放开加盟能赚多少钱呢？下面以台式奶茶店为例简单做个算术题。

案例5：当你开了一家台式奶茶店，薄利，挣扎在贫困线上

表1-13是台式奶茶店单店利润预估表，可以根据营业额大致推算利润。

表 1-13　台式奶茶店单店利润预估表

店铺月营业额	原物料成本占比	人工成本占比	水电费占比	净 利 率
12万元以下	50%	17%	4.5%	10%
12万~15万元	45%	15%	4%	18%
15万~20万元	42%	13%	3.5%	24%
20万~30万元	39%	12%	3%	30%
30万元以上	37%	11%	2.5%	35%

注：毛利根据不同品类有差异，以上为台式奶精奶茶

如果月营业额低于10万元（日营业额3 300元），那么理想净利润为1万元（10万元×10%）。如果月营业额是15万元（日营业额5 000元），那么理想净利润为2.7万元（15万元×18%）。一般独立奶茶店，月营业额很少超过15万元，所以，开一家店真的赚不了多少钱。

案例6：当你开了10家台式奶茶店，年入百万元不是梦

假设有2家直营店和8家加盟店，持续运营一年，直营店月营业额为10万元，加盟店月营业额为10万元，加盟费为5万元/家，设备费为5万元/家，管理费为3 000元/家，设备利润为15%，物料利润为8%。收入详情见表1-14。

表 1-14 10 家台式奶茶店利润预估表

收入来源	收入项目	预估收入	收入类型
直营店	营业利润	2 家 ×1 万元 / 月 ×12=24 万元	每年收入
加盟店	加盟费	8 家 ×5 万元 =40 万元	一次性收入
加盟店	设备费	8 家 ×5 万元 ×15%=6 万元	一次性收入
加盟店	管理费	8 家 ×0.3 万元 =2.4 万元	每年收入
加盟店	物料费	8 家 ×10 万元 ×50%×12×8%=38.4 万元	每年收入
/	每年收入小计	64.8 万元	/
/	一次性收入小计	46 万元	/

一个只有10家门店的普通奶茶连锁品牌公司，每年收入64.8万元，一次性收入46万元，合计超过百万元，算是有点儿利润了。

案例7：当你开了100家台式奶茶店，利润滚滚而来，感觉自己就要发财了

假设有8家直营店和92家加盟店，持续运营一年。门店突破100家了，加盟费得涨点儿，加点儿管理费也无可厚非，体量大了，供应商开始给出优惠，物料利润也能多一些，为了保证门店品质，需要收点儿保证金，提高一点儿设备的品质，门店营业收入也能提高一些。

假设直营店月营业额为12万元，加盟店月营业额为12万元，加盟费为6万元/家，设备费为6万元/家，管理费为1万元/家，保证金为2万元/家（合同到期后退还），设备利润为18%，物料利润为10%，详情见表1-15。

表 1-15 100 家台式奶茶店利润预估表

收入来源	收入项目	预估收入	收入类型
直营店	营业利润	8 家 ×1.2 万元 / 月 ×12=115.2 万元	每年收入
加盟店	加盟费	92 家 ×6 万元 =552 万元	一次性收入
加盟店	设备费	92 家 ×6 万元 ×18%=99.36 万元	一次性收入
加盟店	管理费	92 家 ×1 万元 =92 万元	每年收入
加盟店	物料费	92 家 ×12 万元 ×50%×12×10%=662.4 万元	每年收入
加盟店	保证金	92 家 ×2 万元 × 年利息 3%=5.52 万元	保证金利息
/	每年收入小计	875.12 万元	/
/	一次性收入小计	651.36 万元	/

一个有100家门店的连锁品牌公司，每年收入875.12万元，一次性收入651.36万元，利润已经有点儿好看了。当然，为了支持100家门店，公司的规模肯定得扩大，各方面的支出也会增加，由于算法复杂，因此，没有详细列出，以上结果视为理想模型。

案例8：当你开了1 000家台式奶茶店，财务自由一步之遥

假设有20家直营店和980家加盟店，持续运营一年。门店突破1 000家了，品牌影响力很大了，对供应商议价能力更强了，物料利润更多了，设备更好了，门店营业收入能再稍微提高一些。

假设直营店月营业额为14万元，加盟店月营业额为14万元，加盟费为6万元/家，设备费为6万元/家，管理费为1万元/家，保证金为2万元/家（合同到期后退还），设备利润为20%，物料利润为12%。详情见表1-16。

表 1-16　1 000 家台式奶茶店利润预估表

收入来源	收入项目	预估收入	收入类型
直营店	营业利润	20 家 ×2.52 万元 / 月 ×12=604.8 万元	每年收入
加盟店	加盟费	980 家 ×6 万元 =5 880 万元	一次性收入
加盟店	设备费	980 家 ×6 万元 ×20%=1 176 万元	一次性收入
加盟店	管理费	980 家 ×1 万元 =980 万元	每年收入
加盟店	物料费	980 家 ×14 万元 ×45%×12×12%=8 890.56 万元	每年收入
加盟店	保证金	980 家 ×2 万元 × 年利息 3%=58.8 万元	保证金利息
/	每年收入小计	10 534.16 万元	/
/	一次性收入小计	7 056 万元	/

一个有1 000家门店的连锁品牌公司，年收入规模相当可观，净利润超过部分上市公司，财务自由近在咫尺。以上只是粗略计算，很多收入没算进去，也有不少支出没写出来。没有哪个品牌能做到所有门店整齐划一都达到一定的营业收入水准，快招公司的设备利润和物料利润也会远高于表格中的比例。

收入方面少算的：不少连锁品牌有区域代理，一个区收取几十万元，全国按地图卖，一个品牌收入就能上亿元；部分品牌公司收取设计费，收取3 000元一家没问题；部分品牌公司抽取营业额提成，获取3%~5%没问题；部分品牌门店装修是由品牌公司负责的，获取10%~15%的利润没问题；部分品牌电子支付走品牌公司账户的，支付费率差额0.015%没问题。

支出方面少算的：公司员工的工资支出，门店越多，所需的员工越多；快招公司SEO和广告方面的支出占比超过总收入的20%；供应链自配送，会产生仓储、物流车、司机等支出；软件系统的支出，SaaS系统、收银系统，一次替换可能就是几十万元。下面是一个实际案例。

案例9：蜜雪冰城实际盈利情况

2022年9月22日，蜜雪冰城股份有限公司披露招股说明书，拟登陆深交所主板。蜜雪冰城是国内门店数量最多、规模最大、品牌影响力最强的现制饮品连锁企业之一，截至2022年3月末，蜜雪冰城共有加盟门店22 229家、直营门店47家，包括旗下咖啡连锁品牌"幸运咖"和冰激凌连锁品牌"极拉图"。

品牌"蜜雪冰城"加盟费按城市级别分7 000元/年、9 000元/年、11 000元/年三种不同标准按年进行收取，管理费为4 800元/年，培训费为2 000元/年，也就是加盟商每年最高付给总部1.78万元/年，相比其他品牌动辄5万~10万的加盟费，蜜雪冰城的加盟费标准显著降低了加盟商的一次性支出。品牌"幸运咖"稍高，加盟费按10 000元/年收取，管理费为5 000元/年，培训费为4 800元/年。

2019—2021年营业收入及利润数据见表1-17。

根据招股说明书信息，蜜雪冰城2019—2021年的净利润分别为4.42亿元、6.31亿元和19.12亿元，净利率在13%以上，高于表1-13中的直营品牌，低于表1-16中的理想模型。

表 1-17 蜜雪冰城 2019—2021 年营业收入及利润表

年 份	2021 年			2020 年			2019 年		
项 目	主营业务收入	比例	毛利率	主营业务收入	比例	毛利率	主营业务收入	比例	毛利率
食材	723 049.13	69.89%	32.59%	326 320.25	69.76%	34.49%	178 476.98	69.59%	37.13%
包装材料	177 880.52	17.19%	31.87%	73 889.19	15.80%	35.98%	42 776.51	16.68%	35.20%
设备设施	69 484.57	6.72%	18.76%	40 337.16	8.62%	21.96%	17 692.34	6.90%	24.65%
营运物资及其他	36 226.52	3.50%	21.50%	10 608.75	2.27%	22.28%	4 684.93	1.83%	22.03%
加盟商管理	19 574.30	1.89%	72.35%	9 990.24	2.14%	87.60%	5 996.10	2.34%	85.36%
直营门店产品	8 279.72	0.80%	10.24%	6 612.14	1.41%	4.44%	6 843.35	2.67%	5.36%
主营业务总收入	1 034 494.76	100%	31.73%	467 757.73	100%	34.08%	256 470.21	100%	35.95%
营业总收入	1 035 098.57	/	/	467 999.73	/	/	256 603.00	/	/
净利润	191 194.25	/	/	63 081.98	/	/	44 171.93	/	/
净利率	18.47%	/	/	13.48%	/	/	17.21%	/	/

数据来源：蜜雪冰城招股书。

蜜雪冰城的加盟政策与我们之前假设的模型大不相同，加盟费收的少，更多依赖供应链，具有可持续性，收入结构更健康。表1-17中的"食材"加上"包装材料"即供应链收入，在营业收入中占比达到85%以上，毛利率也比较高，保持在30%左右，"设备"在营业收入中占比约为7%，毛利率为20%左右，以上三项总占比超过90%。

"加盟商管理"包括加盟费、管理费、培训费等收入，这部分的收费较低，因此，在营业收入中的占比较低，约为2%，但毛利率超过70%。蜜雪冰城的直营门店数量少，收入占比低，大多为形象店，面积偏大，毛利率偏低。

总的来说，不管是模型还是实际案例，开连锁品牌并开放加盟赚钱快、赚钱多是毫无疑问的。

那怎么开出连锁品牌呢？新手能不能开出连锁品牌来呢？从上面的案例中可以发现两条常见的路径：

第一条是答某茶走的路，创始团队是餐饮新手，第一家店依靠模式的创新，一炮而红，成了一个网红品牌，吸引了大量加盟者，远超公司的承载能力。团队本意不想做快招公司，但是由于做加盟的经验缺乏，快速加盟扩店后，无法给予门店足够的支持，也无法约束门店，成了事实上的快招。该公司前期赚钱快但后续乏力，品牌是一次性用品，用完即弃。

第二条是蜜雪冰城品牌走的路，创始人刚做餐饮，也是新手，默默无闻了好几年，甚至用十几年、二十几年的时间修炼内功，从自营慢慢到加盟，厚积薄发，此类公司品牌是最重要的资产，合法合规，赚钱慢，一旦品牌做成，赚钱多而且稳定。

总的来说，第一条是"一夜"暴富，但是只能富"一夜"，而且有违法风险。第二条是慢慢变富，前面一千夜都富不起来，可能从第三千夜开始富，可以再富几千夜。孰优孰劣，答案很明显。实际品牌运营过程中，往往没得选。品牌红不了，就走不了暴富的路，只能走第二条。

如果要做一家连锁公司，一个人是很难运作起来的，我们需要合伙人。这也是很多餐饮创业者的困惑，到底该不该有合伙人，怎么跟合伙人相处才能发挥1+1>2的效果？

1.5　合伙利弊：餐饮创业该不该合伙

创业所需的能力和技巧十分多样，而全才又是极少数，我们总有不擅长、不熟悉的领域。当确定目标后，有可能会发现，单靠自己一个人，不管能力和效率如何提升，资源如何扩展，都无法独立支撑起一家公司，那么此时就需要合伙人的加入。

1.5.1　什么情况下可以合伙

先说一下合伙的基本概念：合伙是指由两个及以上的民事主体订立合伙协议，共同出资，共同经营，共享收益，共担风险。合伙开企业的，往往是朋友，所以，合伙关系中既有利益，也有感情，是很难处理的。如果没处理好，项目会失败，朋友也会失去。下面是我自己大学创业期间因合伙失去朋友的故事，实际上，说是一个事故可能更恰当，而且我是半年后才回过味来发现不对劲的。

2009年我跟朋友合伙在学校内开了一个数码工作室，卖电脑和数码产品，主要成员有四个，其他三个分别负责三个业务板块：维修、销售和设计。其中，维修和销售负责人是学临床医学的，大三之后医学专业的课业特别重，他们没有精力继续参与工作室的日常运营。我提前准备好了替换的新股东人选，跟这两位负责人简单聊过之后，就做了交接工作。本来以为事情很顺利，工作室也继续正常运营了，后来我发现，这两位老股东，也是我的老朋友，从此以后就跟我没联系了，到现在也是。

这两位老股东不在乎利益损失，但在意自己辛苦创立了工作室，却被剥夺了工作室的所有权，因此，在感情上无法接受。即使让我现在回到当时的情景，我也没有把握能完美解决这个难题。

那什么情况下应该选择合伙？

1. 能不合伙就别合伙

合伙创业很容易陷入三个和尚没水喝的窘境：权利和责任不清晰，自己解决不了的问题，指望其他合伙人解决，出什么问题，相互指责、推诿，内耗比对外竞争还激烈。所以，能不合伙就别合伙，对于有意向合伙的人，可以先从合作或者合资开始。

2. 不要因为缺钱去合伙

经常遇到新手问：手上只有10万元，不够开店，想找人合伙一起开店，怎么找？这个问题的出发点就有问题，你缺钱，然后决定去找人合伙的意思，相当于说我想买房子，但是钱不够，所以，要找一个人结婚。只给钱的叫投资人或者出资人，不叫合伙人，如果你缺钱，可以去找投资人、出资人。

3. 合伙应该找能弥补你缺陷的那个人

选择合伙而不是单干，应该是你发现创业所需的能力和技巧已经超过了个人的极限，无法独立完成时。你选中的合伙人，他的能力应该在你的能力边界之外。比如你擅长做产品，但对运营销售却一窍不通，为了开好这个店，去找一个运营销售方面有经验的合伙人，这才是正常的合伙逻辑。

4. 合伙应该要找你知根知底的人

如果决定了找人合伙，那应该找什么样的人来合伙？除了身边熟悉的朋友，合伙人其实没有多少可以选择的余地。合伙一定要找你知根知底的人，以防被人骗。除了能力互补外，尽量找共事过的朋友合伙，也不要找人品有问题的人合伙。

1.5.2 如何降低合伙破裂风险

如果选择了合伙，那应该怎么做才能降低合伙破裂的风险？应注意以下几方面内容。

（1）设置合理的股权结构。

（2）团队内明确分工，权责利平衡。

（3）保持坦诚，区分人和事。

1.6 日常生活：梦想和现实的差距

现在，合伙人找到了，合伙协议书也已经签了，该畅想一下创业的美好生活了。我自己出来创业最开始的出发点就是觉得上班太受约束，不自在，想要生活能自由一点儿。真的开了店，你会发现之前的想法太单纯了。

开个小店，店虽小，但是要做的事样样不少。日常运营都是得靠老板的，上不上心可能直接就决定了门店的生死，甩手掌柜状态运作的店大部分都亏损倒闭了。刚开始，一些老板可能根本没钱雇员工，都是自己干，等他们赚钱雇人了，就会面临一个抉择，到底交给员工多少事？如果你把技术运营都交给员工，员工做了几个月，看你这么轻松就能赚钱，反正他都会，很容易就出去开店创业。然后，你就又没员工了，同时还可能多一个竞争对手。

如果老板不教核心技术，只让员工收银、备料，那么老板就只能蹲店里，一步都走不开。开一家店有一家店的事，开10家店有10家店的事，开100家店有100家店的事，只要踏进餐饮行业，休息时间不见得比上班时多。我认识的几个连锁品牌的老板，基本都是全年无休。

开店享受生活自由看来是没戏了，那开店本身的生活会怎样？三个词：受累、受气和受苦。并且大部分的工作内容都是琐碎的、重复的，比如你开了一家奶茶店，每天到店，先煮珍珠，泡各种茶叶，摆盘备料。每一杯奶茶都是要雪克的，雪克就把材料放进一个瓶子里手动摇匀。上班的时候就是不停地对各种茶、料、糖、奶按比例搅拌，收钱、找钱、打包，不停重复，手肯定会酸痛，假设每杯奶茶需要摇15次，一天500杯，你就需要摇7 500次，健身效果堪比健身房。晚上打烊前还要清理操作区，盘点库存，如果有缺货，还要下单订货，免得第二天断货。遇到原材料断货，只能根据供应情况临时修改菜单。如果有货到店，还需要搬运整理。

在没有开店之前，你可能永远都不知道一整箱的杧果、一整箱的珍珠能有多重。一箱是18~20千克，一次进货可能就10箱以上。我开店一年半后，因为搬杧果的姿势不对，得了腰肌劳损，有一段时间完全不能搬重物，下雨天就感觉腰要断了似的。后来我就去扫街找铺子，做调研，一年后又因为走路太多，得了跟腱炎。我们的大厨，持续研发，大量测试产品，一年胖了20斤，轻度脂肪肝，有时难免灵感枯竭，焦虑到头发稀疏，这都是你们可能会遇到的职业病。

虽然开店上班是没有领导来监督你，但是你放心，还有顾客呢！顾客催你的密度和强度会远远高于领导，领导只有一个，顾客可是有几十上百个。

上面这些都有一个前提，那就是生意很好，也算是痛并快乐着。如果生意不好，或者一点儿生意都没有，那就更惨了，身体累也就算了，心理压力还很大。

开店是对身心的双重考验，比上班更累，结合开一家店需要的费用，选择开店是你决定了将"几年的积蓄+半年以上高强度的劳动"，作为筹码，去拼10%不到的成功率，希望每一个想要进入餐饮行业的人，都明白你做的是一个什么样的决定，可能会付出哪些代价。

创业的思想准备工作到此结束，接下来讲一下项目的筹备和落地实施环节。

第 2 章

项目筹备

2.1　了解品类：什么是餐饮行业的品类

第一章我们做了思想准备，了解了餐饮行业的基本信息，为创业做了思想热身，下面开始的内容需要我们做出一些大方向上的决定，从完全的纸上谈兵变成可执行的大体方案，下面先从品类的选择开始。

2.1.1　什么是品类和细分品类

之前提过品类的概念，但是没有给品类正式下过定义。在《品牌的起源》一书中关于品类的定义如下："品类是顾客在购买决策中所涉及的最后一级商品分类。由该分类可以关联到品牌，并且在该分类上可以完成相应的购买决策。"品类简单地理解，是以顾客的需求为出发点，把具有相互关联或相互替代的系列产品（菜品）组合成一类产品组合。

如果整个餐饮行业是"父行业"，那么品类则约等于"子行业"，比如烧烤是把适合烧烤的产品组合起来变成餐饮行业里的一个子行业，火锅也是把适合放入火锅的产品组合起来变成餐饮行业里的一个子行业。父行业下有子行业，那么子行业下呢？还有更细分的子行业，品类也是一样，品类下分化出更多的细分品类。在品类的发展过程中，会分化出新的细分品类，以更好地满足顾客需求，例如，以前奶茶品类下只有台式奶茶，后来分化出了港式奶茶、奶盖茶、水果茶等，品类的选择是基于细分品类的。

为什么要先了解品类和细分品类？因为品类与周期性的共同作用能决定项目50%以上的成功率，有些品类在某个时间段，有先天优势，与此同时，有些品类在同一时间，有先天劣势。品类的分化是无止境的，但是现存的品类却是有限的，因为品类也像物种一样，不适应环境的会消失，根据环境变化不断进化的物种才能存活。当旧品类不能满足顾客的需求时，自然就被淘汰了，当顾客新需求产生时，旧品类也可能进化成新品类从而存活下来。品牌的生命力取决于品类的生命力，当品类被淘汰，品牌也会随之被淘汰，品类和周期性，相当于品牌的天时。

外行看热闹，内行看门道，对一个品类越了解，就越能发现细分品类间的差异，所以，弄明白细分品类是入行的第一步。举个例子，我们来看下面两句话：

第一个人说："我打算开一家奶茶店；"

第二个人说："我想开一家主打新鲜水果茶的奶茶店。"

第一个人只了解到品类，第二个人已经有了细分品类的概念，对要从事的行业更了解，更容易获得成功。

在没有从业之前，你可能会觉得火锅店和奶茶店看上去都差不多，就跟车盲看车一样，反正火锅店都是卖火锅，奶茶店都是卖茶+奶的。海底捞和呷哺呷哺，喜茶和蜜雪冰城看上去只是价格上有差异。等你对行业有所了解后，才能慢慢发现两者之间更具体、更本质的区别。

接下去，通过几个细分品类的区分，更明确自己想要做的是什么。

2.1.2　各品类的特征—以奶茶的细分品类为例

2.1.1小节介绍了品类和细分品类的概念，以及他们为什么这么重要。本节通过奶茶品类下细分品类的介绍和开店建议，加深对行业的理解，帮助我们做出更明确的选择。

奶茶是牛奶和茶的混合饮品，由中国传统茶饮发展而来，奶茶细分品类如图2-1所示。

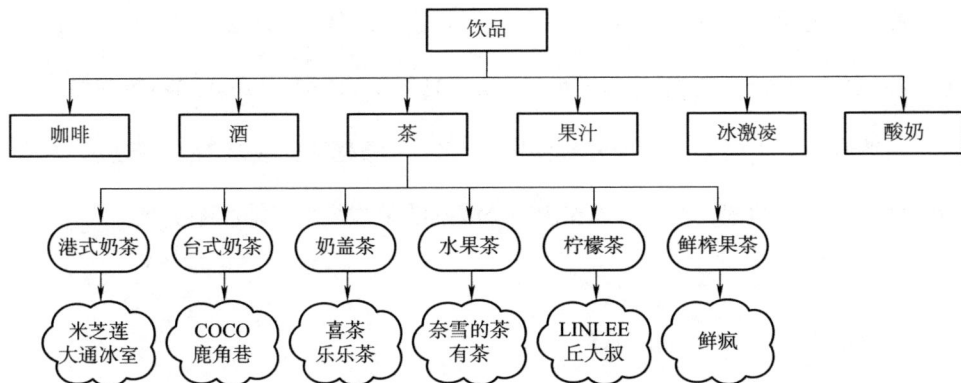

图 2-1 奶茶细分品类

奶茶的目标客户群以年轻女性为主，根据NCBD抽样调查数据，2020年奶茶女性顾客占比63.8%，18~30岁的占比近六成，学生与普通职员是奶茶的主要消费群体。

奶茶在2019年之后仍然保持了整体市场的增长，需求旺盛，2020年度十大网络用语中，就有"秋天里的第一杯奶茶"，根据灼识咨询统计数据，按零售消费价值计，2015—2020年，中国现制茶饮市场规模从422亿元增长到1 136亿元，年均复合增长率为21.90%。预计2025年中国现制茶饮市场规模将达到3 400亿元，年均复合增长率将达到24.51%，具体数据如图2-2所示。

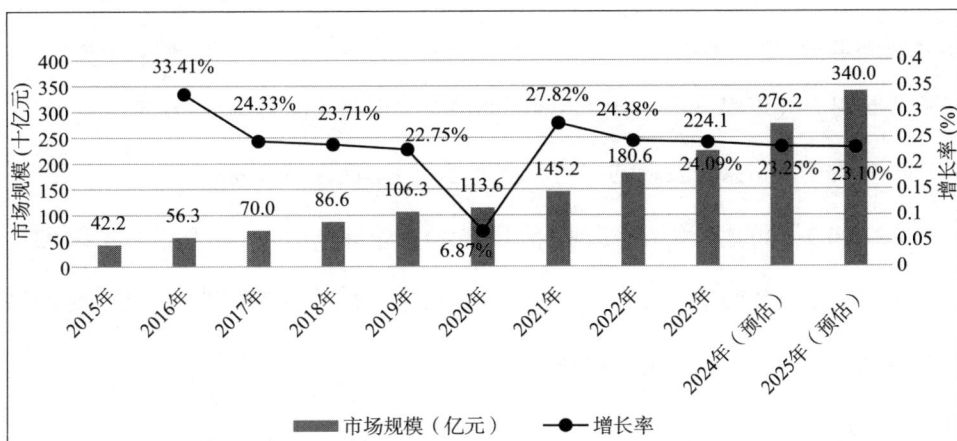

图 2-2 2016—2025 年中国现制茶饮市场规模

注：2024—2025 年为预估。

虽说市场增量还有，但吃掉增量的主要是连锁品牌，《2022年中国连锁餐饮行业报告》的数据显示，饮品店的连锁化率从2019年的31.5%提升至2021年的41.8%，是所有餐饮品类中连锁化率提升最快的。茶饮市场竞争已经从"百花齐放"进入"大鱼吃小鱼"的阶段，当下选择加盟一个成熟的茶饮品牌可能胜率更高。

（1）台式奶茶。

典型品牌：COCO、鹿角巷。

最早、最成熟的奶茶店细分品类，主要使用茶、奶精、珍珠三种原材料。优势在于价格低，群众基础好，适应性好。这个细分品类是奶茶的"始祖"，有几次升级，每次升级都伴随一次爆炸性的增长，现阶段大多品牌都完成了原材料的升级，比如采用无反式脂肪酸的奶精，部分产品线直接用纯奶或鲜奶代替奶精，再比如，用原叶茶代替茶粉或茶碎。

2018年上半年，出现了两个重点升级糖和珍珠的网红品牌：乐乐茶和鹿角巷。将糖升级为"黑糖"，并以此为产品卖点，将珍珠升级为"黄金珍珠"，更健康、更Q弹。喜茶也推出了升级迭代的台式奶茶产品线。当然，它们三家对这个产品的命名是不一样的，乐乐茶叫脏脏茶，鹿角巷叫黑糖鹿丸鲜奶，喜茶叫波波茶，实际上是同一个东西。台式奶茶的五大材料（茶、奶、珍珠、糖、小料）中，只有小料没有大规模升级迭代了，暂时还没有出现可能流行的创新，任何一个材料的升级都可能带来一波新的红利，创业者可以对此保持关注。

2015年开始的整体奶茶红利，大概在2019年逐步消失，但是仍然可以在大部分地区尝试台式奶茶，可以下沉到四五线城市。如果想要做网红奶茶品牌，需要有新的创新点加入，才能提高成功率。

（2）港式奶茶。

典型品牌：米芝莲、大通冰室、张三疯。

这是周期最短的奶茶店细分品类，主要使用CTC红茶、淡奶这两种原材料。核心产品是丝袜奶茶和鸡蛋仔，茶浓度高，淡奶浓郁，主要困境在于主打产品单一，同一市场下门店扩张过快，扩充其他产品线后效果也不好。

2016年是这个品类的高峰期，2017年下半年逐渐消失。厦门的张三疯大概是从2009年开始开店，只有改良的港奶，没有鸡蛋仔，在2013年左右广为传播，变成鼓浪屿网红打卡店，这是一个逆周期的案例，在2015—2017年这一波泡沫化后，该品牌已经变成过气网红。2021年后出现了一波泰式袋装奶茶的热度，其产品与港式奶茶相近，本质上是同一个东西。

建议视当地市场情况谨慎开设港式奶茶店。在群众基础比较好的珠三角区域，可以作为一个其他品类的补充产品线。

（3）奶盖茶。

典型品牌：喜茶、乐乐茶。

最年轻、均价最高的奶茶店细分品类。主要使用芝士（奶盖粉）、奶油、茶叶三种原材料。材料健康，口味独特。优势在于原材料健康优质，产品创新空间大，较高的售价为提供体验式消费环境创造了条件。

2015年开始的整体奶茶红利是被这个品类带起来的，与此同时，港式甜品、台式甜品、榴梿莲甜品的市场被新崛起的奶茶品牌瓜分，是跨"行"竞争的典范。主要困境在于产品组合单一，奶盖很容易喝腻。现阶段已经没有只做奶盖茶的主流品牌了，大都扩充了其他品类的产品线以降低常客的损失，比如水果茶。

喜茶作为奶盖茶的标杆，产品线扩张路径大致是：奶盖茶先行打出品牌势能，然后加入流行的高颜值水果茶，再增加台式奶茶降低价格门槛。"奶盖茶+水果茶"的高颜值搭配，非常适合作为网红品牌的主推品类，但不建议三线以下奶茶店主推奶盖茶。

（4）水果茶。

典型品牌：奈雪的茶、有茶。

这个品类诞生于奶盖茶之后，现在基本与奶盖茶绑定，成了奶盖水果茶。最开始主要的材料是鲜果和茶，清爽的口感与奶盖茶形成鲜明对比，适合大杯饮用，复购率也容易提高，主要产品是综合水果茶，由于技术门槛低，引来其他餐饮同行的大量模仿跟进。

2017年之后，水果茶中加入了奶盖，形成了"奶盖+水果"的主流组合，变成了有一定门槛的产品线。水果茶发源于台式奶茶店的果味饮品，发展进化大致可以分为：果味粉冲饮、果酱加茶、鲜榨果汁加茶、果酱加茶和少量鲜果这几个阶段。

主要困境在于：水果茶与冰品类似，营业收入受季节影响大，新鲜水果成本高，价格波动大。原有水果茶品牌大多也增加了其他产品线，比如奶盖茶、果咖，同时通过加大NFC果汁和冷冻水果的使用量，降低成本。同样不建议三线以下奶茶店主推鲜果水果茶。

（5）鲜榨果茶。

典型品牌：鲜疯、O2。

这个细分品类更偏向于使用"新鲜水果+茶"的组合，产品中往往不含奶，严格意义上来说不能称其为"奶茶"，鲜榨果汁品牌加入了水果茶也属于此类情况。介于水果采购成本问题，该品类的品牌基本都是区域性的，在福建、广西、广东有较高的可行性，也可以作为其他品类的补充产品线。

（6）柠檬茶。

典型品牌：LINLEE（原"鄰里"）、丘大叔。

这是从2018年起步、2021年兴起的细分品类。作为民间饮品，柠檬茶在粤语区流行了几十年，有着广泛的客户群。主要材料是柠檬和茶，夏天容易爆火，劣势同样明显，主材料柠檬不能加热，一加热就发苦发涩，冬天淡季没什么能卖的产品，全靠旺季赚钱，与甜品行业的冰品很相似。

柠檬茶的原材料比较单一，必须用到香水柠檬，产品的爆红还引发了供应链危机，香水柠檬2019年的价格是3~5元/斤，2021年初涨到15元/斤，2022年初涨到30元/斤，三年时间价格翻了几番。柠檬树从下苗到结果，需要15个月以上，新增产能的增速远远跟不上需求的增速，连锁品牌可以通过承包种植园降低成本，小品牌则只能被动接受越来越高涨的成本。

因技术门槛不高，其他非主推柠檬茶的品牌也能跟进，竞争优势不明显，建议谨慎开设此类门店。

了解了品类，接下来该怎么做才能选出成功率高的创业项目呢？

2.2　提高胜率：如何选出成功率高的创业项目

在2.1小节中我们了解了品类的细分，接下来将基于细分品类来讨论如何选出成功率高的创业项目。选择创业项目首要考虑的是作为天时的周期性，第1章已经有所涉及，所以在此不再赘述，以下讨论均基于顺周期或弱周期的情况。

2.2.1　做自己懂的行业

创业是一个高风险的行为，赚钱成功率不足10%，做自己懂的行业，不冒险，控制风险，则可以降低失败的风险。任何行业和项目都有门槛，相关的行业经验非常重要。头脑一热，直接冲进一个完全陌生的行业是创业者常犯的错误，在创业中从零开始熟悉行业所需要付出的代价往往不是创业者所能承受的。一个品类，再热门，再有风口，如果创业者不懂，进去更容易变成别人镰刀下的"韭菜"。

创业者能懂多少行业不重要，重要的是明确知道对现在要做的这个行业是不是真的懂，以及能不能知行合一，坚持不懂不做。比如老干妈创始人陶华碧学历有限，知道自己不懂财务，所以不贷款也不上市，只做自己懂的辣椒酱。有些行业可能产品相关性很高，但经营逻辑完全不同，比如袋泡茶和奶茶，两者目标客户群不同，消费场景不同，销售渠道不同，产品的研发和生产也有差异，袋泡茶电商品牌去做实体奶茶店，并不能将原有的优势迁移到新品牌上，仍然属于进入陌生行业的范畴。

那怎么样才算是懂呢？想开甜品，会吃算不算？可以算，也可以不算，取决于多"会吃"。首先，对于餐饮行业来说，产品是基础，懂一个品类的底线是有分辨产品优劣的能力。比如你想开一家肉夹馍专卖店，至少得知道所在城市里知名的几家肉夹馍店的产品是怎样的，可以给他们的产品排序，并且有明确理由，不能仅凭自己的喜好下判断。分辨产品优劣的能力并没有看上去这么简单，如果没有长期、多样化的品尝，很难做出判断。

尝过两三家，然后信誓旦旦说其中一家最好，是没有说服力的，因为这样的判断，往往只是口味偏好，提供不出具体客观的理由。还是以肉夹馍为例，如果是腊汁猪肉夹馍，馍用白吉馍，好的馍应该是外脆内韧，外壳有弹性，内里湿软有韧性。里面的腊汁肉，是用带骨肋条肉和前后腿肉在卤水里炖出来的，肥瘦搭配因人而异，好的瘦肉应该吸饱汤汁，纹理清晰，鲜香脆口，好的肥肉应该油润饱满，入口即化。专业一点的肉夹馍店会提供不同肥瘦比例的选择，比如全瘦、全肥、半瘦半肥等。此外，馍和肉的温度也有讲究，以上是一个肉夹馍创业者应该具有的产品分辨能力。在有分辨能力的基础上，如果能知晓产品制作的流程和难点，项目的可行性又可以加分不少。

其次，了解品类运营的完整流程。开肉夹馍专卖店大概需要多少面积的商铺？选址更适合哪些区域？需要多少员工？需要哪些设备？总共需要准备多少预算？馍手工做需要什么材料？哪里可以进货？肉夹馍应该搭配什么产品一起售卖？怎么做促销和营销等。

最后，了解品类的市场表现，是弱势品类还是强势品类？是处在增量市场还是存量市场？陕西省以外的肉夹馍到底是主食还是小吃？为什么大部分肉夹馍门店实际以卖面食为主？为什么肉夹馍的爆款只有腊汁猪肉夹馍，西安流行的腊牛肉夹馍、鱼肉夹馍在其他市场表现都不太行？肉夹馍扩大影响力的难点在哪里？以上问题，创业者知道的答案越多，成功率越高。

如果创业者不懂行业又想做怎么办？毕竟能懂的行业是少数，总有能力圈外的创业机会吸引创业者。这类情况下，可以先学，学会了、弄懂了再去做。怎么去学呢？最好的途径是打工，想做肉夹馍，又不懂，那就去肉夹馍店里打工。打工是创业者最低成本的学习途径，老板免费教你技术，带你入行还付你工资。

在打工途中，还能提前适应创业生活，如果不是你想要的，及早撤退，本来要打水漂的投资百分之百挽回了。有的创业者会觉得自己三十好几了，年纪大了，不适合高强度的体力劳动了，其实就是不想辛劳，如果连打工的劳动强度都接受不了，那么创业大概率是坚持不下去的。因为创业的劳动强度只会比打工高，打工可以"偷懒"，当老板可没时间"偷懒"，"偷懒"可能就意味着亏损和倒闭。具体怎么打工获取技术，我们会在技术准备章节再详细讲述。

除了打工，招聘一个懂行业的员工是一条看上去很美好的捷径，但在实际操作中会有诸多隐患。在小型餐饮门店中，技术往往有举足轻重的作用，如果一个门店的技术只掌握在少数老员工手里，他们会视技术为自己的核心资源，不会愿意无偿授予老板或者其他新员工，那么老板极有可能受制于老员工，实际上是被架空了，老员工一离职，门店出品就垮掉，只能闭店，那么请问这个门店的老板到底是谁？在创业者没有十足把握获取技术的前提下，招聘懂行的员工作为核心是一条单行路，除非你愿意把他们升级成合伙人。

2.2.2　做大赛道的细分品类

选择做大赛道的细分品类是创业者快速打造新品牌的好方法。为什么要选择大赛道？因为大赛道意味着需求广泛，周期性偏弱，就像钓鱼要去鱼多的池塘。为什么要细分品类？因为细分品类能提供差异性，容易脱颖而出。那餐饮有哪些大赛道？我们可以参考《2021年中国餐饮大数据》，图2-3为2019—2020年重点餐饮品类门店数量占比和线上订单量占比情况。

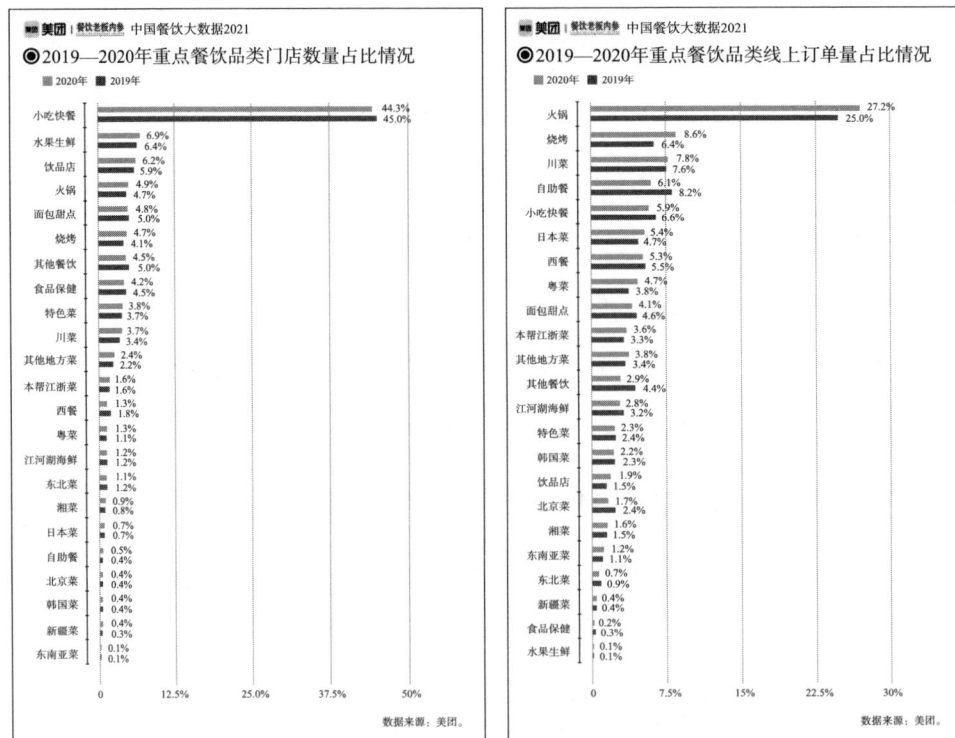

注：因大数据均采自美团和大众点评，样本不能保证全面无遗漏，且营业收入数据仅包含外卖部分，不同品类外卖的占比不同，因此，以下数据与门店经营的整体数据可能有偏差，仅作为参考。

图2-3　2019—2020年重点餐饮品类门店数占比对比情况（左）和线上订单量占比情况（右）

结合图2-3，我们可以认为，火锅、烧烤、快餐小吃、川菜、面包甜点、饮品店、水果生鲜是较大的几个餐饮赛道，然后是其他地方特色菜。在《中国餐饮品类与品牌发展报告2021》中，也可以得出相似的结论，如图2-4所示。

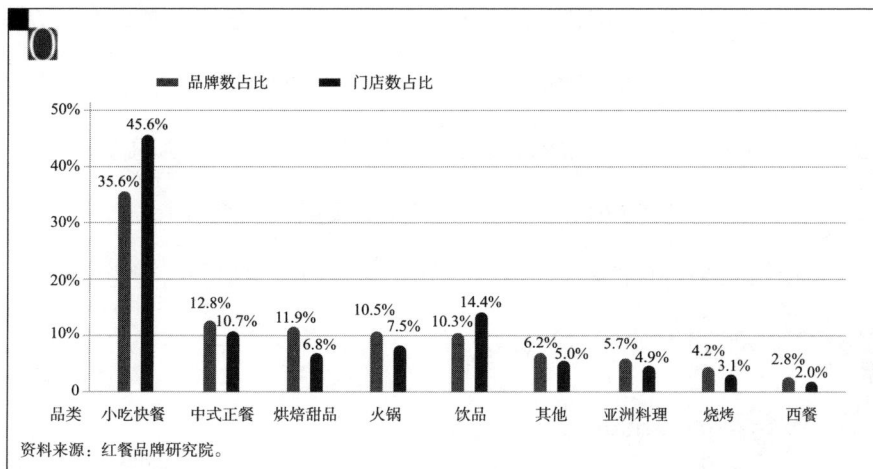

图 2-4　2020 年餐饮全品类样本品牌数及门店数占比分布

接下去，我们在几个大赛道中，以火锅为例，详细说说细分品类的情况。

在火锅赛道中，细分品类主要有重庆火锅、四川火锅、潮汕牛肉火锅、串串香、海鲜火锅等。以线上订单金额占比来看，各细分品类分布情况如图2-5所示。

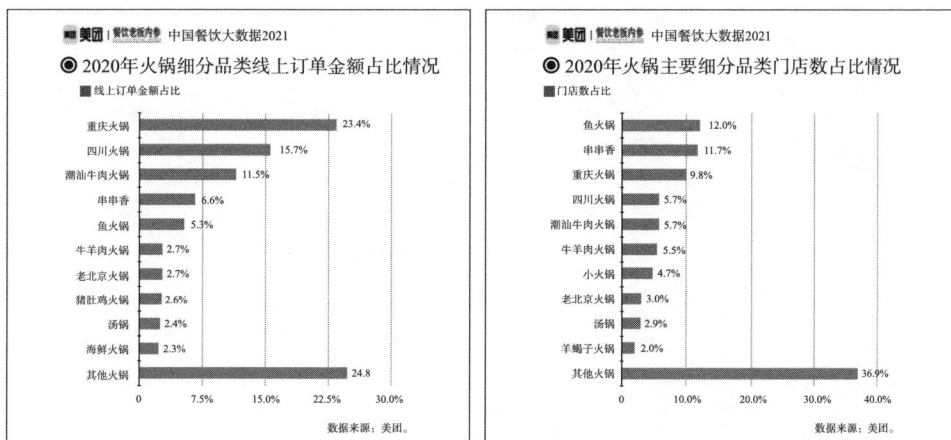

图 2-5　2020 年火锅细分品类线上订单量占比情况（左）和门店数占比情况（右）

诸多新兴的细分品类数据均在24.8%的"其他火锅"一类，以后可能会跑出来成为独当一面的细分品类。其他火锅现在有碳火锅、云南火锅、本地鸡窝火锅、韩式火锅、泰式火锅等，创业者可以对它们多加关注。

如果再对比观察火锅门店的数量占比，可以发现一些更有意思的信息，鱼火锅和串串香是门店数占比排在前两位的细分品类，串串香客单价低，人均消费为30~50元，以11.7%的门店数占比只贡献了6.6%的订单金额。更惨的是鱼火锅，人均消费为40~60元，门店数占比为12%，却只贡献了5.3%的订单金额。门店多，订单金额少，说明2020年是鱼火锅品类周期破灭变成存量市场的一年，如果结合2018和2019年的数据后分析，也显示相似的情况，则可能是该细分品类经营相对困难，不适宜作为创业的方向。

2.2.3 做资本热捧的品类

风险较高的一种选品方式，既考验判断力，也考验执行力。资本以逐利为首要目标，获得融资、受到资本认可的品牌往往是需求大、易标准化、强势、正在风口上的品类，通过分析餐饮融资记录，可以找出它们。以2021年餐饮投融资记录为例，见表2-1。

表2-1　2021年部分餐饮投融资记录统计表

融资品牌	融资金额	品　　类	细分品类
霸蛮	未披露	小吃快餐	米粉
丘大叔柠檬茶	几亿元	饮品	茶饮
蜜雪冰城	20亿人民币	饮品	茶饮
虎头局	5000万美元	烘焙甜品	中式糕点
M Stand	几亿元	饮品	咖啡
海伦司	3300万美元	饮品	酒馆
Manner咖啡	未披露	饮品	咖啡
遇见小面	数千万人民币	小吃快餐	面食
锅圈食汇	3亿美元	火锅	食材供应链
霸王茶姬	超3亿元人民币	饮品	茶饮

融资品牌	融资金额	品　　类	细分品类
陈香贵	数亿元	小吃快餐	面食
文和友	未披露	小吃快餐	小吃
喜爱太可了	百万元	小吃快餐	炸串
京派鲜卤	数百万元	火锅	卤味火锅
马记永	未披露	小吃快餐	面食
TNO	数千万元	饮品	茶饮
鹰集咖啡	未披露	饮品	咖啡
爸爸糖	一亿元	烘焙甜品	面包烘焙
五爷拌面	3 亿元	小吃快餐	面食
巴奴毛肚火锅	5 亿元	火锅	毛肚火锅
沪上阿姨	近亿元	饮品	茶饮
奈雪的茶	58.58 亿港币	饮品	茶饮

数据来源：FBIF Peggy 餐企老板内参。

注：仅包含餐饮行业，未包含食品和零售行业

　　按大品类来分，小吃快餐最热门，全年有38个品牌获得融资，其次是25个品牌获得融资的饮品，再次是烘焙甜品和火锅，分别有6和7个品牌获得融资。我们再把小吃快餐拆开，看看哪些细分品类的占比更高，如图2-6所示。

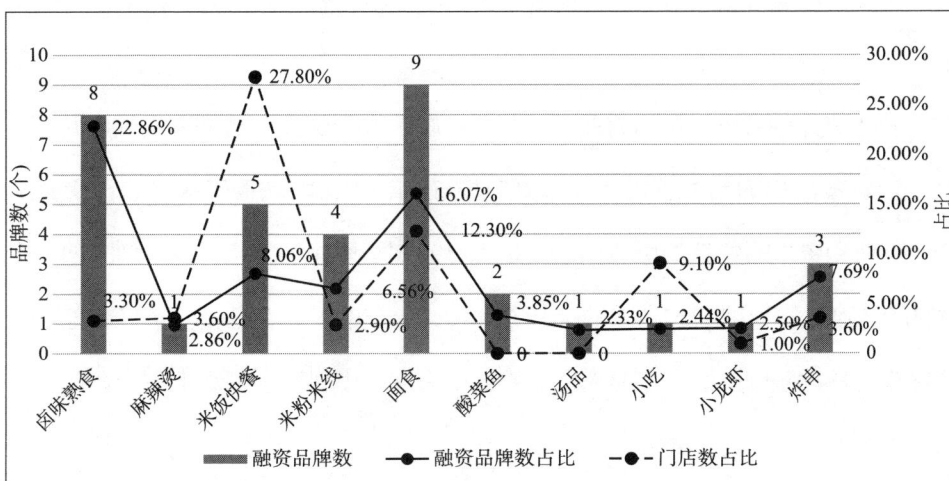

图 2-6　2021 年小吃快餐细分品类融资品牌数及占比

由图2-6可知，卤味熟食、面食、炸串和米粉米线是快餐小吃中被资本热捧的四个细分品类，其中，卤味熟食热度最高，以3.30%的门店数量获得了22.86%的融资数额，面食以12.3%的门店数量获得了16.07%的融资数额，炸串以3.60%的门店数量获得了7.69%的融资数额，米粉米线以2.90%的门店数量获得了6.56%的融资数额。同理，可分析得出茶饮、咖啡和中式糕点也是受到资本热捧的细分品类。

至此，我们找出了七个受到资本青睐的细分品类，但这并不意味着这七个细分品类创业者可以跟风进入。首先，观察品类是不是有足够的产品创新或者模式创新，是否产生了增量市场，而不是热钱涌入导致的"泡沫"，资本不是万能的，常有资本热捧但被市场打脸的情况。其次，确认这些品类的竞争是处于"百家争鸣"还是"多强争霸"阶段，比如在茶饮的15个融资品牌中，至少有六个是老品牌为了筹备上市，它们的红利期已过，不适合新创业者进入。最后，确认这些品类在上一年的融资情况，如果上一年融资数量比今年还多，说明热度已经消退，现在开始新创品牌已经赶不上热度了；如果上一年融资数量比今年少，则说明热度在增加，还有机会；如果上一年融资极少，今年突然爆发式增长，则说明机会很大。

资本热捧的品类每年都有差异，创业者应获取最新投融资情况以辅助判断。

做资本热捧的品类不仅可以享受市场红利，也可能获得资本青睐，拿到融资。企业和资本的关系就像鱼和水，是相互需要与协作的关系，在草创时期，资本的介入可以极大地增加品牌的存活率。中国上市的餐饮企业很少，餐饮行业的资本化进程才刚刚开始，有很大发展空间，未来会出现很多餐饮上市企业，说不定你的创业项目也会在其中。

当然，想坐资本的快车，代价肯定是有的。不管是追热门品类还是争取融资，我们必须执行力足够强，速度足够快，作为新手，难度都是很大的。所以，追资本这一招更适合你已经从事了相关行业，有一定经验，在资本入局的情况下，改良已有品牌，或者开辟新品牌，这样可以插上资本的翅膀，让品牌发展驶入快车道。

知道了怎么提高成功率的方法，接下去我们要决定做加盟还是自营。

2.3　自营和加盟的抉择：该不该加盟，怎么加盟

选出自己熟悉的细分品类，了解如何提高成功率之后，我们需要决定是花钱找现成的品牌加盟还是自己做一个新品牌。

2.3.1　自营及加盟的优势和劣势

提起加盟，创业者容易陷入两种极端。一种是全盘打死，即武断地认为加盟都是骗钱的；另一种是无脑跟风，轻信加盟公司的花言巧语，考察一次二话不说就交钱签合同。与其他行业一样，做加盟的公司有专业的，也有骗人的。加盟只是一种相对快捷的选择，一个快招项目，也有创业者从中赚到钱。一个好的加盟项目，也不代表所有加盟创业者都能赚到钱，能否盈利的决定性因素掌握在创业者自己手里。

那加盟和自营有什么区别呢? 加盟与自营的差异类似老师授课与自学。加盟公司作为老师，在验证项目时，已经支付了试错成本，总结出一套可行的完整方案，相当于课本。课本可以帮助没有接触过某些行业的学生快速上手，避免常见的错误。老师授课的水平高低相当程度上决定了学生学习的质量，加盟公司的运营能力，很大程度上也决定了加盟商能不能赚到钱及能赚多少钱。

老师在提供授课服务前，会收取一定的授课费，这个授课费就是加盟费，对于学费有限的学生来说，付费找老师授课是不明智的，有可能付完学费之后，连基本的伙食费都不够了，最后课程还没上完，就饿死了。所以，预算充足是选择加盟的先决条件。

自学则是另外一种情况，意味着没有现成的课本，没有老师引导，所有都需要创业者自己摸索，一步一个脚印，一步一个坑踩过去。有些自学者资质平庸，没多久就失败了，有些自学者天赋异禀或者勤奋异常，能自学成才，甚至能通过创业的过程，积累经验，自己变成能授课的老师。从事后的概率分析，老师授课成才的比例远高于自学成才，这也是为什么加盟这件事如此吸引新创业者的原因。

在要不要选择加盟的问题上，我们可以拆解为两个步骤来考虑。第一步，考虑有没有足够的预算来加盟，没钱则只能选择自营。第二步，根据自身情况，分析加盟的优势和劣势来决定是否选择加盟。

加盟的优势一般是自营的劣势，加盟的劣势一般是自营的优势，所以，下面不再重复罗列自营的利弊。接下来我们一条一条拆开来看。

加盟的优势包括如下方面。

（1）加盟公司有现成的商标、产品技术、经营技巧、VI设计，可以直接使用，相比从零开始建立一个新品牌的自营，更节约时间和精力，完全没有经验的创业者可以快速入行。自营是需要创业者自己注册商标，自己研发产品，自己设计，自己积累运营经验，每个环节都可能支付试错成本。

（2）加盟公司能提供选址上的帮助，也能协助调研当地市场，可以针对强势竞品提供方向性的建议，大大提高门店的存活率。例如，正规公司一般都用人流热力图、外卖单量分布图来辅助选址，自营只能自己扫街串巷搜集数据，效率和准确性都差一些。选址问题在开店前期是很重要的，选址不行，后期极难挽救。

（3）加盟公司的供应链系统有集中采购的价格优势，原材料、包装材料都会有一定程度的优惠。在成百上千家门店的品牌面前，供应商议价能力弱。如果创业者自营，刚开始采购量少，那供应商在你面前议价能力就强，你基本没办法与其谈价，能供给已经不错了。当然，这个价格优势，是有可能被公司通过溢价抹平的，例如，公司成本是10元的原材料，卖给加盟商至少得加价10%~30%，如果公司规模大，可能最终价格比加盟商在市场上的采购价还是要低一些。

（4）加盟公司负责新产品的研发及更新，没有研发的压力及新产品测试的额外成本。自营只能创业者自己研究，市场上流行什么，就跟什么产品。如果不更新产品，则销量上不去；如果一直保持更新，则精力和人力成本又上去了。例如，产品更新以周计的奶茶行业，自营门店很难跟得上。

（5）加盟公司统筹月度、年度营销计划，创业者可节约设计和营销的时间和精力。节假日该怎么"玩"，怎么匹配品牌调性和定位，做哪些营销，不做哪些营销，都是很费脑子的。公司小一些，可能是专人负责，大一些，可能有一整个部门负责，总比创业者一个人瞎琢磨强。

（6）在开店过程中遇到问题，加盟公司会提供解决方案并协助解决。加盟公司作为老师，遇到过的问题多，虽然不是所有问题都能有效解决，但是至少会有解决的思路，不至于出现急病乱投医现象。

加盟有这么多优势，那么它有哪些劣势呢？

（1）加盟需要付出额外的金钱成本，包括支付加盟费、管理费、品牌使用费、保证金、差旅费等。如果是自营，这些费用基本都是0。

（2）加盟店是加盟公司品牌旗下的一个标准化门店，加盟公司有许多限制性条件约束门店，使单个门店缺乏自主性和独立性。例如，加盟商不能随便改动加盟公司的SOP，需要严格遵守公司的规章制度，公司要求加盟商对顾客喊"欢迎光临"，就不能喊"早上好"，更不能拿其他品牌的产品到门店里卖。如果是自营，就没有这些限制。

（3）加盟店的原材料、设备器具、包装材料必须采自加盟公司，不能自主选择。采购都是有差价的，加盟公司很大一部分利润是通过物料差价、设备差价、材料差价产生的，加盟店如果外采，影响公司核心利益，是不被允许的。如果自营，这些也不受限制，但是创业者可能需要多花点儿时间，多花点儿钱来筛选供应商。

（4）加盟店在产品、设计、营销等方面均存在自主创新限制，所有改变需要经过加盟公司同意。为了保持品牌一致性，它们大多都是不能修改的，品牌门店的宣传海报通常也是由公司统一制作。

（5）加盟店的经营状况，通过收银系统、进货系统由加盟公司完全掌握，部分品牌电子支付由加盟公司统一延期打款。比如营业额延后一个月，8月份发给加盟商7月份的营业额，像极了上班领工资的打工人。

（6）加盟品牌的门店一荣俱荣、一损俱损。例如，品牌旗下有100家门店，其中一家出现恶性的食品安全问题，那么剩下的99家也都会受到影响。

（7）连锁加盟合同一般有竞业条款，即使合同终止，如果想要再从事相关行业，会有相当多的限制。

综上，加盟和自营的优劣和劣势都拆解得差不多了，是加盟还是自营相信创业者心里应该有个大致的判断了。总的来说，资金宽裕，想快速入行，对自主性要求不高的人，比较适合做加盟。相反，资金紧张，有时间、有精力折腾，希望开店有更多自主性、决定权的人，适合做自营。

2.3.2　怎么找到靠谱加盟公司

如果决定加盟，那怎样才能找到靠谱的加盟公司呢？先排除错误答案，快招公司肯定是不能碰的，进去还是个"胖小伙子"，出来可能就只剩下"骨架"了。如果确认不是快招公司，下一步就是看哪个品牌更适合创业者的需求，以及这个品牌的运营能力怎么样，能不能把创业者带上致富路。

每个品牌都有自己的定位，有自己固定的客户群，不存在一个能满足所有人需求的品牌。举个例子，假设某一天，奈雪的茶开放了加盟服务，创业者手上有40万元，想在广东一个五线小城市开一家奶茶店，那么奈雪的茶这个项目，适合去加盟吗？截至2023年7月，奈雪的茶尚未提供加盟服务，以下仅为假设。

这个假设，其实是一个知乎粉丝私信我的问题。她看到家乡有不少奶茶店，但是没有一家像奈雪的茶一样，做"软欧包+奶茶"的模式，刚好自己有个200多平方米的铺子，想投资40万元来开一家模仿奈雪的茶的店。这是一个注定会失败的开店计划，先不说铺子的位置是不是适合开奶茶店，40万元的投资，对于一个200平方米"软欧包+奶茶"的项目而言，完全是不够的，并且奈雪的茶的目标客群主要是一二线城市的女性白领，五线小城市哪来这么多白领？

回到最开始的问题，在五线小城市加盟奈雪的茶肯定不合适。奈雪的茶再优秀，也不符合创业者的需求。不合适的东西，不应该强求。在这个假设里，益禾堂这类扎根小城市的品牌会更合适。

刚才提到的品牌，有人可能要问，那怎么去找这些品牌，怎么知道哪个品牌市场表现更好？加盟品牌一定要去实地找，不要在网上搜，也不要去加盟展会上找。为什么不能网上搜？因为搜索引擎上的首页都是付费广告，而且大部分都是快招公司的广告，比如你搜一点点奶茶店，会看到一大片的山寨官网，随便点进去一个，提交资料咨询加盟，销售会马上打电话过来，告诉你他是该店的工作人员，你那个地区不收加盟了，但是他们有一点点的姐妹品牌，同一个公司的，同一批人，一连串"套路"把你忽悠去做快招品牌。如果你不加盟，不上套，那么你登记信息的手机号至少在半年内都会接到各种快招公司的电话骚扰。加盟展会也是同样的道理，展会中布置得最显眼、销售最热情、占地面积最大的展位往往是快招公司，正规加盟公司极少参加加盟展会。

找加盟品牌，不能偷懒，去你想开店的城市扫街，看看哪个品牌经营得好，记下名字，然后去同一级或者高一级别的城市去找，例如，创业者想在宁波开一个奶茶店，去杭州找项目是个不错的选择。如果你想在武汉找一个甜品店，然后去深圳找项目，很有可能水土不服。相近的城市找一两圈，差不多可以收集到十多个备用品牌，然后上它们的微博、公众平台、外卖平台看看顾客的评论，对每个品牌有初步的了解后，可以筛选出你更感兴趣的3~4个备选品牌。

在上面扫街的过程中，你已经排除了大部分不合适的品牌。接下来，就可以打各个品牌的加盟电话，联系到它们的销售，确认公司名，到天眼查或者企查查上看下公司注册几年了、法人是谁、股东有哪些、有没有诉讼记录，到商标局网站上查一下公司注册了哪些商标、想加盟的那个品牌是不是已经注册成功了，再到商务部网站上查一下公司有没有特许经营备案。什么是特许经营备案呢？品牌进行招商加盟前，需要在商务部进行特许经营备案，或称为加盟资质、特许加盟许可证。图2-7为正新鸡排在商务部的备案信息。

备案信息中包含公司名称、联系方式、加盟分布的区域，以及电子版的营业执照和商标证，在签约时务必核对以上信息。公司在没有特许经营备案的情况下，进行招商加盟属于违法行为。办理特许经营备案至少需要两家直营店运营一年，也就是"两店一年"，所以，那些突然爆红的网红品牌是不可能有备案的。公司注册时间还不到一年的，法人和股东在公司一个都见不到的，有很多诉讼记录的，商标没注册成功的，没有特许经营备案的，这些都可以排除。

中华人民共和国商务部
业务系统统一平台　　**商业特许经营信息管理**

目前位置：首页 ＞ 备案企业公告 ＞ 特许人公告信息

特许人备案信息

上海正新视频有限公司　　　　　　　　最近一次更新时间：2017-08-02

● 基本信息

备案号	0311700211600031	备案机关	上海市商务委员会	备案公告时间	2016-09-05
住　　　所		上海市松江区永丰街道█████			
法人代表		夏██		成立日期	2006-01-16
公司网站					

● 特许人联系方式

电话	传真	电子邮箱
████	████	████qq.com

● 经营资源信息

特许品牌	权利类型	权利性质	权利号	注册类别	权利日期	权利期限
正新鸡排	注册商标	所有权	9710076	29	2022-08-20	

● 电子材料

企业法人营业执照或其他主体资助证明	营业指导.pdf
与特许人经营活动相关的商标权、专利权及其他经营资源的注册证书	商标.pdf

● 境内加盟店

加盟分布区域	天津市(1)、河北省(1)、山西省(1)、江苏省(2)、宿迁市(1)、浙江省(1)、安徽省(1)、福建省(1)、江西省(2)、南昌市(1)、河南省(1)、武汉市(1)、常德市(1)、广东省(1)、广西省(1)、崇左市(1)、重庆市(1)、四川省(1)、遂宁市(1)、贵阳市(1)、陕西省(1)、新疆(45)、

图 2-7　正新鸡排特许经营备案信息

随后就是实地考察，这个步骤最费时间，同一个品牌至少考察两家直营店、两家加盟店，不能只看销售带你去的门店，要看些什么内容呢? 除了看生意好不好，重点看门店的管理规范程度。那怎么看生意好不好? 最直接的方法是蹲点三到五天，一般来说，周五周六周日三天是一周中营业收入最高的，周一到周四挑两天，周五到周日挑两三天，拿好笔记本，统计人流和营业收入情况。

外卖平台的单量也可以作为辅助参考，但不是唯一的判断标准，因为不是所有品牌的任意门店都适合做外卖，也不是所有外卖单量高的门店都能赚钱，另外，精明的加盟品牌会将外卖数据作为付费广告，可信度不高。此处，还需谨慎对待二手信息，比如朋友的朋友开了一家门店，朋友告诉你的营业收入数据大概率是不准确的，数据在传播中可能被夸大了多少倍。

创业者也可以试着跟加盟店的老板聊一聊，作为普通顾客的身份闲聊，了解他的工作状态，是不是对工作热情，对生意是否满意。如果你作为意向加盟商去跟他们聊这些内容，很有可能他们不会告诉你实情，为什么呢？

一是部分品牌的直营店是伪装成加盟店对外宣传的，特别是品牌发源地的加盟店，所以，你说自己要加盟，"老板"只会表达对公司的信任。

二是部分品牌加盟店拉新加盟商有高额提成，加盟店也很可能因此美化收益，美化加盟公司来促成你加盟。

三是赚钱的加盟店也可能故意将收益说低，夸大亏损，这样就可以劝退潜在的加盟商，减少竞争者。

那管理的规范程度怎么考察？举几个例子，比如你看收银员点单时有没有一直保持微笑，有没有跟你打招呼，其他员工有没有跟着打招呼，收银点单用语是不是统一规范，你随手指一个产品，收银员能不能很流畅地介绍。如果一个品牌管理规范程度低，事实上，它就不具备特许加盟的基础条件，就不该放开加盟。经过一轮又一轮的考察，你终于找到了心仪的品牌，接下来可以谈一谈合同细节了。

加盟合同应该重点注意这几个问题：一是费用有哪些，怎么支付；二是加盟有什么条件；三是总部提供哪些扶持。

加盟有哪些费用？加盟费用一般包含一次性的加盟费、保证金、设备费、设计费和装修费，以及年付的品牌使用费和管理费、按经营情况支付的物料费、按营业额收取的抽成等。不同的品牌收费政策有所差异，需要创业者问清楚，并约定进合同里。

加盟有什么条件？不仅是加盟商选择品牌，品牌总部也会筛选加盟商，要求越高的品牌一般运营能力越好。例如，有些总部不允许加盟商合伙，有些强制要求资金50万元以上，具体的可以咨询品牌方的销售。对加盟商的严格筛选不仅是对品牌负责，也是对加盟商负责。

总部提供哪些扶持？会不会帮加盟商选址？培训多少时间？带店多少时间？产品更新是什么样的周期？产品更新后去哪里培训？督导系统是怎样的？市场推广方面有什么支持？招聘员工方面有什么支持？物流配送怎么操作等。

上面这些合同细节确定后，就可以签约开始加盟流程了。

如果创业者决定自营，在没有现成的品牌的情况下，接下去应该做什么呢？下一节我们讲讲怎么确定一个新品牌的定位。

2.4　确定定位：你打算赚哪些人的钱

对于选择加盟的创业者来说，定位是一个无须考虑的问题，因为它由加盟公司决定，无论好坏，只能被动接受。对于选择自营的创业者来说，定位是预算之后另一个重要的决定。

2.4.1　定位是什么，定位有什么用

什么是定位呢？定位是讨论如何让品牌在目标客户群中与众不同，是广告营销学的一个理论。定位理论诞生于美国商品同质化的年代，广告信息爆炸性增长，通向顾客心智的道路上，交通堵塞，品牌只能依靠有力的简化信息来提高传播效率。由于定位理论诞生的年代与当下有不少差异，国内有一些补充性的定位理论，包括爆品理论、科学营销理论和升级定位理论。

不管理论如何变化，定位的目标始终没有变化，仍然是想方设法占领目标客

户群的心智。什么叫作占领心智呢？在餐饮行业可翻译为：让人记住你的品牌，把你的品牌刻在他脑子里，想吃某个东西就能想到你的品牌，比如想吃火锅，脑子里就蹦出海底捞，想喝咖啡，脑子里就蹦出星巴克。

定位有什么用呢？占领目标客户群的心智又有什么用？接下来看一个案例，来看看定位的神奇作用。

案例10：七分甜明确产品定位

七分甜创始人是谢焕城，他在2000年就进入了餐饮行业，2006年做了第一个甜品品牌"谢记甜品"。他最早把杨枝甘露做成杯装，杯装版杨枝甘露就是现在七分甜的招牌产品。2015年品牌全面升级成七分甜，口号是"可以喝的港式甜品"，与谢记甜品不同，七分甜是奶茶品牌，品牌形象偏女性，粉嫩卡通。品牌定位很模糊，很多客户甚至都不知道它是甜品店还是奶茶店，如图2-8（左）所示。

到2016年末，七分甜扩张到50家门店，2015—2016年这两年刚好是新式茶饮的红利期，50家不算少，但也不能算多。谢焕城不知道哪里出了问题，于是找了一个全案公司，一起给品牌重新做了定位。全案公司通过产品定位的方法，使品牌定位逐渐清晰，将七分甜从"可以喝的甜品"改成"杧果饮品"，直接将"杧果饮品"四个字，放在了品牌旁边，配合口号"杨枝甘露更好喝"及大幅的产品海报，明确了品牌的细分品类（杧果饮品）和主推产品（杨枝甘露）。

在门店形象设计上，门店的主色调从早期的粉嫩色系变成了杧果黄，并把一个很大、很大的"7"放在门店里，作为品牌的超级符号，活力满满，整体风格从原来的女性化变成了中性化，吸引了更多人进店消费，如图2-8（右）所示。

图 2-8　七分甜门店形象对比（左图为早期，右图为 2017 年后）

通过这次重新定位，七分甜整体业绩大涨了80%，到2017年末，门店超过140家，到2019年，杨枝甘露突然就火了，成为奶茶行业最热的单品，也带着七分甜走上更快的发展道路，截至2021年12月，门店已经超过了1 300家，成功从区域性品牌扩张为全国性连锁品牌。七分甜作为一个成熟品牌通过产品定位的方法大大提高了业绩，如果品牌刚创立时，定位清晰明确，把所有资源指向这个定位，那么可能市场表现会更好。

如果把一个品牌想象成一个人，那么定位相当于人设。人设跟行为一致，能创造价值，如果人设崩了，价值也就崩了。

品牌也一样，定位是一个品牌广告营销的方向和纲要，有了方向和纲要，才能推导出细节，细节都是为定位服务的，不能去做违背定位的事。例如，我们把一个定价8~10元的台式奶茶店装修设计提高到喜茶的水准，可以帮它提高营业收入吗？一个品牌的设计应该服务于定位，与定位不符的设计是会拖后腿的。在这个假设里，有可能这家店的营业收入不仅不会增长，可能还会下降。

定位是一种选择，选择就代表有其他东西被舍弃了，有些事不是能不能做的问题，而是该不该做。再举个例子，喜茶能做COCO的产品吗？相信按喜茶的研发能力，是肯定可以的，没有能不能的问题，但是喜茶该上COCO的产品吗？2020年喜茶就做了一个子品牌"喜小茶"，定位跟COCO相似，产品跟COCO差不多。为什么喜小茶的产品不放到喜茶里卖？喜茶的东西不放到喜小茶卖？因为不符合定位的产品，对于品牌而言不仅没有助益，甚至是强力的拖后腿。

2.4.2　餐饮行业的快速定位法

那该怎么做定位？怎样才能占领潜在客户的心智呢？定位的基本方法不是创造某种新事物，而是去控制心智中已经存在的认知，去重组已存在的关联认知。比如，沃尔沃与"安全"的关联认知，一提到想买安全的车，首先联想到的就是沃尔沃。如果关联认知被其他品牌打破了，定位实际上就已经失效了，当有一天大家都认为吉利才是最代表安全的品牌时，那么沃尔沃原有的定位就失效了，只能再做一个新定位。

在定位的具体方法上，成为第一是进入心智的捷径。因为在"心智战争"中，胜利往往属于深入潜在顾客心智的第一种产品。绝大部分的强势品牌都是在品类兴起的初期创立的，开创或主导一个新品类也是打造强势品牌的捷径，如果不能在一个行业中成为第一，那就重开一个战场，在行业中创造一个新品类成为第一。例如，换一个维度竞争，成为品类中价格第一、服务第一、时间第一、产品质量第一，等等。

第一在心智竞争中的巨大优势在心理学上可以理解为首因效应，也叫近因效应或第一印象效应，是指形成的第一印象对今后的影响，即"先入为主"带来的效果。虽然这些第一印象并非总是正确的，但却是最鲜明、最牢固的。除了能应用在人际关系上，首因效应在品牌建设上也是有效的。

除了成为第一的定位法，还有关联定位法、文化定位法、比较定位法、市场空白定位法、目标群体定位法等。在餐饮行业，基于品类的产品定位是最有效也是最适合新品牌的方法。

品牌是品类+差异性的代表，差异性不能脱离品类单独存在，比如上文中的沃尔沃的安全定位，是基于沃尔沃是汽车品牌，这样安全才有意义，单纯抽象的"安全"是无法关联到具体品牌的。基于品类的产品定位表现在门店品牌命名上，是品牌名+品类+单品的组合。比如喜家德虾仁水饺，品牌是喜家德，品类是水饺，单品是虾仁水饺。通过门头简单明了的信息就能告诉潜在客户"我是谁，我是卖什么的，我与其他水饺店有什么不同"。

有时候，品牌会把品类+单品放入品牌口号中，比如吉野家的口号是"牛肉饭专门店"。品牌是吉野家，品类是饭（米饭快餐），单品是牛肉饭。

定位在品牌的整个生命周期中也不是一成不变的，不是做一次就可以一劳永逸了。基于品类的产品定位本质上是一种爆品思维，把所有广告资源倾注到爆品中，通过一款爆品，让顾客区分品牌，记住品牌，然后带动门店销售。

这是一种非常窄的定位方法，因为窄，所以破圈快，也因为窄，会带来后续复购率不足的问题。爆品再好吃也会吃腻，大多数顾客不会天天吃同一款产品，产品单一就很难保持高频消费。而且有时候，你的爆品，可能也会变成别人的爆品，那怎么办?

品牌在破圈形成一定的影响力后，可以选择从细分品类里出来，扩张到一个更大的品类。七分甜在2021年就把"七分甜杧果饮品"改成了"现萃鲜果茶"，从杧果饮品扩大到鲜果茶，菜单上也加入了草莓、蜜桃、葡萄等。乐凯撒榴梿比萨也在2021年改名为"乐凯撒披萨"，去掉了榴梿，菜单上弱化了爆品，扩充了新品类，加入了意面、烤鸡、薯条等产品，如图2-9所示。

定位的修改，不等于否定之前的定位。定位需要随着品牌的成长而变化。对于初创品牌而言，基于品类的产品定位法依然是有效的定位方法。作为新品牌创业者，可以模仿上述两个品牌的定位思路，先专注打出一个爆品，在细分品类上成为第一，让品牌跟细分品类画等号，然后再打破品类壁垒，让品牌成为一个更大品类的代名词。

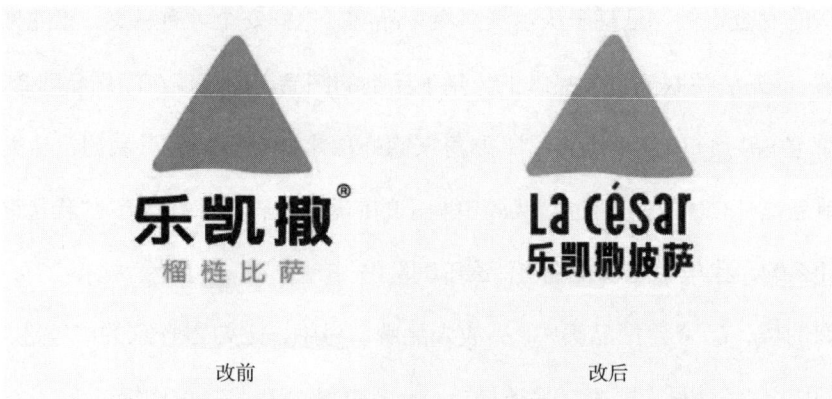

改前　　　　　　　　　　　　　　　改后

图 2-9　乐凯撒 LOGO 变化对比图

需要注意的是，基于品类的产品定位并不是万能的，它只是新手开店的一条捷径。不能因为有捷径就不顾实际情况，因地制宜、因人而异，适合品牌并能帮助品牌实现盈利的定位方法才是好方法。有些市场环境下需要淡化产品和品类的概念，比如市场容量极小的乡镇和相对封闭的社区商圈，细分品类会导致目标客户群窄小，反而是大而全、杂糅多个品类的门店更容易生存和取得盈利。也有横跨多个品类的成功案例，比如南城香，选址社区，全时段营业，主打馄饨、盖饭和烤串三个产品。

2.4.3　定位的执行

定位并不只是一句话，确定好就完成了，定位本身并不能给品牌带来任何竞争优势。围绕定位建立起全方位的运营体系并且有效执行起来，让顾客真切地感受到你与其他品牌的不同之处，才能让品牌真正获得竞争优势。餐饮行业与其他行业不同，不能只靠铺天盖地的广告，而是需要用口味来赢得顾客的口碑，一个主推牛肉水饺的品牌，结果牛肉水饺的口味还不如冷冻食品，这是无论如何都无法形成良好口碑的。

定位的执行包括产品、定价、设计、环境、服务、渠道、营销推广等环节，也需要体现在工服、工牌、菜单、容器等细节上。以产品为例，在规划菜单时，应以爆品为核心，图2-10所示内容是我刚开始餐饮创业时的第一个品牌，现已停业，定位是东南亚榴莲甜品。菜单第一页均为主推的几款榴莲甜品：榴莲果肉、雪山葫芦娃、榴莲不列颠和榴莲岛。

门店收银在点单时，会引导顾客点榴莲甜品。产品研发也以榴莲为主，融合诸如斑斓叶等东南亚食材，产生了榴莲粽子、榴莲肠粉、紫淮榴莲泥、榴莲泡鲁达等畅销产品。供应链以东南亚冷链进口为主，门店内的榴莲品种在当地最全面、品质最高，甚至部分品种在全国范围内均属稀有。想吃最好的榴莲甜品，当地只此一家，品牌与榴莲紧紧绑定。

既然是东南亚甜品，在设计中自然要体现出来，因此，门店采用东南亚风格的装修，有泰文的品牌装饰及榴莲元素的软装，如图2-10（右）所示。Wi-Fi密码用的是三种畅销榴莲肉的数字代号组合：19715924。

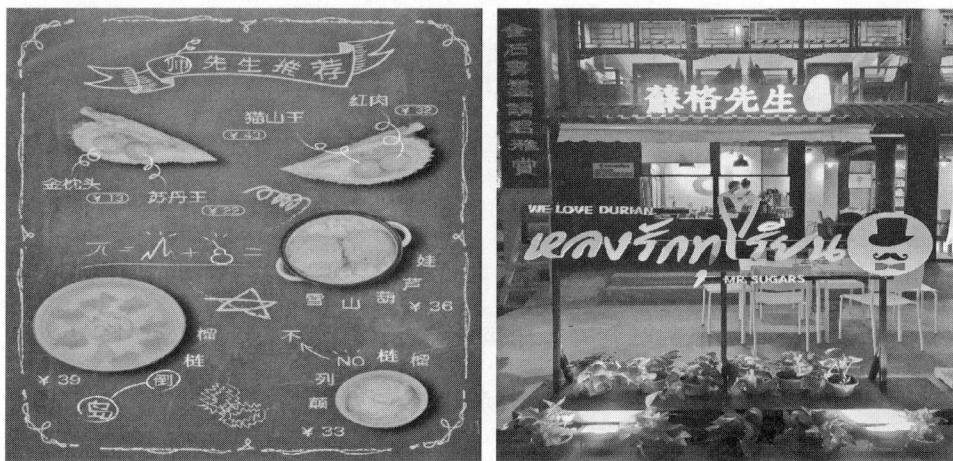

图 2-10 苏格先生榴莲甜品菜单第一页（左）和泰文装饰（右）

在微博、微信等新媒体平台上发布的内容，均以榴莲为主，比如介绍不同榴莲品种的差异，针对榴莲新品的推广，制作认知榴莲品种的H5游戏，榴莲促销活动，吃榴莲的技巧，节日特供榴莲产品的推广等，如图2-11所示。

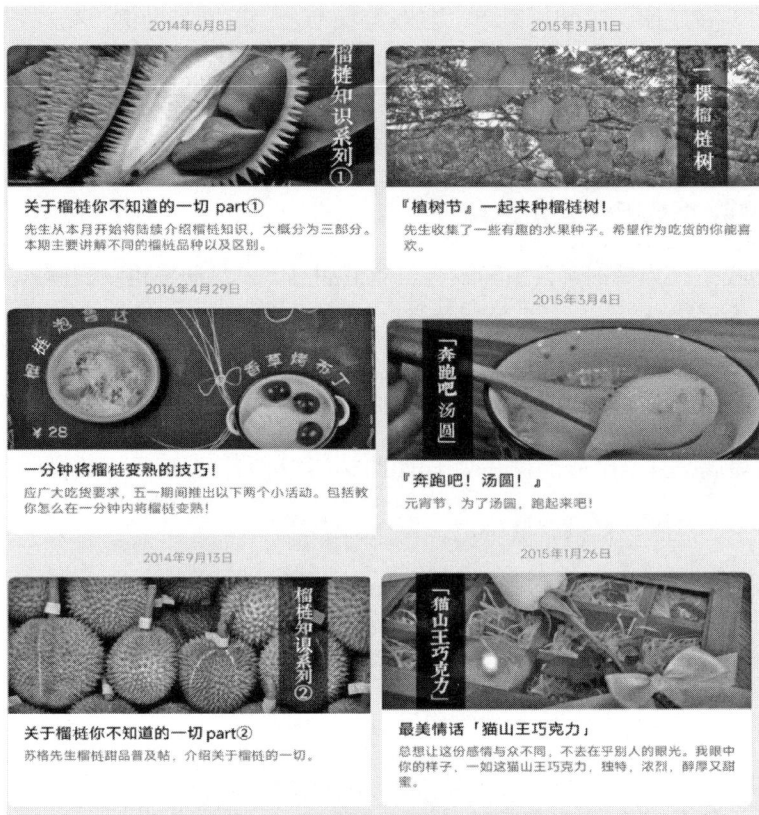

图 2-11　苏格先生甜品新媒体素材

以上一系列的组合形成了顾客最终的体验，让他们深信我们是一家"东南亚榴梿甜品"店，完成了定位的执行，从单纯的口号变成顾客的认知。

本章核心内容是介绍定位是什么？定位有什么用？餐饮行业怎么做定位及怎么去执行定位？下一章，我们要开始把创业项目落地了，从给品牌起名开始。讲讲什么样的品牌名有利于传播，能自带流量，以及品牌名如何契合定位。

第 3 章

项目落地

经过品类选择，决定加盟还是自营，确定定位，我们已经开始形成了可执行的大体方案，接下来，我们将把方案细化，将决策一一落地。

3.1 品牌的起点：如何起一个自带流量的品牌名

名字对于一个品牌的重要性显而易见，一个好的名字有利于品牌的传播，下面就来介绍应该如何起名。

3.1.1 起名的重要性

从第2章可知，竞争的终极"战场"是心智。但是在顾客心智中，是什么与什么在竞争呢？我们想喝奶茶会想起"喜茶"，而不是"深圳美西西餐饮管理有限公司"，在顾客心智中相互竞争的是品牌，而不是公司。竞争的基本单位也是品牌，如果你的品牌名本身就比竞争对手弱势，那么在心智"战争"中，你需要付出更多的努力才有可能取得胜利。

定位理论的创始人艾·里斯和杰克·特劳特极度重视品牌名，"名字就像钩子，把品牌挂在潜在顾客心智中的产品阶梯上。在定位时代，你能做的唯一重要的营销决策就是给产品起什么名字"。从这段话可知品牌起名的重要性。给品牌起名可以说是执行定位的第一步，好名字不能保证成功，但是坏名字一定很难成功。那什么样的名字才有利于传播，才会自带流量？

3.1.2 品牌起名的技巧

我们先来看两个取名的反例。第一个例子，"无邪抹茶"的创始人藏北新创了一个奶茶品牌：汴京茶寮。顾客在听到这四个字时，不能直接写出来。顾客在看到这四个字时，也有一定概率读不出来，特别是"寮"[liáo]字。创始人可能是想突出自身风格，但是这个品牌名既不容易写，也不容易读，毫无疑问增加了品牌传播的负担。想象一个场景，你从朋友圈里看到这家奶茶店的产品，觉得很好看，喝过的朋友也说好喝，你很心动，马上决定从外卖平台上下单，但是怎么都打不出来"汴京茶寮"四个字，想点搜不到，想喝喝不到，何其无助。后来因为商标纠纷，"汴京茶寮"改为"伏见桃山"，好写好读多了，但仍然算不上是一个好名字。

另外一个反例不在餐饮行业，是罗振宇的知识付费栏目"罗辑思维"，在早期的节目中，罗振宇每期都通过口播让大家去关注"罗辑思维"的公众平台，口播时特别强调，"罗"辑的"罗"是姓罗的罗，不是逻辑通顺的逻辑。但在用户输入搜索的时候，"罗辑"两个字是反直觉的，非常不利于品牌的转化。

下面是取名的几个建议。

（1）品牌名字越短越好，越简短越有力，两字>三字>四字。简化的信息可以提高传播效率，喜茶听起来就比奈雪的茶更有力。长的名字，往往会被顾客自动简化，比如奈雪的茶会被简化为奈雪。尽量避免四个字以上的品牌名，新品牌往往门头上还要加上品类和单品，品类最低两个字，单品最低三个字，一组合，门头上就奔着十个字去了，于传播肯定是不利的。

（2）避免生僻词，避免读音蹩嘴，避免歧义词汇，避免低俗词汇，避免与餐饮意向相悖的词汇。同样是为了提高传播效率，最好能让顾客听到发音就知道怎么写，比如外婆家、小肥羊、广州酒家，不需要其他解释，甚至输入法都能自动关联到相应的词汇。如果有生僻词，读音蹩嘴的词和歧义的词汇，无疑不能让顾客"听音知名"。

（3）品牌名及其联想与品牌定位吻合。理想的情况下，品牌名要具有"望文生义"的能力，而且"生义"的结果是符合品牌定位的，这是《升级定位》作者冯卫东的建议。比如螺蛳粉店取名"文嗦嗦"，嗦嗦容易让人联想到嗦粉，与主营产品吻合，文嗦嗦谐音"文嗖嗖"，有斯文的意思，连起来是斯文嗦粉的含义，配合上门店优化就餐体验、改善门店环境的做法，可以将其定位成一家文艺嗦粉店，再加上来自云南灵俏可人爱嗦粉的文姓老板娘，品牌故事也有了。从名字、产品、定位到品牌故事行云流水，一气呵成。

（4）以通俗的词语+差异的品类组合取名。这是知名营销专家小马宋的取名方法，一个熟悉的东西加一点点改变，顾客就会喜欢，觉得它有创意。所以，我们可以通过通俗的词语+差异的品类，达到陌生的熟悉感，让顾客喜欢，觉得有创意。这种熟悉是顾客容易感知的，陌生却不容易感知，但就是会被潜移默化地影响，觉得这个名字还不错。比如乐凯撒比萨、小猪短租、神州专车、小狗电器等。

这种取名要注意一点用法，通俗词与品类之间的差异要足够大，比如通俗的词用"土豆"，那你不能是卖相关品类的，若是卖面条的，用"土豆"这个词结果就是土豆面条，大家会觉得你家面条都是土豆做的，肯定不合适。

（5）准备足够多的备用名。从商标注册的通过性进行筛选，建议十个方案以上，新手取名往往过不了商标注册这一关。为了降低商标被驳回的风险，除了中文名，建议英文名也额外准备几个，中文名+英文名的组合提高了山寨模仿的门槛，山寨不可能两个商标都抢注到手，只要先拿到一个就可以有效保护自己，英文名也可以为国际化做好准备。

（6）准备足够长的时间给品牌取名，建议在一个月以上，在取名这么重要的事情上，不要吝啬时间，找你的同事和朋友们一起头脑风暴。

（7）找与食品有相关性的品牌做联名，借用已有品牌的热度，比如"大白兔奶茶"，这个取名套路比较适合已经有影响力的品牌推出子品牌，否则本身有热度的品牌没理由跟你合作。

（8）付费购买非食品领域的品牌授权做跨界品牌，比如"维多利亚的秘密奶茶店"，这个取名技巧比较适合动漫IP，比如"张小盒""会说话的汤姆猫"等，需要注意的是，这个取名技巧也只适合本身就有实力的公司做新品牌的开拓。

（9）取名可以蹭当下社会的热点、网络热词。热度被别人带起来也是个不错的选择，这是免费的取名技巧。以免费蹭热度的两个品牌名举例，第一个是"胖伦"，某歌手因为胖三次登上微博热搜，粉丝都觉得他是因为喝奶茶喝胖的，因此有了一个新昵称：胖伦。我们在2018年2月注册了"胖伦"品牌名，但是"胖伦"与"小公举"不一样，不能给艺人形象加分，因此，官方合作不太可能。但即使没有这位歌手的合作，这个新品牌也容易自带关注度和流量。为了配合"胖伦"这个名字，产品上主推低卡甜菊糖，品牌口号是"好喝不会胖"。

第二个案例是"肥宅快乐"。2018年4—5月，特别流行"肥宅快乐水"、"肥宅快乐网"等段子，我们将它申请注册了商标，但商标局认为"肥宅"一词带有贬义，最后没能注册成功，本案例仅提供一种思路，创业者平时可以多关注社会热点，随时化为己用。

以上两个案例，因为热度是蹭来的，自然有一些难以控制的风险，比如那位歌手瘦了，"胖伦"的品牌价值就会降低，"肥宅"不流行了，"肥宅快乐"的价值也会降低，不适合做长期的品牌。

3.1.3 品牌口号和品牌故事

取完名字后，我们还需要构思品牌口号和品牌故事。为什么要有品牌口号和品牌故事？因为他们可以让顾客更容易、更快地记住你的品牌。就像班里来了一个新同学，只听过名字，你可能没什么印象，但如果有人告诉你，他在原来学校发生过什么事所以才转学过来，是不是一下子印象就深刻多了？大多数人都喜欢听故事，故事是适合人类心智模型的信息模式。

怎么写品牌故事？可以参考电影编剧，编剧讲故事是有固定方法技巧的，一般可以分为目标、阻碍、努力、结果、意外、转折、结局七个步骤。

当然，品牌故事不能这么冗长，可以缩减为背景（描述现象）、冲突（指出问题、困扰）、疑问（怎么办）、答案（结局）四个步骤，比如小米的品牌故事是：雷军是数码发烧友喜欢玩手机（背景），当年给诺基亚写信反馈问题，得不到满意的答案（疑问），怎么办呢，雷军一气之下就自己做手机了（答案）。

再比如伏牛堂（现改名为霸蛮牛肉粉）的品牌故事，从一篇《我北大硕士毕业为何卖米粉？》的文章开始，"硕士粉"三个字就自带了戏剧冲突的故事感。"硕士粉"的品牌故事是以创始人张天一的拜师学艺为主线，张天一和表弟周全想开一家正宗常德米粉店，在常德走街串巷试吃米粉，最终挑中了几家口味极好的店，想拜师学艺，但都被拒之门外。之后无意间发现了一家口味非常正宗的米粉店，在征得老板同意后，他们经历了拜师、学艺一系列的过程，又进行了标准化提炼，在无数个夜晚里面一小勺一小勺地称量每一种中草药、配料的分量，最后才制作出配方。

需要注意的是，品牌故事不一定是真实发生过的事，是可以润色过的，也可以是虚构的，毕竟说到底品牌故事是"故事"不是"纪实"。品牌故事可以理解为是给品牌化个妆，增加吸引力。下面从一个新品牌的视角出发，尝试自己写一个品牌故事，创业者可以参照以下的品牌信息，如图3-1、图3-2所示，合上书，先自己写一个品牌故事。

品牌名叫芷茶，口号是现代唐风茶铺，IP形象是唐小芷。我提供四个写故事的思路，以供参考，创业者也可以按以下其中一个思路来继续写一个完整的品牌故事。

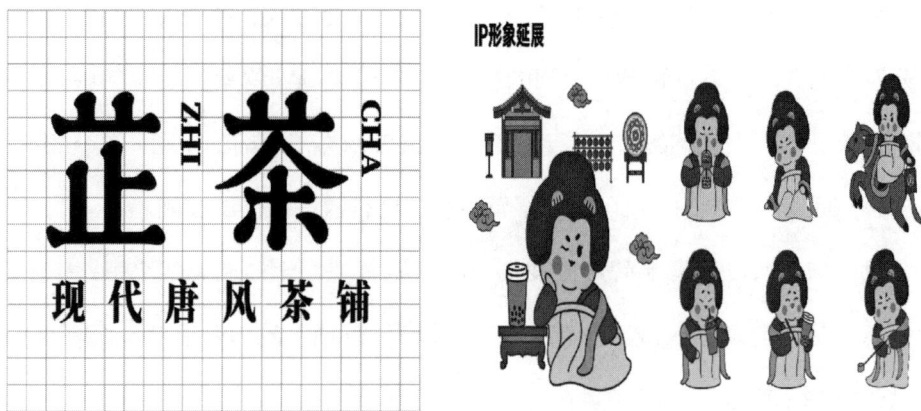

图 3-1　芷茶品牌 LOGO、IP 形象延展

图 3-2　芷茶品牌其他设计元素

（1）爱情故事：林小天为唐小芷开的一家奶茶店。

（2）创业故事：知名设计师唐小芷，发现没有纯正中国风的奶茶品牌，决定自己开一家唐风奶茶店。

（3）老树嫩芽：唐风饮料店，源自1987年。

（4）产品故事：唐小芷游历东南亚，被当地添加植物香料的饮品做法吸引，回国后专门研究花草茶，从风味到口感都有深刻且独到的见解，遂创立了花草茶品牌芷茶。

接下来，我们根据第一个思路扩展写一个完整的品牌故事。

林小天和唐小芷的故事从一杯奶茶开始，这个是背景，两个人通过奶茶认识了。后来，林小天回潮汕，唐小芷还在上海，这个是冲突，两个人因为现实因素要分开。现在，芷茶就是他们之间的纽带。那怎么办呢？答案就是芷茶创立的原因，芷茶是他们之间的纽带，至于最终结果会怎么样，谁都不知道。这个故事留有悬念，是现在进行时，实际上让经营者更容易有营销操作的空间。

品牌口号可以根据品牌定位及品牌故事做调整，比如在第四个思路下的品牌故事，芷茶的定位改成了花草茶，"现代唐风茶铺"的口号显然已经不合适，可以改成"东南亚花草茶""香料与中国茶"等。

本节核心内容是介绍起名为什么很重要、起名的技巧及怎么写品牌故事和品牌口号。起名工作完成后，在法律意义上它还不属于我们，需要在国家商标局申请注册，通过注册并拿到商标证书后，它才是真正意义上变成创业者自己的品牌。

下一节将介绍餐饮创业中需要解决的硬核难点：技术。我们该从哪里学到开店所需的技术，怎么做出一张符合自己品牌定位的菜单，以及如何搭建供应商体系？

3.2　技术准备：餐饮创业的技术哪里来

有了品牌名之后就该考虑技术问题了，很多餐饮创业者刚开始没有技术，当一个东西你不曾拥有时，容易夸大它的实际作用。创业者会下意识地觉得有没有技术决定了能不能创业，技术行不行决定了创业能不能成。

事实上，技术的确是餐饮创业的基础，但不是创业成败的决定性因素。基础的意思是：没有它肯定不行，但是只有它也不行。如果说一个项目是一栋在建的大楼，那么技术相当于地基，没地基会塌方，但只有漂亮结实的地基充其量只能算是个工地。创业不是比武，只比技术的高低，有很多技术之外的因素反而起着决定性作用。如果只需要靠技术，有经验的大厨们早去创业发财了，而在现实中，鲜有大厨创业成功的案例，因为做技术与创业所需的能力完全不一样。

虽说技术只是基础，但不能由此贬低技术的重要性。实际上，技术并不简单，配方不等于技术，也不等于产品。对于毫无技术基础的人而言，配方的价值约等于零，因为即使你真的按配方做出了产品，也没有足够的感知力来验证。

对于新手而言，怎样才能获得餐饮创业所需的技术呢？下面是获得技术的一些主要途径，创业者可以根据自己的实际情况来选择。学技术都需要付出代价，天下没有免费的午餐，早餐也不行，不存在你既能不付钱，又能不费时间、精力的方法。工欲善其事，必先利其器，产品制作技术是餐饮创业的重要工具，穷什么都不能穷工具。

3.2.1　打工学习

这是最费时间、最省钱、效果最好的技术获得方式。打工除了能在领工资的同时学到技术，还能身在其中了解一个门店是如何运营起来的，以及它具体的经营情况，相当于开店前的演练。经营情况比如日营收、客单数、客单价、营业周期规律、客户群结构、租金、人力成本等，运营方面比如行政、人事、财务管理、人员架构及配置、日常排班、店内面积、各功能区布局、收银系统的操作等。还有诸如设备型号、原物料的品牌及规格、装修细节等一众信息，均可在打工时收集。

温馨提醒，如果你去独立店铺打工学习，最好不要告知店主你是来学技术的，否则店主一般是不会招聘你的。

打工的时间长短，主要取决于你要学哪个餐饮品类。轻餐饮类，诸如奶茶、甜品、咖啡、沙拉等，一般1~3个月即可，蛋糕烘焙可能长一些，一般需要2~5个月。连锁品牌岗位分工更细，打工所需的时间可能更长一些，比如喜茶的加热、打杯、刮泡、出杯都是独立的岗位，刚入职时能接触的东西很少，说不定只能每天剥葡萄，但餐饮企业员工流动性强，只要熬上一段时间，慢慢就能接触到核心岗位。

快餐小吃类，除了需要现炒的中餐，基本也在3个月内。中餐可能是其中费时最长的，刚开始不会让新手接触核心工作，一般先从打荷或者配菜开始，同一个岗位一做可能就得两三年，所以，如果在短期内打算创业的，打工学习并不适合中餐这类需要熬经验的品类。总的来说，打工学习更适合小品类、小店。连锁店、中餐店所需的时间长，不适合短期速成。

3.2.2 加盟培训

这是最费钱、最省时间的技术获得方式。既然选择了加盟，已经支付了额外的学习成本，一定要严格遵守加盟公司的教学要求，认真学习，不懂就问。加盟店是加盟公司旗下的一个标准化门店，不需要店主的自主性和创新，如何把总部的产品低损耗的复制到门店是标准化中的难点，最关键的因素就是培训的过程，总部85分的产品，经过培训到门店执行，可能只有40分。

在加盟体系内，聪明和灵活没有守规矩和认真重要，一定要按照公司的要求制作产品，不要自以为是，擅自修改技术细节。连锁品牌在不同地区，一般都会对SOP有适当的调整，如果你开店的地区与总公司不在一个区域，可以在督导或者培训师的帮助下适当调整一些偏好类的技术细节。

如果参加完加盟培训，在开店过程中，没有按照加盟公司的标准化要求制作产品，或者违反规章制度，加盟店主会直接付出经济代价。

培训体系是否完善是连锁品牌实力的重要体现，有些品牌的培训是在签完合同之后或者装修之后进行的，等加盟商真正开店的时候，培训内容已经忘得差不多了。还有一些品牌，培训仅仅停留在加盟店主和督导上，真正面对客户的一线员工是由加盟店主二次培训的。

总部的培训内容，假设店主能吸收80%，再教给新员工，假设新员工也能吸收80%，实际只吸收了80%×80%＝64%。良好的培训体系是可以通过数字化管理系统，让一线员工直接接受总部的培训，最大程度上保证培训内容的吸收率的。

培训内容一般包含理论学习和实际操作两大部分，餐饮行业培训的目标是按规范操作做出符合要求的产品，良好的培训体系应该是以有考核的实际操作为主。核心员工到店培训，通过考核后再获得开店资格是不少连锁品牌惯用的方法，在后续开店过程中，应该不定期地开展考核，以巩固培训内容。

加盟培训的时间长短主要取决于加盟公司的培训方法，有三五天后直接上岗的，也有需要到店培训1~2个月的。总的来说，培训时间越长，品牌越靠谱，当然加盟店主所需支付的额外成本也会更高，带2~3个员工去总部培训，1~2个月的住宿费就是一笔不小的开支。

3.3.3 拜师学艺

这是最依赖人际关系、需要大量沟通工作的技术获得方式。这个渠道的思路是：找到核心技术人员，花钱请他教学。拜师是一种很古老的求学方式，在餐饮行业仍然适用。中餐厨师学艺方式主要有两种：一种是厨师学校，另外一种就是拜师，但是名厨、大厨轻易不收徒弟，因此，困难不是如何找到师傅，而是怎么让师傅收下你。与此相反，学大多数小品类的餐饮技术不需要找知名度很高的"名师"，只要找到你在产品上认可的门店里面的核心技术人员即可，比如烧烤，你常光顾的那家烧烤店的老板就有资格当你的师傅，相对应的，拜师的门槛就会低很多，毕竟你有更多的选择。

师傅既可以在门店里找，也可以到招聘平台或者业内展会、比赛中去找。打开招聘App，搜索你感兴趣的品牌或者品类的关键词，找正在找工作的技术人员。比如想做川菜，就搜"川菜厨师"，找到感兴趣的求职者，看看他去过那些餐饮公司，工作了多少年，工资水平大概是多少，简历上展现的能力如何等，从中筛选出符合你需求的求职者并一个一个沟通，表达自己想要付费学习的意愿，再线下沟通，确认是否可以作为你的师傅。

在业内展会和比赛中找道理也一样，参加展会的大多都是餐饮行业的从业者，可能是老板，可能是厨师长，也可能是采购，等在你感兴趣的展位前，比如你想做烤串，可以在冷冻肉供应商的展位上蹲点，通过参展人员与供应商的交谈内容来大致判断对方身份，然后根据自己的需求搭讪筛选。行业比赛中更容易找到师傅，一般参赛者都有一定的从业经验，等到决赛时，把所有到选手信息记录下来，先取得联系方式，再找机会当面详谈。

拜师学艺的过程充满了不确定性，沟通需要花费的时间可能会很长，有可能你看上的师傅并不愿意收钱教你，有可能你在展会兜兜转转一整天都没找到一个靠谱的，也有可能你参加的行业比赛是内定冠军的表演赛。但如果能找到一个有经验的师傅，对于创业者的起步来说，助益会相当大，师傅除了能教授技术，还能让创业者更快地融入从业圈，更快地建立起供应链。未来遇到技术、供应链的问题，也能有靠谱的求助对象。

总的来说，拜师学艺的方法适合擅长社交的创业者，适合有技术依赖经验的品类，比如中餐。

3.2.4 培训学校或机构

这是最正规、最需要分辨能力的技术获得方式。说厨师培训学校正规，是因为他们的培训流程规范，培训时间长，毕业了还能拿到毕业证和厨师证，不管是对创业还是就业，都会有一些帮助。

但市面上有很多餐饮培训学校和机构，技术良莠不齐，收费从几千元到几万元不等，需要有一定的甄别能力，而且培训学校的内容有一定滞后性。中餐好歹有正规的培训学校，有滞后性也能勉强接受，至少能入门，打实基础，其他小品类就没这么幸运了，绝大部分连培训学校都没有，只有市场化的培训机构。培训机构以盈利为目的，除了赚培训费，也会试图开拓其他收入来源，最常见的套路是用低价的培训费引流，比如2 000元包你学会做奶茶，但是学习的产品技术都是以他们定制的原材料为基础，实际上他们不是想通过培训费赚钱，而是希望通过卖原材料来赚钱。

创业者可以在正式付费报名前，通过考察培训机构的原物料的品牌分布情况和价格，筛选出靠卖物料吸血的低价培训机构。比如培训机构采用的原料品牌，90%以上是同一家，而且同样规格的均比市面上的品牌贵，那么可以马上排除。

当然，我们筛选的目的不是排除任何靠卖物料赚钱的培训机构，如果只有一部分的原物料是自有品牌，或者即使全部是自有品牌，但是总体价格与市面价格持平或者略低，同样可以纳入考虑范围，比如茶饮培训机构大笨象的自有品牌"肇泉"，价格就偏低。筛选完物料后，接下去是通过试吃等手段筛选培训机构的技术优劣。

总的来说，通过培训学校和培训机构学技术，在大部分情况下并不推荐。培训学校虽然正规，但是耗时长，学习内容滞后于市场需求，而且还需要支付相当金额的学费。

综合考量，创业者不如去餐饮店打工，在实践中学习，拿老板的真材实料练手的同时还能拿工资。培训机构需要创业者具备一定的辨别能力，这里存在一个悖论，对于尚未入门的新手来说，辨别原材料品牌及产品技术的优劣本来就有困难，如果能轻松辨别，那一定不会是新手，也就不需要参加培训了。

除了以上介绍的几个方法外，还有诸如埋头自学、去厨师化等方式，感兴趣的读者可以多加了解。

从哪里学技术的问题解决了，接下来我们需要根据品牌的定位，依靠已有的技术做出产品和菜单。

3.3　产品认知：什么是好产品，什么是好吃

现在我们获得了开店所需的技术，技术是做出一个好产品的基础，好产品一定需要好技术来实现，但好技术不一定能做出好产品。同样，你觉得好吃的产品不一定是好产品，你觉得难吃的产品可能是一款难得的好产品。

3.3.1　什么是好产品

那什么是好产品？为什么好技术不一定能做出好产品呢？同一个产品，在不同视角下判断好不好是有差异的，对顾客而言，能满足他的需求，吃完觉得好吃的产品就是好产品，吃两口就吃不下去的肯定不是好产品。

对品牌而言，能完成特定目标的都是好产品。一张菜单里的每个产品，都像是团队里的成员，各有各的特长，各有各的目标。每款产品都应该有自己的使命，比如用于提供利润、走量、引流、扩充产品线、短期营销等，只要它完成了既定的使命，就应该认为它是一款"好产品"。

　　而一个产品能不能完成它的使命，取决于市场反馈。相较于技术的确定性，市场反馈时常不确定，研发者们一致觉得口味好的新产品，有可能会得到市场的负面反馈。这就是为什么好技术下也可能产生坏产品的原因，那些在菜单上存在时间短，默默无闻，然后又悄悄下架的产品，大概率就是坏产品。

　　坏产品只是在品牌视角下没能完成使命的产品，有可能换一个品牌再上架，它就会成为一个好产品。喜茶上架COCO定价11元的"奶茶三兄弟"，那它不仅会导致喜茶营业收入的下降，还会影响喜茶好不容易建立起来的品牌形象，显然是一个不符合定位的坏产品，但如果在喜小茶上架"奶茶三兄弟"，它则有可能成为一款好产品。

　　由此可知，抛开品牌定位谈产品没有意义，从更高的维度来说，定位是产品的原点，不符合定位的产品必然不是好产品。那么好产品除了符合定位，还有哪些特征呢？我们可以根据好产品的特征，给它们分分类。

1. 利润型产品

　　比如一款产品能提供整个门店30%的利润，帮我们赚钱了，那它肯定是好产品，我们可以叫它利润型产品。一般利润型产品的毛利比较高，销量不会太低，有时候在菜单里默默无闻。百香果双响炮就属于利润型产品，制作简单，珍珠、椰果加点百香果酱就完成了，一杯700 mL物料成本不到3元，但可以卖到15~17元，毛利率近80%。

　　麦当劳、肯德基的薯条和可乐也是利润型产品，利润到底有多高呢？我们可以通过可口可乐的财报粗略推算一下，可口可乐公司2021年营业收入为386.55亿美元，营业毛利润232.98亿美元，我们粗略地将营业毛利等同于餐饮概念中的毛利，则可得出可口可乐的毛利率约为60%。1.25 L的大瓶可口可乐零售价为5元，按照60%的毛利率估算，1.25 L可乐的成本=5×40%=2（元），每毫升可乐的成本=2元÷1 250 mL=0.001 6（元）。

麦当劳和肯德基店内可乐的售价远高于零售版可口，肯德基300 mL小杯是8.5元，400 mL中杯是9.5元，500 mL大杯是11.5元，足够买2.5 L零售版可口可乐。假设可口可乐和肯德基的包装成本相同，简单推算，小杯可乐成本=300 mL×0.001 6元/mL=0.48（元），小杯可乐毛利率=（8.5-0.48）÷8.5≈94.35%，依次可得出中杯和大杯的毛利率约为93.20%和93.04%。可口可乐不仅利润率高，卖得也多，几乎所有的套餐里都有可口可乐，吃汉堡配可乐已经是西式快餐的固定搭配。

2. 销量型产品

比如一款产品占了整个门店30%的销量，摊薄了成本，那它肯定也是好产品，我们可以叫它销量型产品。因为销量型产品往往用作促销，因此，也可以叫作引流产品。一般销量型产品单价低，顾客决策成本低，但利润比较薄，以走量为目的。比如外婆家6元的麻婆豆腐、蜜雪冰城3元一支的冰激凌。

以蜜雪冰城浙南某家门店为例，冰激凌产品线营收占比为30%~50%，毛利大约55%，但冰激凌机的成本偏高，需要算上机器的折旧成本，全自动软冰激凌机的成本为2万~3万元，按3年折旧，那么一天的机器成本则需30 000÷365÷3=27.39（元），卖够20个冰激凌才能赚回机器的折旧，卖得越多，整体成本也就越低。如果该门店日营收为8 000元，冰激凌占40%，也就是3 200元，那么机器的成本几乎就可以忽略不计了，这就是销量型产品摊薄成本的效果。

3. 流量型产品

比如一款产品占了整个品牌30%的网络曝光量，帮我们增加了曝光，那它肯定也是好产品，我们可以叫它流量型产品。流量型产品都有自己的卖点，不是好看就是独特，能让顾客主动去分享。

在轻餐饮品牌中，流量型产品可能会有轮换的现象，以不断吸引顾客的注意力，保持品牌新鲜感。品牌在推出新款的同时集中宣传资源，将它变成流量型产品，并实现销量上的爆款，比如龙井香青团，作为时令限定的新产品，力压杨枝甘露和超A芝士葡萄，夺得了销量和销售额的双第一。但它不会一直在菜单上，等它下架了，品牌会打造另一款流量型产品。在重餐饮品牌中，流量型产品一般都是该品牌的招牌产品，不会轻易更换。

上面三类好产品的特征，有时可能会集中在同一款具体的产品上，比如益禾堂的烤奶、鹿角巷的黑糖牛乳茶、蜜雪冰城的冰激凌，它们既是销量型产品，又是流量型产品。再比如满记甜品的杨枝甘露、外婆家的外婆茶香鸡、乔村二十八道的胡椒猪肚鸡，它们既是利润型产品，又是销量型产品。同时具备两个以上特征的产品，一般都是这个品牌的招牌产品。

在产品数量较多的正式中餐品类中，单品销量占比30%是几乎不可能的，可以下调到8%~10%，以降低区分难度。

那上面所说的三个特征，一个都没有的产品怎么办？都要踢出菜单吗？这就像在一个团队里，什么特长都没有，但是勤勤恳恳完成日常工作的人，老板会开除吗？一般不会，任何团队都需要勤恳踏实的普通员工，不能全是明星员工。在一张菜单里，经典产品就是勤恳踏实的普通员工，它们是在整个品类中有着良好口碑和知名度的产品，原材料一年四季都可以获得，毛利和单价都适中，点单率不低，占比也不低，担负着保证销量和稳定利润的使命，能给新顾客一个兜底的选择。

第一次进店消费的顾客，如果看到你的菜单，一个产品都不认识，那点单就会很困难，很可能流失。所以，在台式奶茶店里，一般都有珍珠奶茶、金橘柠檬这类经典产品，它们不需要做得有多惊艳，只需要普普通通，不让顾客觉得难喝就行。

有好产品，自然也有坏产品。那什么样的产品可以称为坏产品？坏产品又会有哪些特征呢？

1. 不符合品牌定位的产品

不符合定位的产品必然不是好产品。有时候不符合定位，销量又高的产品甚至可能会在事实上取代招牌产品的位置，鸠占鹊巢，表3-1是一家港式奶茶品牌的销量统计。

表 3-1　港式奶茶品牌销量统计

菜　　品	单价（元）	月销量（杯）	销量占比	销售额（元）	营业额占比
原味鸡蛋仔	15.00	119 000	45.29%	1 785 000.00	43.12%
经典丝袜奶茶	16.00	29 000	11.04%	464 000.00	11.21%
经典港式冻柠茶	16.00	27 000	10.27%	432 000.00	10.44%
经典杨枝甘露	18.00	15 000	5.71%	270 000.00	6.52%
黑糖啵爆鸡蛋仔	17.00	10 000	3.81%	170 000.00	4.11%
葡萄干鸡蛋仔	17.00	5 556	2.11%	94 452.00	2.28%
鸳鸯	16.00	5 362	2.04%	85 792.00	2.07%
鸭屎香柠檬茶	16.00	4 909	1.87%	78 544.00	1.90%
百香柠檬茶	16.00	3 797	1.44%	60 752.00	1.47%
老盐柠檬茶	16.00	715	0.27%	11 440.00	0.28%
…	…	…	…	…	…
白桃利宾纳	16.00	622	0.24%	9 952.00	0.24%
锤爆香水柠莓莓利宾纳	16.00	557	0.21%	8 912.00	0.22%
咖啡泡泡	16.00	38	0.01%	608.00	0.01%
/	菜单合计	262 774	/	4 139 799.00	/

注：点单系统中单量超过1万的数值，简单计为整数，比如"11.9万+"计"119 000"。

招牌产品是鸡蛋仔和丝袜奶茶，两款产品占了当月营业额的54.33%，与此同时，该店有很多销量占比不到0.5%的产品。其中的咖啡泡泡、利宾纳系列与"港式奶茶"的定位不符，属于坏产品，幸好销量不大，卖得都不多。

与定位不符的产品卖得越多，危害越大，有时候不符合定位，销量又高的产品甚至可能会在事实上取代招牌产品的位置，鸠占鹊巢。表3-2是一家水牛奶甜品店的美团外卖统计，月销量6 300单，在商圈内排名靠前，但销量中符合其定位的产品很少，招牌产品水牛奶和水牛奶相关的产品销量占比不到5%。销量的冠军和亚军都是芋圆系列产品，总计占比超过35%。

表 3-2 水牛奶甜品店美团销量统计

菜　　品	单价（元）	月销量（份）	销量占比	销售额（元）	营业额占比
全料芋圆	16.99	1 920	25.70%	32 620.80	24.10%
招牌芋圆多芒	16.99	698	9.34%	11 859.02	8.76%
柠檬去骨凤爪	19.99	593	7.94%	11 854.07	8.76%
火鸡面	13.99	534	7.15%	7 470.66	5.52%
火山烤肠	8.00	484	6.48%	3 872.00	2.86%
盐酥鸡	13.99	431	5.77%	6 029.69	4.45%
泰国香椰双层冻	28.88	405	5.42%	11 696.40	8.64%
杧果椰子冻	29.99	259	3.47%	7 767.41	5.74%
水牛奶雪燕炖桃胶	19.99	244	3.27%	4 877.56	3.60%
招牌手作芋泥芋圆圆	22.99	242	3.24%	5 563.58	4.11%
枇杷胖大海紫砂烤梨	24.88	172	2.30%	4 279.36	3.16%
招牌双皮奶	10.99	167	2.24%	1 835.33	1.36%
…	…	…	…	…	…
/	菜单合计	7 471	/	135 362.21	/

月销量的第三至第六名分别是"柠檬去骨凤爪"、"火鸡面"、"火山烤肠"和"盐酥鸡"，它们不仅与水牛奶无关，甚至都不是甜品，这样的坏产品，每卖出一份，都是在削弱水牛奶甜品店的定位，使品牌在顾客心目中的印象越来越模糊。按当下的销量数据，品牌应该修改主营品类，更名为台式甜品小吃店。

2. 没有完成任何使命，可有可无的产品

对品牌没什么贡献，既没有起到引流作用，也没有销量，更不是经典的产品，放在菜单上纯属浪费纸张。

有些产品之所以没有完成任何使命，可能是因为它的存在本身就是错误的，比如研发自嗨的产品，这种产品研发或者老板个人很喜欢，但是顾客不买账。为了创新而创新的产品，比如排骨奶茶、火锅奶茶，或者是为了上新而上新的产品，只管上不管卖，均不是好产品。

3. 对供应链要求高，对操作技巧要求高，品控难的产品

比如一款奶茶需要七八种材料、五六个步骤，做一杯需要十多分钟，费材料费时间费人工，出品慢品控难，可能这款产品很受顾客欢迎，但是它一定是出品的噩梦、品控的灾难。今天熟手做是80分，明天新手做是30分，后天原料出问题，熟手也只能做50分。

做一款好吃的产品不难，难的是不同人做出来都好吃。品控要求高的产品是一颗定时炸弹，只有当你的门店运营能力提高到一定水平，这样产品才有可能是好产品。

以上是站在品牌视角下判断一个产品好坏的方法。如果我们换一个视角，站在顾客的视角下，该怎么判断产品的好坏呢？怎么研发出顾客视角下的好产品呢？

3.3.2 什么是好吃

站在品牌视角下判断产品好坏需要分析一大堆财务数据，在顾客视角下，产品好不好很简单，拿过来尝一尝就有结论了，好吃的就是好产品，不好吃的就是坏产品。研发努力的方向是让大部分顾客觉得产品好吃，但是讨论什么样的产品是好吃的，总结出规律，其实是很难的。因为好吃和好喝是一种非常主观的评价，不同人对于同一款产品的评价可能是天差地别的。

一方面，每个人对食物的感知能力是有差异的，有些人感知能力强，有些人则会弱一些，并不是每个人都是美食家；另一方面，每个人的口味喜好也有差异。有些人觉得5%的甜度太甜，有些人觉得太淡；有些人喜欢软糯的口感，有些人喜欢有嚼劲；有些喜欢吃辣，无辣不欢，有些人则一点辣都吃不得。

口味上的喜好是从出生开始年复一年塑造出来的，同时，也同地理空间相关，同一地区的口味喜好更趋同，不同区域的口味喜好则可能截然不同，山东的煎饼果子本地人觉得正宗，但外省人可能会觉得难以下咽，市面上流行的煎饼果子大多是经过改良的，大部分全国连锁品牌也都会根据本地市场的口味喜好改良产品。此外，口味上的喜好，也会受到消费水平和地区习惯的影响。平时买均价30元奶茶的顾客，大概率不会觉得均价10元的奶茶好喝。平时买均价10元奶茶的顾客，有一定概率觉得均价30元的奶茶不好喝。有些地区可能偏好鲜果类的，有些地区可能更偏好奶茶类的。同一种产品，做体力劳动的人可能觉得太淡了，做脑力劳动的人可能会觉得太咸。

所以，在我们进行产品研发时，千万不要把自己的喜好当作评判标准，而是要基于顾客的口味偏好，否则会离顾客越来越远。

既然是好吃，好喝是主观的，又不能参考自己的喜好，那我们做研发时该以什么标准来衡量一款产品？怎么去定义顾客视角下的好吃？我对好吃定义是：好吃=不难吃+有记忆点+符合喜好。

好吃的原因有很多，但是难吃的原因就这么几个：苦、涩、腻、坏、过酸、过甜、过咸、过辣。食材不新鲜导致坏，柠檬不现切导致苦，茶叶品质差、泡茶方法错误导致涩，奶精劣质导致腻、齁，这些都是常见的奶茶不好吃的原因。产品研发的过程是在克服难吃的基础上，添加味觉、嗅觉和触觉记忆点的过程。至于最后顾客喜不喜欢，就看是不是符合他们的喜好了。

添加味觉记忆点很好理解，为什么会有嗅觉和触觉？其实我们在分辨食材的时候，有时候不是靠味觉，而是通过嗅觉，我们常说的"色香味俱全"里的"香"指的就是嗅觉。比如草莓味和巧克力味其实是靠鼻子闻出来的，捂住鼻子，就分辨不出来了。你不信的话，可以自己试试。

那怎么样去克服难喝？可以通过反复品尝，找出产品的坏因素，然后依次排除解决。比如我们的研发大林，通过解决坏因素研发成功了一款很棒的酸梅汤。第一版的主要材料是酸梅汁、山楂、凉粉和茉莉绿茶，品尝后，觉得口味过于单薄，茶感不足，山楂口感太硬影响整体性，与海底捞等位的酸梅汤没太大区别。根据这三个坏因素，第二版用茶冻替代了凉粉，增加了茶感和口感层次，添加了洛神花茶，提供了类似话梅和柠檬的嗅觉体验，事先处理了山楂，口感不再突兀。

中餐也有类似的研发思路。比如糖醋里脊炸出来又干又不脆，可以通过中筋面粉+土豆淀粉组成面糊保湿，再通过复炸的方式增加酥脆感；十三香小龙虾肉质松散，先检查小龙虾是否新鲜优质，再通过剪虾头、虾背的预处理使之更快入味，减少烹饪时间，从而减少肉质松散的情况。

如何克服难喝是有标准答案的，是可以总结出方法论的，但添加记忆点却没有。要想赋予一款产品记忆点，需要长期的经验积累，加上合理的创新。吃得多，喝得多，你才有可能找到适合的搭配，像茶+海鲜之类的记忆点，只能算是哗众取宠。

如果一款产品是一束花，那么记忆点应该是最中心、最好看的那一朵。产品中的多个元素方向应该是一致的，记忆点是最突出的那个。比如酸梅汁，山楂没经过处理的情况下口感硬，不能与其他食材融为一体，像是饭里的沙子，硌牙。等山楂的口感变软，不再突兀，才有可能变成酸梅汤中的记忆点。

在整个研发过程中，有一个隐含条件：高感受力。只有感受力高，才能尝得出坏因素，才能对比判定坏因素是不是已经被消灭，才能添加合理的记忆点。如果连尝都尝不出来，怎么可能做出好吃的产品。所以，感受力是一个产品研发的核心能力。

感受力高的研发更容易分辨细小的差别，比如茶饮研发中更快、更准的茶感。感受力的高低决定了研发的天花板。感受力不在同一水平线的研发喝同一杯奶茶，因为感受到的内容丰富度有差异，如果交流，有可能驴唇不对马嘴，很难达到有效沟通并达成共识。

那怎么才能提高感受力？感受力的提高没有速成法，只有一个笨办法：多尝、多对比。每个人的感受力先天基础有差异，提高只能靠后天大量重复练习。茶饮研发的出生地会影响感受力，出生于产茶区的人，从小耳濡目染，大多对茶的感受力偏高，这是长时间无形中练习的结果。

比如潮汕人对乌龙茶的感受力比较高，但对于绿茶的感受力相对就低许多，因为潮汕人家家有茶具，长期喝乌龙茶和红茶，基本不喝绿茶。浙江人则相反，对绿茶的感受力高，但是对乌龙茶没啥感觉，因为浙江人主要喝绿茶，不喝乌龙茶和红茶，大部分人都是一搓绿茶泡杯子里，泡一天，不用什么茶具。中餐厨师也是如此，从初级烹调师、中级烹调师、高级烹调师到烹调技师、高级烹调技师，都是靠成年累月的品尝，以积累烹饪经验，一般年龄越大，水平越高。

本节主要探讨了关于产品的认知，我们讨论了在品牌和顾客两种视角下，什么是好产品及什么是好吃。接下来，我们要把好产品们组合起来，变成一张完整的菜单。

3.4　制作菜单：产品线规划及定价策略

我们说每款产品都有自己的任务和使命，一群产品搭配组合起来变成一个团队，形成品牌的产品力，而这个团队就是菜单。在设计菜单时，经常会遇到一个新的概念：产品线。

产品线可以简单理解为：一群设备工具相似、原物料相似、做法相似的产品。比如蒜香小龙虾、十三香小龙虾、麻辣小龙虾就属于同一条产品线。他们所需的设备、工具、原材料基本相同，做法高度相似，只是调料的少许区别。这样的产品线是比较好认的，有一些产品线不好辨认，比如COCO的珍珠奶茶、奶茶五小福、奶茶三兄弟、布丁奶茶、双拼奶茶、红豆奶茶、仙草冻奶茶，都属于同一条产品线。它们的名字相差很大，但是用的设备、工具一样，茶底、奶精配比一样，做法也基本一致，都是从基本款"珍珠奶茶"演化而来的，主要区别在于最后加的小料。

基本上每个产品线在菜单里都有一个单独的系列名，比如COCO上面这些产品都归属于醇香奶茶。一个系列基本上都可以粗略看成是一条产品线，2020年COCO的菜单上除了醇香奶茶，还有牧场牛奶、活力维C、益菌多多等八个产品线。

3.4.1　产品线规划：菜单的"骨架"

那设计菜单为什么需要了解产品线的概念呢？通过上面COCO的案例，可以发现，一张菜单本质上就是产品线目录，设计菜单实际上就是设计产品线。产品线相当于菜单的"骨架",想做好一张菜单,就需要先从产品线规划开始。

奶茶甜品小吃的产品线清晰明了,但中餐的产品多,不容易分清楚,可以根据中餐的岗位来划分产品线,比如冷菜岗、点心岗、饮品岗、砂锅岗、油煎岗,等等。

初创品牌做第一张菜单时,精简产品线是第一要务。为什么要精简产品线?有一句话叫作"菜单越厚,利润越薄",尚未创业的人会觉得多一个品类,多一条产品线就能多赚一份钱,事实恰好相反,多一条产品线,多一点儿损耗,多一个品类,多一点儿亏损。产品线越多,品类越多,项目越不容易存活。当一个品牌抛开主营品类做了其他品类的产品线,比如甜品店开始卖鸡翅,很可能是招牌产品不能带来足够的利润,营业收入出大问题了。门店的产品线越多,顾客点单的难度就越大,很难记住你,二次消费的可能性会大幅下降,不利于建立和巩固品牌定位。门店的产品线越多,也就意味着你需要的设备、工具、原物料品种越多,你又不能保证所有产品都能卖干净,产品线越多,损耗越大,成本就越难控制。

实际情况是,门店销量好的产品也就前20%,其余80%的产品比例低得可怜,都会有不同程度的损耗。初创品牌的总体销量更低,占比低的产品损耗发生的概率大得多,有些门店可能保质期两年的果酱都能用到过期。除了硬性的成本压力,产品线多也会给你的培训、品控带来压力。店员学习的时间长,成本高,不容易做熟练,出品的品质就很难控制。

基于以上诸多因素,新品牌的产品线越少,招牌产品越少,利润反而会越高,所以,对于新品牌来说,最好的产品策略是做单款爆品。表3-3是一家龙虾店的外卖数据,单一产品"6斤装双拼口味龙虾"销量占比是61.30%,营业额占比更是高达80.42%，所有龙虾产品加起来，销售额占比是97.62%，其他产品大多通过第三方外采或者简单烹饪即可出品，如果把清蒸龙虾算单独一条产品线，整个门店也就两条产品线，极致精简，顾客没什么太多的选择。结果呢? 这家门店当月的外卖营业额超过了170万元。

表 3-3　龙虾店美团销量统计表

菜　　品	单价（元）	月销量（份）	销量占比	销售额（元）	营业额占比
巨满足 6 斤装口味双拼	118.80	12 057	61.30%	1 432 371.60	80.42%
大满足 4 斤装口味双拼	108.80	724	3.68%	78 771.20	4.42%
大满足 4 斤装【蒜香】	108.80	236	1.20%	25 676.80	1.44%
巨惠 3 斤装【蒜香】	88.80	554	2.82%	49 195.20	2.76%
巨惠 3 斤装【十三香】	88.80	728	3.70%	64 646.40	3.63%
…	…	…	…	…	…
/	菜单合计	19 669	/	1 781 223.00	/

在知乎上，我经常被问到"奶茶+甜品、奶茶+烘焙、甜品+咖啡、奶茶+书吧、甜品+奶茶+咖啡+比萨"的产品组合怎么样。同一个品类里，加产品线都要谨慎，何况是跨品类。比如很多人喜欢都加咖啡，好像只要是个店，加个咖啡就能提高营业额。

买咖啡机是需要花钱的，专业入门级半自动意式咖啡机成本万元以上，如果是全自动的，就奔着大几万元去了。买咖啡豆也是要钱的，难道你只卖一种豆子? 这显然是不可能的，肯定要备好几种。咖啡豆是有保质期的，熟豆最佳赏味期是7~30天，保质期是6~12个月。如果磨成粉只能存几天，卖不掉到期，又得重新买。

奶茶店加烘焙，这种产品线组合是有个上市公司可供参考的: 奈雪的茶。很多人会觉得其产品上"茶饮+烘焙"的模式是多品类门店的成功案例，其实不然，奈雪的茶为此付出了巨大的代价，跨品类经营是截至2023年导致奈雪的茶整体尚未盈利的关键因素之一。

初创品牌门店少，建立中央厨房得不偿失，如果真的想试一试跨品牌经营，可以尝试直接采购第三方食材。

知道了为什么要精简产品线，那该怎么精简呢？保持家里干净整洁的方法就是少买东西及不定期扔东西，保持产品线精简的方法也是如此，就像奥卡姆剃刀定律所说："如无必要，勿增实体。"

可以先确定产品线的数量上限，再依据需求定产品线，具体怎么做呢？在上一节中提过好产品有销量型、利润型和流量型，这个区分方法同样适用于产品线。需要销量，那么来一条销量型产品线，需要利润，那么来一条利润型产品线，需要流量，那么来一条流量型产品线。外加一条经典产品线，一条新品测试的产品线，总共五条产品线。

大部分品类的初创品牌产品线数量上限就在五条左右，等门店的经营水平上去了，可以再增加两到三条。如果品牌的招牌产品兼具销量、利润、流量中的两者及以上，那么可以将产品线总量控制在三条以内。

奶茶家族卖的是传统台式奶茶，毛利高，销量也不低，它们提供了利润。芝士茗茶卖经典奶盖茶和纯茶，都是基本款和经典款，是新顾客的保底选择。料多多和轻乳茶是测试的新产品线，料多多卖的是当下流行的新产品，之前还卖过奶露，后来反馈不佳下架了。轻乳茶卖的是与茶颜悦色相似的奶油顶产品，奶油顶不太适合外卖，长时间运输后产品形象往往非常糟糕，外卖销量低也是受制于这个因素。

总结下来，开奶茶店要有一条流量兼销量产品线，一条利润产品线，一条基本款产品线，两条测试产品线。前三条产品线基本保持不动，产品会更新但产品线不会下架，测试产品线则经常发生变化，可能整体下架也可能上新产品线。

需要说明的是，系列划分与产品线并不是完全吻合的，比如果茶系列中的芝士耶耶制作流程与芝士茗茶的奶盖茶更相近，为了展现更清晰的产品线规划思路，可以暂时忽略这些细微的差异。

通过以上精简产品线的方法确定好产品线后就可以开始做菜单，定具体的产品和售价了。

3.4.2 产品定价及菜单设计

菜单有了产品线这个"骨架"之后，需要充实"肌肉"，再加上"皮肤"美化才能算完整，这里的"肌肉"是指具体的产品和定价，"皮肤"则是菜单的美术设计。产品线规划、产品和定价、美术设计是菜单制作依次进行的三大步，前一步是后一步的前提，产品和定价的前提是产品线规划，美术设计的前提是产品和定价。制作菜单的最终目的是引导顾客点单，从而提高客单价和利润，聪明的定价策略用合适的美术设计呈现，可以使利润最大化。

1. 产品的定价策略

不同品类下的产品各有千秋，无法完全列举，但是定价策略是通用的。那该怎么给产品定价呢? 具体分为以下四个步骤：核算成本；以60%毛利率为基准线；以产品用途为主要依据；利用混合毛利法提高利润。

（1）核算成本。

定价之前，需要先核算产品成本，做到成本心中有数，定价才能有的放矢。成本核算是否准确，直接影响定价的准确性。但受各种不可控因素影响，餐饮的成本很难精确，比如原材料的价格时常波动，特别是时令产品。再比如每个厨师的熟练度和习惯有差异，即使完全按照标准作业程序，也会有误差和损耗，比如给杧果去皮，两个厨师取出的杧果肉重量大概率不相等。所以，依据标准作业程序核算出来的成本是一个静止的理想值，没有包含时价的变动及误差和损耗。那该怎么解决呢? 用Excel表格的函数计算功能，帮我们实现根据原材料时价变动随时计算成本的功能，然后再加上2%~5%的误差和损耗。

以奶茶为例演示核算产品成本的过程，在核算之前，还需要先了解"毛料""净料""净料率"三个概念。毛料是指未经加工处理的原材料，比如刚买来还没清洗和削皮的土豆就是毛料;净料是指加工后可以直接使用的半成品，比如已经清洗削皮处理完的土豆;净料率是指原材料加工后的重量和加工前重量的比率，也就是净料与毛料的比值，比如100克土豆加工处理完还剩85克，那么净料率就是85%。净料率不一定都小于100%，也可能大于100%，比如黑木耳泡发后，从100克变成200克，那么净料率就是200%。

有了净料率了之后，就可以计算半成品的成本了，见表3-4。

表 3-4　奶茶半成品成本表

列　行	行 A	行 B	行 C	行 D	行 E	行 F
列 1	原料名称	规格（克）	单价（元）		净料率	单位成本: 元/g（箱）
列 2			吨	箱		
列 3	珍珠	1 000	9.00	10.00	200%	0.004 55
列 4	豆腐粉	1 000	40.00	45.00	900%	0.005 00
列 5	布丁粉	1 000	30.00	33.00	1 600%	0.002 06
列 6	椰果	1 500	11.00		70%	0.010 48
列 7	红豆	3 300	24.00		100%	0.007 27
列 8	金钻	2 500	27.00		60%	0.018 00
列 9	燕麦	850	11.00		100%	0.012 94

以珍珠为例，供应商提供的珍珠规格为1 000克/包，如按箱采购，则每包成本为10元，如按吨采购，每包成本为9元，珍珠处理完后的净料率是220%，那么在按箱采购的成本下，每克半成品珍珠的成本是0.004 55元，函数公式为:

D3/（B3*E3），同理可得其他半成品的成本。有了半成品的成本后，再根据标准作业程序计算成品的成本。标准作业程序见表3-5。

表3-5　奶茶制作标准作业程序手册

产　品	准备工作	配方和做法								后操作配料
珍珠奶茶 红豆奶茶 椰果奶茶 燕麦奶茶 金钻奶茶	前操作配料	温度	奶茶底		糖 （金钻奶茶果糖减 5 g/7 g）		冰块/热水		蒸气加热	珍珠 80 g/120 g
	各种小料		中杯	大杯	中杯	大杯	中杯	大杯	/	红豆 80 g/120 g
		标准冰	200 mL	250 mL	30 g	35 g	150 g	200 g	/	椰果 80 g/120 g
		少冰	250 mL	300 mL	35 g	40 g	150 g	200 g	/	燕麦 80 g/120 g
		去冰								
		温	300 mL	400 mL	30 g	45 g	50 mL	100 mL	40 ℃	金钻 80 g/120 g
		热							60 ℃	
	具体操作方法	1. 打包杯中加入中份或者大份的小料待用； 2. 雪克杯中依次加入奶茶底、糖、冰块或者热水，搅拌均匀； 3. 温、热饮去蒸汽机中加热到相应温度，冰饮直接入打包杯后封口； 4. 180 度转动饮料保证混合均匀								

由表3-5可知，珍珠奶茶、红豆奶茶、椰果奶茶、燕麦奶茶及金钻奶茶显然同属一条产品线，前操作配料基本一致，只有后操作配料略有差异。此外，同一款奶茶在不同温度和不同杯型下的原材料用量不一样，比如珍珠奶茶"标准冰—中杯"的用量是奶茶底200 mL、果糖30 g、珍珠80 g，而"标准冰—大杯"的用量分别为250 mL、35 g和120 g。

用量不一样，成本自然也不一样，三种温度和两种杯型排列组合共有六操作方法，因此每一款产品至少有六个不同的成本，具体成品成本见表3-6。

表 3-6 奶茶成品成本表

列　行	行A	行B	行C	行D	行E	行F
列1	半成品名称		奶茶底	果糖	珍珠	成品成本（元）
列2	成品名称	每单位成本（元）	0.008 31	0.006 18	0.004 55	
列3	珍珠奶茶	标准冰—中杯	200 mL	30 g	80 g	2.211 4
列4		标准冰—大杯	250 mL	35 g	120 g	2.839 8
列5		少冰／去冰—中杯	250 mL	35 g	80 g	2.657 8
列6		少冰／去冰—大杯	300 mL	40 g	120 g	3.286 2
列7		温／热—中杯	300 mL	30 g	80 g	3.042 4
列8		温／热—大杯	400 mL	45 g	120 g	4.148 1

　　将表3-6中得出的半成品价格填入，然后乘以用量即为成品中该半成品的成本，所有半成品的成本相加就是成品的总成本。以珍珠奶茶"标准冰—中杯"为例，奶茶底成本是0.008 31元×200 mL，果糖成本是0.006 18元×30 g，珍珠成本是0.004 55元×80 g，纯净水和冰块的成本暂且忽略不计，则总计为2.211 4元，函数公式为：C2*C3+D2*D3+E2*E3，如果原料多，可以使用SUMPRODUCT（C2：E2，C3：E3）更简练。

　　在当前案例中，误差和损耗可以通过取同杯型最高成本替代，比如珍珠奶茶中杯三种温度下，最高成本是热版的3.042 0元，直接以它作为中杯成本即可。

　　采用函数计算就意味着，任何原材料价格的变动，只需要改动相应的价格就可以得出新的成本。比如珍珠按箱采购成本涨价到15元/包，只需改动一处，其他的结果都能由表格自动计算得出，见表3-7。

表 3-7 珍珠成本变化后

列　行	行A	行B	行C	行D	行E	行F
列1	原料名称	规格（克）	单价（元）		净料率	单位成本：元/克（箱）
列2			吨	箱		
列3	珍珠	1 000	9.00	15.00	200%	0.006 82

续上表

列 行	行A	行B	行C	行D	行E	行F
列4	豆腐粉	1 000	40.00	45.00	900%	0.005 00
列5	布丁粉	1 000	30.00	33.00	1 600%	0.002 06
列6	椰果	1 500	11.00		70%	0.010 48
列7	红豆	3 300	24.00		100%	0.007 27
列8	金钻	2 500	27.00		60%	0.018 00
列9	燕麦	850	11.00		100%	0.012 94
列10	半成品名称		奶茶底（mL）	果糖（g）	珍珠（g）	成品成本（元）
列11	成品名称	每单位成本（元）	0.008 31	0.006 18	0.006 82	
列12	珍珠奶茶	标准冰—中杯	200	30	80	2.392 9
列13		标准冰—大杯	250	35	120	3.112 0
列14		少冰／去冰—中杯	250	35	80	2.839 3
列15		少冰／去冰—大杯	300	40	120	3.558 4
列16		温／热—中杯	300	30	80	3.223 9
列17		温／热—大杯	400	45	120	4.420 3

注：下画线表示成本有变化，数据经过简化处理，仅供案例分析。

在实际运用中，可以将所有产品并入一张成本表中，以提高效率。通过Excel函数计算成本的方法，还能迁移到后续套餐的设计。计算出成本后，可以给定价找一个基准线。

（2）以60%毛利率为基准线。

餐饮行业60%毛利率是平均水平，让你的产品整体毛利率在60%附近，可以降低亏损的风险。

一杯奶茶成本3元，正常定价的基准线就是7.5元，你可以定价8元，也可以定价10元，但是不能在没任何理由的情况下定价4元。在实际经营中，很多门店的定价问题主要在于只看成本，过度追求单杯毛利率，不考虑品牌定位，也不考虑市场环境。比如一杯成本12元、定价30元的水果茶，在北上广深等一线城市可能很好卖，但拿到县级城市，能卖得出去吗？别说什么这款产品用了多么好的材料，要多少手工程序之类的营销技巧，卖不出去完不成任务的产品就不是好产品。

总利润是单杯利润乘以杯数，如果你卖不出去，再高的毛利也没用。在有些情况下，基于某些特定的目的，应该主动降低毛利率，低于60%或者亏本都是可以接受的，为什么呢？我们来看定价建议的第三条。

（3）以产品用途为主要依据。

我们反复强调每个产品都有自己的使命，要完成使命，有时需要付出一些代价，比如销量型产品，可以压低毛利，甚至亏本赚吆喝。外卖平台上点单率最高的产品往往就是用于引流的销量型产品，然后用其他高毛利的产品赚钱。

比如你隔壁开了一家益禾堂，专卖烤奶，8元一大杯，生意很好。你想打击它的这款招牌产品，也推出一款烤奶，这时候该怎么定价？在这个产品用途下，就不用关心这款烤奶定价有没有60%的毛利率了，重点是要比他们低，要比他们卖得多，比如定价6元。如果顾客买你的招牌产品，还可以免费送烤奶。

上面说的两种情况，都是毛利率低于60%的情况。经典产品、竞品之间的区别都不大，在产品力上拉不开差距，所以，定价主要参考同行的售价，相差不宜超过20%。

通过销量型产品引流，经典产品稳定基本盘，再通过利润型产品赚钱的定价策略，可以称为混合毛利定价法。

（4）利用混合毛利法提高利润。

混合毛利是相对于平均毛利而言的，平均毛利的定价策略中每个产品毛利都差不多，以物料成本为主要定价锚。混合毛利的定价策略中每个产品的毛利不均等，高低搭配，低毛利销量型产品引流，高毛利利润型产品赚钱。

为什么混合毛利能提高利润呢？我们来看一下表3-8，假设这家店共有五类产品，采用平均毛利法，所有产品以60%毛利率定价，此时总毛利为21 300元。

表3-8　平均毛利定价法

类　　型	物料成本（元）	定价（元）	销量（杯）	毛 利 率	总毛利（元）
销量型产品	10.00	25.00	500	60%	7 500.00
利润型产品	10.00	25.00	400	60%	6 000.00
流量型产品	10.00	25.00	200	60%	3 000.00
经典产品	10.00	25.00	200	60%	3 000.00
测试产品	12.00	30.00	100	60%	1 800.00
总计	/	/	1 400	/	21 300.00

下一步，按混合毛利法改变产品的售价，将销量型产品的毛利率压低到10%，赚个吆喝，将经典产品和测试产品的毛利率降低到50%，相比竞品更显价格优势，再将流量型产品和利润型产品的毛利率提高到70%和80%。假设改价后，门店的销量未发生变化，则整体毛利提高到24 422元，增长14.65%，见表3-9。

表3-9　混合毛利定价法—销量未发生变化时

类　　型	物料成本（元）	定价（元）	销量（杯）	毛 利 率	总毛利（元）
销量型产品	10.00	11.11	500	10%	555.56
利润型产品	10.00	50.00	400	80%	16 000.00
流量型产品	10.00	33.33	200	70%	4 666.67
经典产品	10.00	20.00	200	50%	2 000.00
测试产品	12.00	24.00	100	50%	1 200.00
总计	/	/	1 400	/	24 422.22

我们知道，当一个产品定价只留10%毛利，竞品卖25元，我们卖11元时，在产品品质没有太大差异的情况下，它的竞争力是非常强的，销量肯定会出现上涨，还会带动门店其他产品。假设采用混合毛利法后，销量型产品销量增长了30%，带动利润型产品增长15%，带动其他产品增长10%，则整体毛利能提高到

27 775元，相比平均毛利定价法增长了30.4%，详情见表3-10。

表 3-10　混合毛利定价法—销量发生上涨时

类　型	物料成本（元）	定价（元）	销量（杯）	毛 利 率	总毛利（元）
销量型产品	10.00	11.11	650	10%	722.22
利润型产品	10.00	50.00	460	80%	18 400.00
流量型产品	10.00	33.33	220	70%	5 133.33
经典产品	10.00	20.00	220	50%	2 200.00
测试产品	12.00	24.00	110	50%	1 320.00
总计	/	/	1 660	/	27 775.56

这就是混合毛利定价法的魔力，除了运用在单个产品的定价上，混合毛利定价法也可以运用在套餐设计上。

2. 套餐设计

套餐在餐饮诸多品类中很常见，有些品牌甚至是以套餐为主，单点为辅，比如老娘舅。那设计套餐有什么好处呢？

一是降低顾客决策成本，提高下单速度，改善用餐体验。点餐是一门技术活儿，需要考虑口味偏好、菜量、菜式之间的搭配等，如果顾客对品牌不熟悉，点餐所需的时间会很长。套餐是一个很好的解决方案，商家比顾客更熟悉自家的产品，合理搭配出套餐可以帮助顾客快速点单，也规避了顾客不合理点餐导致的不满意。

二是提高门店客单价和利润。以一个实例来说明，比如麦当劳的板烧鸡腿堡单卖是22元，加上一份小食和一杯饮料是32元，本来你打算只吃一个汉堡，但是考虑到吃汉堡可能会口渴，想加一个可口可乐，一看中杯可口可乐单卖9.5元，差0.5元就可以买套餐了，而且套餐里还多了一份单卖12.5元的中份薯条，明智的你直接点了套餐，从消费22元变成了消费32元，客单价提升45.45%。可口可乐和薯条是利润型产品，客单价提升的同时，利润也提升了。

如果套餐卖得多，还能使销量向少数产品集中，降低厨房备料压力，提高原材料利用率，从而减少损耗，提高利润。套餐的作用实际与混合毛利法相似，除此之外，套餐还利用了心理学的锚定效应。

既然套餐有这么多好处，那怎么设置套餐呢？快餐单人套餐的产品组合一般是一个主菜+一个或多个配菜+汤/饮品，比如老娘舅的绍兴霉干菜烧肉套餐是霉干菜烧肉（主菜）+蛋饺（配菜）+雪菜毛豆肉丝（配菜）+西兰花（配菜）+银鱼水蒸蛋（汤/饮品）。其中，主菜一般是销量型产品、经典产品或者流量型产品，配菜和汤/饮品一般是利润型产品。

招牌产品作为主菜的套餐可以称为招牌套餐，销量型产品作为主菜的可以称为人气套餐，经典产品作为主菜的可以称为经典套餐，折扣特别大的组合可以称为超值套餐，新品作为主菜的可以称为尝鲜套餐。

在配菜的选择上，尽量小分量多种类，覆盖不同营养成分和口味，可以参考《中国居民膳食指南（2022）》，让顾客花更少钱吃到更丰富的产品。

根据以往销售记录设置套餐组合。在门店运营一段时间后，会积累起一定的销售数据，可以根据销售数据来设置符合顾客习惯的套餐，比如购买产品A的顾客，有25%的概率购买产品B，那么可以将A和B组合成套餐。这类套餐往往符合顾客需求，在销量上更有保证。

设置完套餐内容后，需要再给套餐定价。套餐的定价在单品售价之和的基础上会有一个折扣，折扣的力度应该至少大于一个配菜或者汤/饮品的单价。比如板烧鸡腿堡套（32元）相比单买三个单品的组合（44元），优惠了12元，折扣率72.72%，相当于中份薯条是免费赠送的。

在绝对折扣率上，至少应该达到75%。有时候为了让套餐更有吸引力，看起来折扣更大，可以故意拉高单品的售价，专供套餐使用，比如原本定价8元的配菜，拉高到15元加入套餐。为了覆盖更多的消费层，可以设置高中低三档不同价位的套餐，满足不同类型顾客的需求。

但有些品类不适合做套餐，比如奶茶，那怎么办呢? 可以通过价格歧视卖出更多产品，提高利润。

3. 价格歧视

价格歧视乍听起来像是一个贬义词，但在此处为中性的经济学概念，是指同一个产品针对不同的人实行不同的收费标准。同一个产品不同顾客支付意愿有高低，同样一碗高端考究的兰州拉面，低收入顾客只愿意支付15元，高收入顾客愿意支付40元，身处荒漠快饿死的顾客愿意支付2 000元。如果定价过高，销量就小了，如果定价过低，则利润变少了，于是商家想出一个两全其美的办法，就是设置门槛，面对不同的顾客或者不同的消费场景，给出不同的定价，从而卖出更多产品。

在上述拉面案例中，可以给拉面在城市中定价40元，然后给予低收入顾客减25元的体验券，在荒漠地区加1 960元特殊地区外送服务费，这样三份兰州拉面都能以最高价卖出去。看结果好像高收入顾客就是"冤大头"，明明15元可以买到却花了40元。但需要注意的是，找优惠券是需要时间和精力的，而时间是有成本的，高收入顾客的时间成本更高，多付的25元相当于买了自己的时间和选择自由。

价格歧视的实质是将顾客按支付意愿细分，定向给予价格敏感顾客优惠，促成更多成交，卖出更多产品，从而提高利润。价格歧视的方法有以下三类:

（1）歧视消费对象。

提供针对特定对象特定产品的优惠券，比如只给老顾客新品优惠券，只给儿童赠品，只给情侣赠送买一送一券，只在粉丝群内发特价产品等。出示学生证半价，学生消费能力相对偏弱，为了促成交易，同时培养未来的主流消费群，针对学生群体半价促销是一个很好的价格歧视策略。

大众点评和美团的优惠套餐、团购价都是为实现类似的功能，价格敏感的顾客付出时间成本，花时间寻找优惠，而且不能选择优惠券以外的产品，价格不敏感的顾客不愿意额外支付时间成本，直接以更高的价格购买产品，两方都心满意足。

但如果价格敏感的顾客是在支付后才发现优惠的，那将是一个非常差的消费体验，所以，当顾客在结账前询问是否有优惠时，商家需要诚实回答，提供相应的优惠渠道，而不是为了多赚取这一单利润而选择隐瞒，隐瞒不告知的后果可能是永远地失去了这位顾客。麦当劳的早餐月卡、肯德基的大神卡及其他餐饮品牌带折扣的会员储值卡也是运用了同样的理念。

最极致的价格歧视是互联网公司的"大数据杀熟"，用海量的用户行为数据分析用户的消费偏好和消费规律，对老用户实行价格歧视，同样的订单，会员却比非会员多付钱，显然是不合理的。大数据杀熟并未保障用户的知情权和公平交易权，就像买单后才发现优惠的敏感顾客，非常影响体验，商家不应采用这样的价格歧视。

（2）歧视消费场景。

根据不同消费地点，设置不同的价格，比如一瓶矿泉水，山下超市卖2元，山上景区卖10元。根据不同用餐场景，设置不同价格，比如服务于多人次用餐需求的团餐，其单价比服务个人的单价低得多。再比如第二杯半价，顾客喝了第一杯之后，不那么渴了，第二杯的支付意愿就下降了，不愿意支付与第一杯相同的价格，降价50%才可能再买第二杯，至于这第二杯是顾客自己喝掉了，还是送朋友了，对商家来说，并不影响第二杯的获利。产品分小份和大份，小份单价比大份高也是同样的策略。

（3）歧视销售时间。

餐饮门店都有就餐高峰期和低谷期，针对低谷期打折是很好的细分定价策略。比如某火锅品牌曾推出过在校大学生限时段6.9折的优惠活动，每周一到周五的14:00—17:00和22:00—7:00、周六和周日的00:00—7:00享受6.9折。选的时段都是就餐低谷期，比如14:00—17:00是上班族下午工作的时间段，但大学生时间自由度高，又对价格敏感，更容易达成交易。这样的活动既不影响高峰期的收入，又增加了低谷期的营业收入，还能增加品牌亲和力，培养未来主流消费群，可谓一举三得。街铺的营业收入受天气影响相比于购物中心更大，也可以根据天气情况选择是否打折，比如下雨天打八折，下雪天打六折。

有了这么多聪明的定价策略，该运用于产品组合中形成菜单了。

4. 菜单设计

定价问题解决之后，需要把它们组合起来，加上一些美术设计，形成一张完整的菜单，最终达到引导和控制顾客点单的目的。那该怎么设计呢？

（1）菜单应该分类明确，主次分明。

如果菜单上密密麻麻铺满产品，既没有重点和主次，也没有逻辑和条理，顾客看菜单就像看天书，不知道从哪里下手，大大降低点单效率。

结合顾客的阅读习惯和视觉原理，一张菜单最好的位置应该是左上角，把你的招牌产品放在最好的位置，不要怕占菜单页面大，占四分之一版面都可以，比如星巴克门店菜单是四块木质菜单，其中一块就专门放主推产品或者是当季新品。产品的重要性高低与它占版面的大小是成正比的，产品占版面越多越显眼，顾客的选择成本也就越低。

（2）菜单排版利用锚定效应，引导顾客快速决策。

锚定效应是一个心理学概念，简单地说，就是人对价格没有直接的认知，并不知道一个东西到底值多少钱，所以，他们会通过参考价格来判断"便宜还是贵了"。最开始出现的价格就会像锚一样，沉到心里，固定成一个参考值，从而影响判断。

比如板烧鸡腿堡套餐，我们是通过"单卖汉堡价格+单卖中杯可乐价格≈套餐价格"来判断套餐价格是否更便宜了的，在此过程中，我们对汉堡和可口可乐到底值多少钱其实是没有概念的，只是通过对比得出结论。如果此时有人提醒你隔壁超市里500 mL瓶装可口可乐只要3元，那么你从板烧鸡腿堡升级到板烧鸡腿堡套餐的可能性就会大大降低。

锚定效应怎么应用在定价中呢？最重要的原则就是让你的主推产品的定价保持在整张菜单的中位数附近。一张菜单中，最高价和最低价的产品，都是最容易被记住的，都是锚，但不一定是销量最高的。

用于锚定的高价产品可以称为高价锚，在菜单中最大的作用是突显你主推产品的便宜，比如常年在星巴克菜单里，但是卖不了多少，定价高达22元的矿泉水，既然卖得少，为什么还一直在菜单里？因为22元的矿泉水是一个高价锚，让30多元的咖啡看起来便宜了，一瓶矿泉水都要22元，再加10元就可以变成有咖啡、有奶、有糖的现制饮料，何乐而不为？

高价锚通过高价显得菜单中的其他产品便宜，低价锚则是通过低价显得竞品的产品贵，可用于打击竞争对手。如果品牌是高端定位，高价锚应该放在前面，让顾客觉得其他产品便宜。如果品牌是中低端定位，顾客对价格敏感，应该把低价锚放在前面，产品依定价从低到高排列，免得高价产品吓走顾客。

在讲述混合定价时，我们将经典产品降价10%~20%也是如此，经典产品大多有竞品，比如中式快餐店一般都有糖醋里脊、水蒸蛋、豆腐等，顾客对它们较为熟悉，对它们值多少钱有清晰的概念，容易拿它们作为判断品牌价格高低的参考，调低它们的定价可以营造一种我们整体价格更低的印象。某些餐馆"看上去便宜"，但是"点起来很贵"的原因也在于此。

（3）菜单美术风格应符合品牌的定位。

没有最好看的设计，只有最合适的设计，菜单设计从形式到风格，都应该符合品牌的定位。比如茶颜悦色的定位是"新中式鲜茶"，2019年菜单的产品系列的名字用的是中国诗词，分为"浣沙绿""红颜""豆蔻""花间词"四个系列，分别卖绿茶、红茶、水果茶、花茶。产品名也有古韵，比如幽兰拿铁、声声乌龙、桂花弄等。在菜单的设计元素上，茶颜悦色还斥巨资买了不少中国画的版权加入菜单和纸杯的设计中。整张菜单处处体现了品牌的调性，没有违和感。

（4）重视产品照。

电商一度被人调侃为卖图片的，餐饮其实也类似。相比于看文字，顾客更愿意看图片，图片是简洁、迅速、极具感染力的信息传达方式，顾客从菜单中获得的产品信息，大部分来自图片，更倾向于点有图片的产品。所以，产品照至关重要，有图片优于无图片，优秀产品照优于平庸产品照。我们可以把利润型产品做成图片，提高产品照的素质以勾起顾客的食欲，从而增加点单率提高客单价和利润。产品照不仅菜单中需要，上外卖平台和做宣传搞营销，也同样需要，后两者对产品照的要求更高。

那么，什么样的产品照会让顾客产生食欲呢？主体突出、色泽浓郁、饱满多汁的产品照。怎样拍出这样的照片呢？可通过多种构图、美化造型使产品主体突出；合理打光，后期调整对比度和饱和度使产品看上去色泽浓郁；适当布景，用牙签、胶水固定形状，用纸板、化妆棉增加产品厚度使产品饱满多汁等。

当然，拍摄技巧还有很多，如果创业者不擅长拍摄，可以委托专业摄影师。在摄影领域，器材的重要性仅次于技术，而摄影器材的价格又相当昂贵，不适合在创业初期采购。想要好看的产品照，外包给专业人员所需的成本反而可能更低。

（5）电子菜单是未来主流。

电子菜单有诸多弊端，比如减少了店员与顾客的沟通互动，对中老年人不友好，也不能像纸质菜单一样一目了然，往往点了后面忘了前面，但电子菜单是大势所趋，未来将替代纸质菜单成为主流。

电子菜单节约了人力成本，提高了点单效率，顾客的体验也更好，比如几年前宜家餐饮的点单方式还是收银台排队点餐，收银台前往往浩浩荡荡排着长队，顾客至少需要等待5~10分钟才能点餐。现在换成了小程序点餐，宜家省了1~2个人力，顾客可以提前扫码点餐，省去了排队时间，消费体验更好了。

当下几乎所有大型连锁餐饮品牌都在推小程序点单，其小程序点单系统都是自行开发的，成本高昂，初创企业该怎样实现电子菜单呢？现下不少收银软件有模板化的小程序点单系统可供选择，成本低廉，初创品牌可以通过收银软件购买小程序服务。

3.4.3　产品如何更新

产品确定和菜单做完后，并不代表产品研发的工作已经完成，一张菜单原封不动用到闭店是不可能的，还需要有计划地更新产品。为什么要更新产品呢？

第一，通过改良使原有产品更有竞争力；

第二，淘汰表现不佳的产品，完成菜单的新陈代谢；

第三，推出新品创造新的营销点，带来曝光和成交，保持品牌的新鲜感；

第四，根据顾客反馈和销售数据，迭代产品，创造下一款爆品。

不同品类对于新品的需求有高有低，总的来说，越是日常，消费频次越高，并且以主食为主的品类，对新品的需求越低。比如重餐饮大多为满足基本饮食需求，不容易吃腻，并且产品数量丰富，产品更新以改良为主，对新产品的需求不迫切，上新频率很低，一般一月一更。而轻餐饮属于休闲饮食，可有可无，品牌需要经常用新品提醒顾客再次消费，因此，对新品的更新频率要求相对高，其中，上新需求最大的品类莫过于奶茶，一周一更是常态，表3-11为几个奶茶品牌在2021年的上新数据。

表 3-11 各奶茶品牌 2021 年上新数据

月 份	喜 茶	奈雪的茶	COCO	阿嬷手作	益 禾 堂
1月	4	3	2	0	0
2月	1	0	1	3	2
3月	1	5	1	1	7
4月	4	2	2	1	9
5月	7	1	2	1	12
6月	5	4	4	2	9
7月	10	5	4	1	5
8月	7	8	3	4	10
9月	10	3	3	0	4
10月	10	2	0	0	5
11月	4	6	0	4	8
12月	8	2	15	2	2
总计	71	41	37	19	73

喜茶一年上新71款，相当于每周更新1.36款。不上新或者少上新会怎么样呢？以很少上新的1点点为例，在2017—2019年，1点点是炙手可热的网红奶茶品牌，火遍大江南北，2019年新开891家，几乎每家门店都排队，是各大品牌学习的标杆，它几乎不更新产品，每年的新品数量是个位数。到了2020年以后，本土水果茶品牌崛起，其产品过硬，符合消费升级的趋势，上新也快，吸引走了顾客大部分的注意力，1点点虽然之后增加了上新力度，但是在新品数量上仍然比不过其他品牌，后续也没有新的爆品出现，翻来覆去就几个老产品，最终慢慢淡

出了大众的视野。

当然，奶茶的高频上新有其品类的特殊性，现阶段流行的奶茶以水果茶为主，而水果作为原材料是有明显季节性的，并不是一年四季都能采购，这也就意味着奶茶品牌需要卡着水果上市的时间点推出新品，比如5月杨梅上市了，就上冰山杨梅桃，8月葡萄上市了，就推冰山葡萄冻。我们统计了以水果茶为主的几个品牌每个月上新的总数量，如图3-3所示。

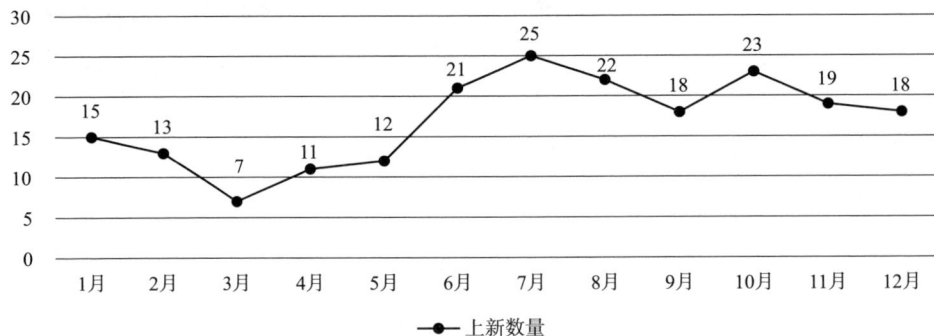

图 3-3　主要水果茶品牌 2021 年每月上新数量统计

由图3-3可知，奶茶上新的高峰期在6—8月，是奶茶销售的旺季，也是水果最为丰富的几个月。次高峰出现在10月，是为了应对冬季推出的热饮新品。如果你想开的品类是水果茶，可以参考各个水果的上市时间安排研发任务，如图3-4所示。

图 3-4　江浙沪水果上市时间汇总

葡萄					上市 夏黑/阳光玫瑰	巨峰	尾季	
甘蔗		尾季			上市	桂糖29号/42号 桂柳05/136		
山竹			上市	滩竹/花竹/沙竹（泰国）			尾季	
榴莲	金枕头（泰国南部）		托曼尼/金枕头（泰国东部）			金枕头（泰国南部）		
			上市	猫山王（马来西亚）	尾季			
火龙果			上市	金都1号/软枝大红/美龙2号			尾季	
石榴					上市 软籽石榴（会理/蒙自） 尾季			
哈密瓜	尾季		上市	西州蜜25号/17号（吐鲁番）				
黄皮				上市			尾季	
油柑		尾季			上市	冰糖/赤皮（潮汕）		
猕猴桃				上市	秦美/红阳/金艳	尾季		
苹果					上市	红富士/红冠/红星	尾季	
梨					上市	皇冠梨/雪花梨/莱阳梨/库尔勒香梨	尾季	
香蕉	巴西蕉（海南/云南）			巴西蕉/农科1号（广东）	贵蕉1号/6号（广西）			
椰子			文椰2号/3号（文昌）					

图 3-4　江浙沪水果上市时间汇总（续）

使用图3-4时请注意两个问题：

第一，水果的上市时间与品种有关，比如台芒一般在3—6月上市，凯特一般在8—11月上市，表中品种仅为奶茶甜品行业使用较多的品种，未包含所有品种。

第二，水果的上市时间与产地也有关，产地纬度越低，上市时间越早，比如荔枝最早成熟的是海南，最晚成熟的是四川，加上大棚和冷链技术的发展，很难有全国统一的上市时间，图3-4中的上市时间仅以江浙沪市场为准，其他地区可能略有差异。

我们要上新，也要保持产品总数的稳定，那该淘汰哪些老产品？一是淘汰销量占比低、销售额占比低、毛利占比也低的"三低产品"。"三低产品"一般出现在销量统计数据的末尾20%中，见表3-12，表3-14中的毛利率为简化的预估值，不代表品牌的真实毛利率，不作为加盟建议，仅供案例分析。

表 3-12　门店各产品销量销售额及毛利占比表

菜　　品	单价（元）	美团月销量（杯）	销量占比	销售额（元）	营业额占比	毛利率	毛利（元）	毛利占比
龙井香青团（中）	13.00	3 464	17.54%	45 032.00	15.39%	60.00%	27 019.20	16.86%
超A芝士葡萄	19.00	2 217	11.23%	42 123.00	14.40%	40.00%	16 849.20	10.52%

续上表

菜　品	单价（元）	美团月销量（杯）	销量占比	销售额（元）	营业额占比	毛利率	毛利（元）	毛利占比
百香果双重奏	13.00	1 496	7.58%	19 448.00	6.65%	80.00%	15 558.40	9.71%
杨枝甘露轻盈版	17.00	1 409	8.62%	23 953.00	9.89%	40.00%	11 580.40	7.23%
杨枝甘露轻盈版（温）	17.00	294		4 998.00				
桃气乌龙青团	13.00	1 300	6.58%	16 900.00	5.78%	60.00%	10 140.00	6.33%
什么都有（大）	16.00	1 143	5.79%	18 288.00	6.25%	60.00%	10 972.80	6.85%
布丁西米露（中）	11.00	789	4.00%	8 679.00	2.97%	60.00%	5 207.40	3.25%
大叔奶茶（大）	14.00	673	4.50%	9 422.00	4.18%	75.00%	9 162.75	5.72%
大叔奶茶（中）	13.00	215		2 795.00				
杨枝甘露椰奶（中）	20.00	654	3.31%	13 080.00	4.47%	40.00%	5 232.00	3.27%
爆有料水果桶＊凤梨	19.00	648	3.28%	12 312.00	4.21%	40.00%	4 924.80	3.07%
西瓜椰椰	15.00	495	2.51%	7 425.00	2.54%	55.00%	4 083.75	2.55%
超 A 葡萄啵啵冻	18.00	486	2.46%	8 748.00	2.99%	45.00%	3 936.60	2.46%
嫩仙草满福（中）	15.00	411	2.08%	6 165.00	2.11%	50.00%	3 082.50	1.92%
百香果金菠萝	14.00	409	2.07%	5 726.00	1.96%	40.00%	2 290.40	1.43%
满杯鲜柚	12.00	341	1.73%	4 092.00	1.40%	60.00%	2 455.20	1.53%
芝士乌龙	14.00	336	1.70%	4 704.00	1.61%	60.00%	2 822.40	1.76%
奶茶三拼	12.00	297	1.50%	3 564.00	1.22%	75.00%	2 673.00	1.67%
满杯金菠萝（大）	19.00	229	1.16%	4 351.00	1.49%	40.00%	1 740.40	1.09%
桃气乌龙轻乳	13.00	250	1.27%	3 250.00	1.11%	60.00%	1 950.00	1.22%

菜 品	单价（元）	美团月销量（杯）	销量占比	销售额（元）	营业额占比	毛利率	毛利（元）	毛利占比
芝士椰椰	17.00	212	1.07%	3 604.00	1.23%	55.00%	1 982.20	1.24%
直火乌龙（大）	10.00	196	0.99%	1 960.00	0.67%	60.00%	1 176.00	0.73%
芝士茉莉	14.00	187	0.95%	2 618.00	0.89%	60.00%	1 570.80	0.98%
曲香茉莉（中）	10.00	75	0.38%	750.00	0.26%	60.00%	450.00	0.28%
芝士龙井香（中）	14.00	74	0.37%	1 036.00	0.35%	60.00%	621.60	0.39%
牛油果椰椰	18.00	42	0.21%	756.00	0.26%	45.00%	340.20	0.21%
牛油果甘露（中）	19.00	38	0.19%	722.00	0.25%	45.00%	324.90	0.20%
/	菜单合计 18 380		/	276 501	/	/	148 146.90	/

注：以上数据经过简化处理，毛利率为预估值，不代表品牌真实毛利率

表3-12中共有26款产品，末尾的20％也就是五款，分别是芝士茉莉、曲香茉莉、芝士龙井香、牛油果椰椰和牛油果甘露，其中前三款是基本款和经典款，予以保留，后两款是标准的"三低产品"，可以淘汰。

二是淘汰毛利占比和营业额占比远低于销量占比的产品，我们可以称其为"拖后腿产品"，但要排除销量型产品。怎么找出这样的产品呢？我们可以将表3-12（注：表中未展示全部数据）图形化加工后得出如图3-5所示。

图3-5中，销量占比为柱状图，销售额占比是实线，毛利占比是虚线。如果虚线明显高于柱状图，代表该产品是利润型产品，比如百香果双重奏（销量占比为7.58％，毛利占比为9.71％），大叔奶茶（销量占比为4.5％，毛利占比为5.72％）。

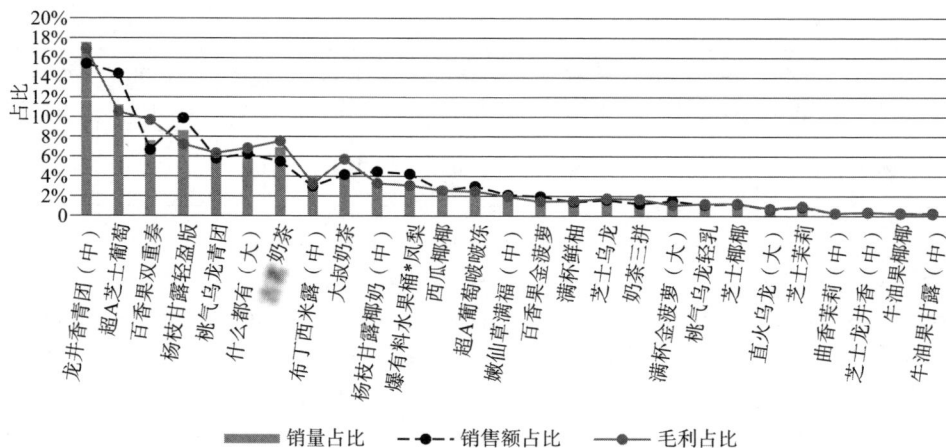

图 3-5　门店各产品销量、销售额及毛利占比图

如果虚线和实线均明显低于柱状图，可能是"拖后腿产品"，比如西米露布丁（销量占比为4%，毛利占比为3.25%），销量冠军龙井香青团也有类似的图形特征，但它属于销量型产品，为排除这类产品，可以只选取销量占比后50%的产品以提高筛选效率，如图3-6所示。

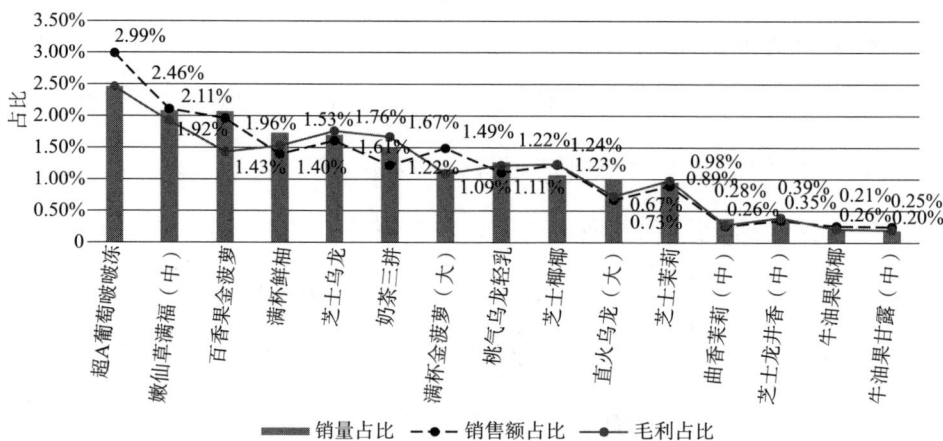

图 3-6　门店销量后 50% 产品销量、销售额及毛利占比图

通过图3-6可以找到五个"拖后腿产品"，分别是百香果金菠萝、满杯鲜柚、桃气乌龙轻乳、直火乌龙和曲香茉莉。之后再根据实际情况，判断是否淘汰其中的某一款或多款。比如有些产品根据顾客反馈的意见改良后，有可能摆脱拖

后腿的困境；有些产品的原材料与其他产品高度重合，即使卖得不多，也不影响损耗率，在新品未上市前，可暂留在菜单上。

知道哪些产品该下架了，那新品该上什么？怎么上？提前做好新品规划，可以用以下方式保持更新节奏。

（1）按固定周期规划新品。

比如每个月上新一款，每个季度做好下个季度的新品计划，给研发留下充足的时间。规律的更新既可以提高新品的质量，也可以让顾客保持一定时效的新鲜感。

一款新品的最佳曝光周期一般在2~3周，一个月推新一次，刚好覆盖了每个月大部分时间。门店多的连锁品牌为提高新品的竞争力，会选择准备多款新品，分别挑选试点门店，根据销售反馈再决定哪款新品在全国范围内上架。初创品牌也可以采用类似的上新策略，先在小范围熟客内推广新品，根据反馈再决定是否全面上架。

（2）根据原材料上市时间规划新品。

水果茶品牌按图3~4中的水果上市时间安排新品研发就是典型案例。时令季节上时令菜，既是有利的营销点，也可以在低成本的基础上保障食材的稳定、新鲜。比如东海刚开渔的一个月，每年9月下旬到10月的海鲜数量最多、最新鲜，也是一年中海鲜最便宜的季节。有些餐厅喜欢按季度换菜单，春季上春笋，夏季上丝瓜、茄子，秋季上梭子蟹、大闸蟹，冬季上南瓜、山药，也是遵循同样的道理。

（3）根据节日规划新品。

一年中重要的节日一般都有假期，节假日推新品可以让顾客来消费的意愿更强烈。比如清明节推青团、艾草，情人节推情人节限定新品，儿童节推儿童限定新品，端午节推粽子，中秋节推月饼等。节日新品一般会提前3~15日开始上架预热，越重大的节日，预热期越长，比如端午节、中秋节。但是某些节日与特定产品关联性不高，或是无假期的节日推出的产品，可以仅在当日提供，更多的是为了吸引眼球，因此，产品本身以新奇有趣为主。

（4）根据市场热点规划新品。

有时候，市场上的一些爆品可能会打乱我们的新品更新周期。比如这个月本来要上金菠萝，结果杨枝甘露突然火了。那怎么办呢？我们可以把这些爆品作为计划外的新品。在保证原有新品上线的基础上，再去跟市场热点。随时观察热点的变化，也是餐饮人必备的技能之一。

如果研发实力强大，可以按年度计划，先储备一部分新品，有备无患，在热点事件突然发生时，准时跟上节奏。比如2020年秋分那天，朋友圈刷屏了"秋天的第一杯奶茶"，如果你恰好储备了新品，改个相关的产品名，比如就叫"第一杯奶茶"，第二天趁着热度就可以上线了。

（5）经典产品新做，通过微创新研发新品。

做一个从内到外全新的产品很难，上架后的风险也很高，很可能20个全新的产品，只有一个表现尚可。我们上新品，最终都是为了提高销售额，经典产品的微创新是更好的一个研发方向。

经典产品经过了时间的考验，有相当的群众基础，在此基础上的创新产品，天然有爆品的潜力。比如喜茶的芝士奶盖是基于贡茶奶盖微创新而来，乐凯撒的榴梿比萨也是微创新的典型案例，乐凯撒突发奇想把榴梿和比萨结合在一起，受到了榴梿爱好者和普通比萨顾客的追捧，确定了早期"榴梿比萨"的品牌定位。

微创新的产品与顾客常规认知略有出入，却又不突兀。情理之中，意料之外，恰到好处，这与品牌起名中"陌生的熟悉感"的技巧是相通的，在陌生与熟悉之间，找到一个微妙的平衡，很容易获得顾客的青睐。

那这些微创新的灵感从哪里找呢？微创新是基于经典产品而来的，那就意味着，我们可以通过观察，分解以往的经典产品来实现产品的微创新。比如把珍珠奶茶分解成奶精、糖、珍珠、茶四个部分，看看哪个部分供应链有了升级。奶精从有反式脂肪酸到没有，是一种微创新；糖从果糖，换成口感更好的黑糖，是一种微创新；珍珠从以前黑乎乎硬邦邦，变成亮晶晶软绵绵，也是一种微创新。

除了原材料的微创新，烹饪方法的微创新也可能产生意想不到的效果，比如用烤代替煮，重新审视经典产品的烹饪方法和过程，可能会找到微创新的灵感。

3.4.4　产品如何做出差异化

餐饮行业的多数产品极容易被模仿，你有的产品，我努力做一下研发大概率也能有，于是大家陷入同质化竞争，开始无休止的价格战，你的利润少了，我的也少了，一起没得赚。想要破解此类难题，将产品做出差异化是一个很好的思路。

什么是产品差异化呢？差异化是指企业在其提供给顾客的产品上，通过各种方法造成足以引发顾客偏好的特殊性，使顾客能够把它同其他竞争性企业提供的同类产品有效地区别开来，从而在市场中获得竞争优势。产品差异化包括产品外差异和产品内差异，产品外差异包括品牌定位差异、产品包装差异和产品服务差异等。产品内差异包括名称差异化、口味差异化和形象差异化等。以上逻辑关系如图3-7所示。

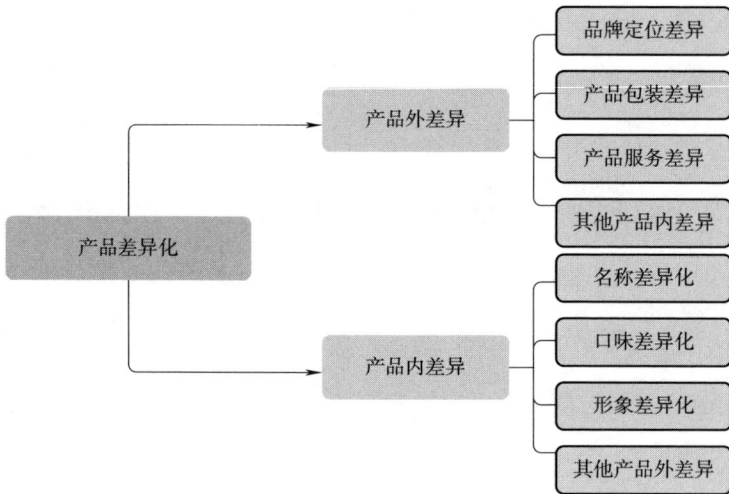

图 3-7　产品差异化思路

（1）品牌定位差异。

品牌定位的独特性会赋予产品差异性，比如云海肴的定位是"云南菜"，老头儿油爆虾的定位是"杭帮菜"，如果它们都做汽锅鸡，显然是前者的产品更有优势，如果都做油爆虾，显然是后者的产品更有优势，这种竞争优势存在于顾客心智中，并不在产品中，就算把云海肴厨房做的汽锅鸡端到老头儿油爆虾或者把老头儿油爆虾厨房做的油爆虾端到云海肴也不能改变两者的点单率，这就是由品牌定位赋予的产品差异性，被赋予差异性的产品往往是招牌产品，在竞争关系中，可以从宣传营销侧强化定位，从而提高招牌产品的独特性。

（2）产品包装差异。

在奶茶行业内，2017—2019年冒尖的新品牌往往在产品包装上做了差异化。比如2017年的丧茶、MAMACHA，2018年的鹿角巷、答案茶等。

在移动互联网大潮中，品牌想有声量，就必须有流量，那流量从哪里来？自然是从群众中来。初创品牌开业没多久，顾客数量怎么都比不过全国连锁的品牌，产品再好，也只能被少数人知晓。然而，全国各地的潜在顾客，虽然不能吃到你的产品，但是有机会看到。如果你的产品包装好看、就很容易在潜在客户群中传播、声量自然就起来了。

那么怎样做出好看的产品包装呢？奶茶行业有个简单的方法：换容器！比如鹿角巷首创用萌萌的矮胖杯挂壁来装黑糖奶茶，挂壁把黑糖脏脏的形象劣势变成了优势。MAMACHA用了行业中最大的1L杯，底部中空，只装600 mL的量，配合黑白纹杯套，设计感也很强。

有一些容器的改变需要定制，有额外的成本，初创品牌更适合无须定制、现成就能用但又有一定独特性的容器。比如茶令CharLin用玻璃香水瓶来装水果茶，既美观又廉价。我们在展会中也用过类似的方案，人手一瓶，传播的效果很好。2020年之后，这些容器也慢慢出现在头部品牌的产品中，喜茶、奈雪的茶都有瓶装产品，比如黄皮仙露、灭火杨桃等。

但上述方案中使用的窄口容器会限制产品制作，比较适合固体少的产品，不是什么产品都能往里面装的。machimachi和蓝气球也仅在部分产品中使用特殊容器，并不是全部产品，也是由于容器对产品的限制，后续喜茶推出的几款瓶装产品都改用了宽口容器，如图3-8（左）所示。

除了容器、吸管、杯套，不干胶也能做差异化。出于环保考虑，到2020年底，国家要求在餐饮行业中禁止使用不可降解的一次性塑料吸管，很多品牌于是改用纸吸管，杭州一家咖啡店在吸管上发挥了创意，把纸吸管做成了路牌的样子，在上面印上了杭州几个知名街道和景区，比如"苏堤""河坊街"，还有一些诸如"人生开挂""今日朋友圈最佳"等文案，让人印象很深刻。

后来，因为纸吸管在热饮料中容易融化，不容易戳破封口膜，而且在液体中泡久了就发软、发泡影响口感，作为过渡方案最终被弃用，大部分品牌改用PLA材料的吸管，有品牌也在PLA上玩出了新花样。

在杯套的差异化方面，喜茶是很好的标杆，它会根据节日、季节、城市设计相应的杯套，比如杭州杯套和苏州杯套，有时候也会跟其他品牌联名互动，比如与太平鸟合作出过一款polo衫杯套。同为饮品的瑞幸咖啡也很擅长玩杯套，2022年4月与椰树牌椰汁联名推出的椰云拿铁，杯套沿袭椰树椰汁的包装风格，被网友评价为"土到极致便是潮"，如图3-8（右）所示，新品上线第一天就卖了66万杯。

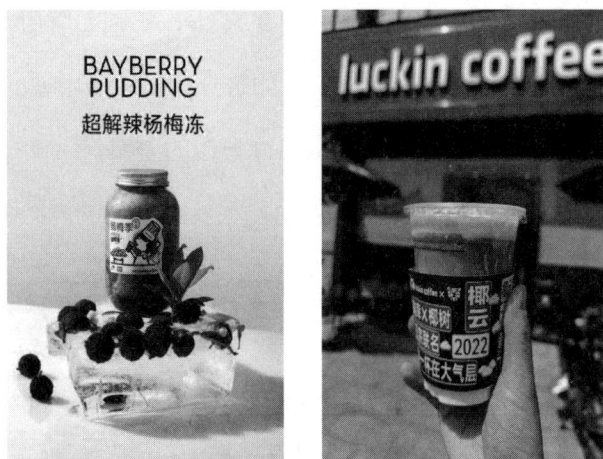

图3-8　喜茶超解辣杨梅冻宽口瓶装（左）和瑞幸咖啡 × 椰树合作杯套（右）

创业者也可以选择用不同材质做杯套，比如用棉线、类肤材质，或者给杯套做一个把手，做一个造型。定制杯套的成本远低于定制杯子，这也是这么多品牌喜欢在杯套上玩花样的原因。如果囊中羞涩的你连杯套定制都预算不足，那么可以退而求其次，用定制不干胶代替，最低只需要几十元。

其他餐饮品类同样可以在包装上做差异化。比如餐具、打包袋等。有一家湘菜品牌，餐具专门定制了湘西田园风彩绘陶瓷，十分惹眼，每次顾客去吃饭都会忍不住拍照。

（3）产品服务差异。

这里的服务特指与产品绑定在一起的服务，用服务赋予产品差异性，比如海底捞6元一份的"捞派捞面"会附赠现场拉面服务，拉面的过程极具观赏性，初次体验的顾客会忍不住录视频。极少数的情况下，拉面师傅的表演会翻车，例如，把拉面不小心甩到了顾客的脸上，给就餐的所有顾客留下难以磨灭的印象，甚至成为他们日后的谈资。这样的一份拉面，显然是比其他品牌更有竞争力的。

再比如，星巴克和茶颜悦色都会把顾客的名字写在杯子上。这么一个小动作，让顾客感到被重视和被尊重，会有不少顾客会将带有名字的杯子晒到网上，有些顾客甚至会单独把一次性杯子保存起来，不舍得丢掉。把名字写在杯子上，引起顾客好感和分享欲的现象，可以用心理学的"禀赋效应"解释。禀赋效应指的是：我们会认为自己拥有的东西价值更高。杯子上写了我的名字，它就是我的，敝帚自珍，我的东西在我自己心目中就会有更高的价值。由顾客DIY（自己动手）完成的产品，也可以激发禀赋效应，比如DIY水果捞，顾客对产品的评价更高，拍照分享的概率也更高。

（4）名称差异化。

产品名称是顾客认识产品的第一步，是顾客感受产品的差异化的开始，给产品取一个独一无二的好名字，非常重要。通过观察可以发现，即使是同一款产品，不同品牌的名称可能是不一样的，比如黑糖牛乳茶，喜茶取名黑糖波波奶茶，乐乐茶取名黑糖脏脏茶，偏不用鹿角巷的产品名。就像你买了一件很喜欢的衣服，出门总是不希望撞衫，衣服是自我概念的一个重要延伸，我们通过衣服来表达自身的独特性，如果撞衫就代表这种独特性荡然无存了，同样，衣服相当于是产品的名称，名称差异化是产品独特性的一部分。

如果只需要独特性，完全可以天马行空，爱起什么名字就起什么名，但是一个好的产品名不能只有独特性，还需要在保持独特性的同时准确地传达产品内容，并且好记、好读，易于传播。如果顾客看到产品名，并不能想起这是什么产品，不能"望文生义"，那可能就不是一个好名字。

有些名字虽然很美，很有食欲但是不知所云，比如金庸《射雕英雄传》中黄蓉为洪七公做的"玉笛谁家听落梅""二十四桥明月夜"，辞藻华丽并不能带来对产品的直接认知，如果想把它们当作招牌菜，需要辅以大量的营销资源"教育"顾客，告诉他们这道菜到底是什么，这种方式更适合资金充裕的连锁品牌。

那么怎样取出既独特又准确的产品名呢？可以通过加入形容词或者动词，让一个产品名兼顾独特性和准确性，比如外婆家的"非一般海鲈鱼""想吃口水鸡""小米椒爱上小公鸡"。"非一般海鲈鱼"中的形容词"非一般"是它的独特性，"海鲈鱼"是它的准确性。"想吃口水鸡"中，动词"想吃"是它的独特性，"口水鸡"是它的准确性。"小米椒爱上小公鸡"中，把"炒"改成动词"爱上"是它的独特性，"小米椒和小公鸡"是它的准确性，组合起来还有点儿故事感，更容易传播。

如果你想不出适合的形容词或者动词，可以在产品名前加入产地、品种、制作工艺等信息。比如老乡鸡的"肥西老母鸡汤""农家蒸蛋"，豪客来的"大西北炙烤劲骨牛排"，西贝莜面村的"蒙古奶酪饼"等。

餐饮产品的品质有50%以上取决于食材，就像舌尖上的中国所说"高端的食材往往只需要最朴素的烹饪方式"，在产品名称中加入产地和品种，在突出产品独特性的同时还能增加顾客对产品品质的信心。

再不济，产品名前加入品牌名也可以。比如"西贝面筋""老乡炒土鸡""外婆茶香鸡"等，上述几款都是品牌内销量TOP10的产品，上述命名方式既宣传了品牌，又体现了产品的独特性。

（5）口味差异化。

这里的口味差异化指的是不需要顾客细细品尝后才能区分的差异，即只看到产品名称或者产品招牌也能区分出来的差异。最成功的口味差异化往往能诞生一个新的细分品类，比如港式甜品与榴梿甜品，港式甜品以杧果为主材料，有少量金枕头榴梿，榴梿甜品则是以榴梿为主材料，辅以少量杧果。在一个港式甜品统治的市场，用榴梿口味切入是一个很好的差异化竞争策略，榴梿甜品具有客单价高、黏性高的消费特征，加上榴梿口味本身有排他性，不爱吃榴梿的人店门都不愿意进，港式甜品品牌无法跟进所有榴梿产品。如果产品全跟了，港式甜品店里将充满榴梿味，反而会导致原有的顾客流失，得不偿失。

半天妖的青花椒烤鱼，乔村二十八道的香茅咖喱虾，鲍师傅的蟹黄味肉松小贝等也都是口味差异化的产品，差异化的口味带来识别度，组成了产品差异化的一部分。

需要注意的是，口味差异化应迎合顾客的需求，比如数据显示藤椒口味有明显的上升趋势，则可以尝试在产品中加入藤椒，不应该为了差异化而差异化，只有差异没有销量的产品没有意义。

（6）形象差异化。

产品最终的形象也可以做出差异化，比如不同的切法，不同的摆盘等。同一食材，切法不同，最终的口味和形象也会有差异。摆盘的变化更多，同一个产品，不同摆盘所展现的价值感完全不同，能卖的价格自然也不同。摆盘需要一些艺术感，可以多找案例模仿，最简单的技巧是用大盘子，再加上蔬菜、鲜花、果酱、奶油等食材作为点缀。

至此为止，产品的技术从哪里来，什么是好产品，什么是坏产品，什么是好吃，什么是难吃，以及怎么制作出一张菜单，怎么定价，怎么更新，怎么做差异化等一系列产品问题都已经解决了，接下去就要面对产品背后的支撑体系：供应链。

3.5 供应链雏形：原材料哪里买，怎么买

如果说产品是站在台前风光无限的人，那么供应链就是其背后默默付出的人。餐饮供应链在《餐饮业供应链管理指南》（GB/T 40040—2021）中的定义是：以餐饮经营企业为核心，涵盖采购、加工制作、物流、终端销售等环节的网链结构，由直接或间接影响或响应顾客需求的各相关方组成。

多环节的网链结构决定了供应链的复杂性和脆弱性，任何一个环节出问题都会影响出品。以奶茶行业中的茶叶供应链为例，鲜叶茶由茶农种植，然后由一级厂加工成毛茶，二级厂加工成精茶，再通过物流配送到门店，最后在门店内制成奶茶。

在此过程中，鲜茶叶可能因干旱减产，加工厂可能因设备落后导致品质不稳定，配送可能因物流延误，制作环节可能因人员操作不当导致不合格，等等。而且我们知道制成一杯奶茶所需的原材料不是只有茶叶，还有糖、奶制品、各种配料、打包杯、打包袋等，任何一个原材料出问题都会累及出品。因为与出品高度挂钩，所以，供应链不仅难，也很重要，在日常门店的经营过程中，有很大一部分精力需要用在供应链的管理上，成熟可靠的供应链可以为品类的爆发助力。

对供应链的优化改进也会对品牌有强大的助力。比如烤鱼品类一直有个难题：活鱼现烤的附加成本太高，鱼作为生鲜，采购费用只是开始，还需要在店内养殖保持其活性，招聘专员在店内处理活鱼，养殖和处理的过程还会有损耗，

总之，烤鱼店是兼具养殖场和菜场的工作。活鱼现烤成本高，标准化的难度也很大，采购、养殖和处理三个环节都需要标准化，所以，烤鱼品牌的扩张速度都很慢，截至2022年6月，探鱼共有239家门店，江边城外是127家门店，炉鱼仅89家门店，都没有超过1 000家。

后来有一个品牌，舍弃了活鱼现烤，用冷冻鱼代替，且只选择了两种鱼——清江鱼和凌波鱼，成本降低了，标准化难度也降低了，仅2021年就新开了602家店，门店总数超过了1 000家，这个品牌就是前文提过的半天妖青花椒烤鱼。

餐饮品牌管理供应链的最终目标是让供应链成本低廉、品质稳定、反应迅速。一个优秀的供应链管理体系应该是无感的，就像路由器一样，你一直在用，只要它不出故障，永远感觉不到它的存在。对初创企业来说，一切都是从零开始搭建，供应链面临最主要的三个问题是：从哪里采购？采购哪些？怎么采购？

3.5.1　从哪里采购原材料

从哪里采购指的是从什么渠道、到哪家供应商采购？常见的渠道有网购平台、批发市场、原产地等，供应商指的是提供产品的具体公司，可能是贸易商，也可能是代理商或生产商。那这三类公司有什么区别呢？还是以茶叶为例，生产商拥有一级厂和二级厂，向茶农收购鲜叶茶加工成成品，产品直供品牌方，不需要经手第三方。代理商没有生产茶叶的能力，但是他获得了生产商的授权，帮助生产商把茶叶销售给品牌方，赚取两者之间的差价。贸易商自身也没有生产茶叶的能力，但是他可以向多个生产商采购，然后再销售给品牌方，三者关系如图3-9所示。

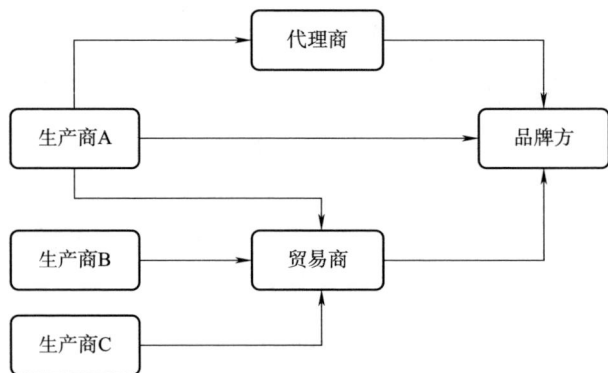

图 3-9　生产商、代理商及贸易商关系图

显然，从成本方面考量，我们应该优先从生产商处采购。现实困难是：初创企业的采购量大多不符合生产商的最低要求，比如茶叶生产商出货最低是按箱起计，初创企业刚开始只能按包进货，大部分情况下只能接触到贸易商和代理商。

贸易商并不是一无是处，虽然价格上他们没有优势，但是他们产品数量和服务上有优势，茶叶生产商只能供给茶叶，贸易商还能供给糖、奶制品等原材料，一站式解决初创企业的采购问题。初创企业在项目验证阶段，无须过多关注原材料价格问题，可以先从贸易商处采购，先把流程跑通，销量稳定之后，再着手去除贸易商，引入更多的生产商，提高单次采购量。

那从哪里找到这些供应商呢? 网购平台、批发市场、展会、原产地、上市公司财报等公开渠道均可。网购平台中最常用的是淘宝，可以采购对时效要求不高的标准品，比如冷冻品、奶茶及咖啡烘焙原材料、包装材料等。时效短的生鲜蔬菜可以从当地的农副产品批发市场和菜市场采购，集中采购去批发市场，零星采购去菜市场。

批发市场中的部分供应商可以提供送货服务，确定合作后可以由他们送货，减轻采购压力。采购需求量大了之后，可以找上一级更大规模的批发市场，比如江浙沪的最大果品批发市场是嘉兴水果批发市场，珠三角最大的果品批发市场是广州江南水果批发市场。除了线下市场，也可以找线上专业供应链服务平台，比如美菜网、宋小菜和美团快驴。

每年的大型展会也是初创企业寻找优秀供应商的良机，展会的租金水平高，三五天也要几万元，能参加展会的供应商都有一定的资金实力，展会中铺面越大的供应商自然也是实力越强，可以重点关注。

展会举办的地点，全国范围内主要是上海和广州两个城市，数一数二的展会往往在这两个城市中举办，其次是深圳、北京、成都和武汉，就近参加展会可以获取更多本地供应商的信息，比如在江浙沪就参加上海展，在珠三角就参加广州展。展会每年的数量很多，几乎每个月都有不同主题的行业展会，比如烘焙展、食品展、供应链展、加盟展等。

以烘焙展为例，烘焙展中有设备展区、原材料展区和包装展区三个大区。虽说是烘焙展，但参展供应商的业务往往不仅限于烘焙行业，比如包装区的产品也同样适用于其他餐饮品类，即使你做的品类不是烘焙，也可以选择参展，筛选出你感兴趣的供应商。展会开放的时间短，场地又大，初次参加可能无法详细了解所有供应商，可以先找最急需的供应商，其他的只需路过时拿走名录和宣传册即可，回去后可以再整理归纳，按需接洽。

上市公司财报中也有供应商的信息，如果你做的品类恰好有上市公司，那么翻翻它的招股书和财报，说不定会有意外惊喜。图3-10为老乡鸡招股书中提及的采购量前五名的供应商信息。

上市公司中，既有餐饮品牌，也有餐饮供应商，从餐饮品牌可以查供应商，反过来也可以从供应商查餐饮品牌。以主营果蔬原浆、冷冻果汁为主的田野创新为例，图3-11为其2020年财报中前五名客户的营业收入情况的统计。

2、报告期向前五名供应商采购情况

报告期内，公司向前五名原材料供应商采购额及占采购总额的比例如下：

项目	序号	供应商	金额（万元）	占采购总额比例
2021年度	1	温氏食品集团股份有限公司	10 014.05	6.26%
	2	益海嘉里食品营销有限公司安徽分公司	8 246.23	5.16%
	3	浙江浔味堂食品股份有限公司	5 994.24	3.75%
	4	合肥市道保家禽养殖专业合作社	5 655.18	3.54%
	5	合肥立华畜禽有限公司	4 533.43	2.83%
		合计	34 443.13	21.54%

图 3-10 2021 年老乡鸡采购量前五名供应商信息

田野创新股份有限公司
2020 年度
财务报表附注

客户名称	本期发生额	占公司全部营业收入的比例(%)
农夫山泉 (注)	35 735 074.44	13.37
深圳市品道餐饮管理有限公司	25 648 884.82	9.63
广东南丰行农业投资有限责任公司	23 723 794.60	8.91
广州粤凯贸易有限公司	17 186 311.90	6.46
四川茶裕合瑞贸易有限公司 (注)	16 476 817.64	6.19
合计	118 770 883.40	44.61
客户名称	上期发生额	占公司全部营业收入的比例(%)
广东南丰行农业投资有限责任公司	66 436 018.36	22.88
农夫山泉 (注)	35 614 214.62	12.27
鲜活果汁 (注)	19 806 712.02	6.81
可口可乐 (注)	12 432 806.65	4.12
上海肇亿商贸有限公司	9 972 382.21	3.43
合计	144 262 133.86	49.51

注：农夫山泉、鲜活果汁、可口可乐等实施集中采购，上述销售金额包含纳入其集中采购的关联方。
深圳市品道餐饮管理有限公司，四川茶裕合瑞贸易有限公司，上述销售金额纳入其集中采购的关联方。

图 3-11 田野创新 2020 年财报中前五名顾客营业收入情况

感兴趣的读者可以查阅公司最近几年的财报中前五名顾客的变化，从变化来看，公司显然是乘上了新式茶饮快速发展的东风。

很多创业者对于行业内头部品牌用什么供应商特别感兴趣，怎么获得这些信息呢？可以通过原材料背面的标签找到它们的供应商信息。

从标签上可知产地、食品生产许可证编号、执行标准号、生产商、生产商地址及委托方等信息，得到上述信息后，在阿里巴巴中搜索生产商名称，或者用天眼查、企查查之类的工具软件查询生产商联系方式，得到联系方式后，联系相应的生产商索要样品。

如果打工时忘记拍了，也没关系，可以等竞品门店收货时拍照收集信息。外包装箱上的标签与产品上的标签相似，至少包含生产商、生产商地址、规格和委托方信息，按图索骥同样也能联系上。虽说能联系上供应商，但获得与连锁品牌相同的原材料是有难度的，大型连锁品牌使用的原材料大多经过定制，且与供应商签订排他性的供货保密协议，不能直接将同种原材料供给其他品牌，初创企业只能要求供应商提供通货。

3.5.2 采购哪些原材料

采购哪些指的是怎么选择原材料的产地和品种。不同产地、不同品种、不同部位的同一种原材料可能有天壤之别。以鸡为例，分为蛋用型鸡（蛋鸡）和肉用型鸡（肉鸡），顾名思义，蛋鸡主要产蛋，肉鸡主要产肉，我们常吃的鸡肉一般是肉鸡。

肉鸡的品种有白羽鸡、三黄鸡、芦花鸡、乌骨鸡等，不同的肉鸡养殖方法不同，出栏时间不同，口味也有不小的差异，其中白羽鸡集中养殖，38—42天出栏，肉质鲜嫩，主要供应快餐业做油炸产品，像肯德基、麦当劳用得都是白羽鸡，因为肉质过于鲜嫩，不适合煮汤，容易粉碎，煮出来的鸡汤缺少风味。三黄鸡是本地品种，以散养或者圈养为主，出栏最少需要50—60天，可以做白切鸡，120天以上的三黄鸡，风味更好，肉质劲道，适合煮汤，如果超过一年，肉质变老，那就只适合用来炖汤了。由此可见，鸡的品种关乎产品品质，只有用对品种，鸡才会好吃，拿白羽鸡炖汤或者拿老三黄鸡油炸显然是不可能做出好产品的。

原材料品种的选择非常重要，不仅关乎产品的最终品质，在少数情况下还能决定产品能不能做出来。在开甜品店之前，研发耗费时间最长的产品是双皮奶，怎么做都长不出奶皮。后来发现，双皮奶必须用水牛奶，为什么普通牛奶不行，非得水牛奶呢？因为牛奶长出奶皮的原理是脂肪颗粒上浮凝结，水牛奶的脂肪含量大约是一般牛奶的两倍，加上脂肪颗粒也比一般牛奶大，所以浮起来快，也更容易形成奶皮。有一些品种的差异之大，完全可以视作两种水果，采购前，需要先确定到底采购哪个品种。

想要决定采购哪个品种，需要先了解该原材料，再根据产品需求确定品种。

由于不同品牌定位差异，优质食材不一定适合所有初创品牌，选择品种时应综合考虑质量和价格因素。专注性价比的品牌可以选择用量少，对产品影响大，但在价格上与普通食材相差不大的优质食材，比如黄焖鸡米饭中的土豆，用量不大，普通黄心土豆本地批发1.5元~2元/斤，恩施小土豆淘宝2.5元/斤，两者价格相差不大，可以考虑替换。

除了产地和品种影响原材料，部位也是影响因素之一，比如在猪肉中，不同部位的肉质各有特点，肉质与做法匹配能够提升成品质量。

有些生鲜材料并不是一年四季都能供应，很多时候，只能在当季品种中选择最合适的。比如葡萄，六七月份的夏黑葡萄酸酸甜甜，搭配茉莉绿茶和芝士奶盖，酸甜可口。到了八九月份，只能换用甜度高、酸味少的巨峰，整体口感略有下降。

品种的优良性要考虑，稳定性也要考虑。原材料的稳定性是供应链管理的一大难题，农产品不是标准品，各批次、各产地的口味均有偏差。可以选择稳定性更佳的品种或者利用冷链技术提高原材料稳定性，减少品控的压力。

比如杨枝甘露中的最佳杧果品种是台杧，但台杧六月末就下市了，之后的桂七杧和凯特杧口味与台杧完全不同，怎么办呢？可以在台杧旺季时，大量采购，去皮处理后冷冻保存。等新鲜台杧下市后，用冷冻台杧作为杧果汁的原料，新鲜桂七杧切成杧果粒作为配料，这样既保证了产品的稳定性，也降低了采购成本。为什么杧果粒不用冷冻台杧呢？因为冷冻会破坏杧果的纤维结构，影响杧果肉口感，但是并不影响杧果汁的口感。如果自家冻的台杧用完了怎么办？可以选择采购供应商的冷冻杧果汁，他们同样是旺季批量采购处理，因此成本往往很低。

3.5.3 怎么采购原材料

采购流程指的是如何预测用量，如何采购及如何管理库存，整个流程可以归纳为图3-12。

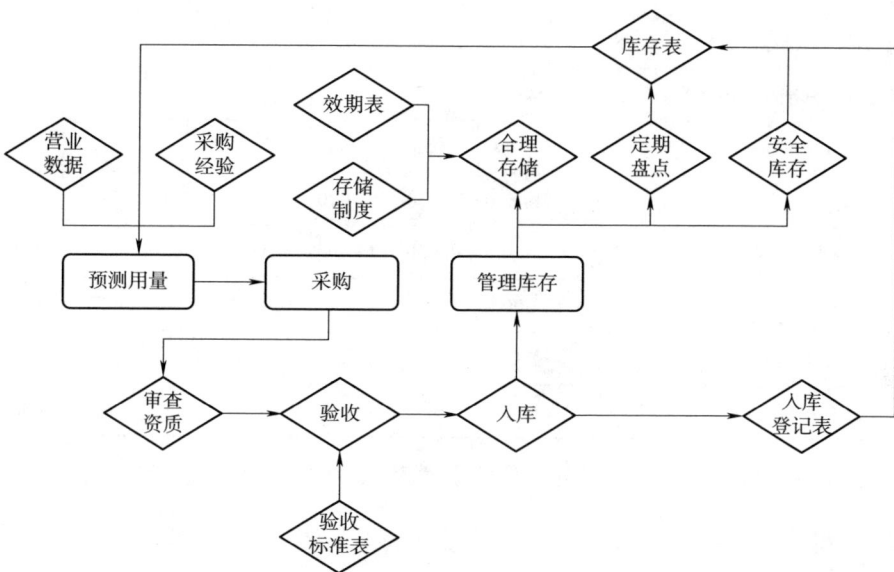

图 3-12 采购流程图

采购的前提是对原材料用量的预测，预测越准确，则库存管理越轻松，越少有库存堆积或者缺货，相应的供应链成本也就低了。预测用量的精准度主要与营业数据量和经验有关，门店刚开业时，营业数据少，预测很难准确，等门店营业数月之后，数据量大了，预测的精度自然就提高了。那怎么将营业数据转化成原材料的用量呢？用成品的销量乘以SOP中每款原材料的用量即可，奶茶原材料用量预测（每周）见表3-13。

表3-13　奶茶原材料用量预测（每周）表

产品名	销量（杯）	奶茶底（mL）	糖（g）	珍珠（g）	红豆（g）	椰果（g）	燕麦（g）	金钻（g）
珍珠奶茶(标准冰—中杯)	500	100 000	15 000	40 000	/	/	/	/
珍珠奶茶(标准冰—大杯)	300	125 000	17 500	60 000	/	/	/	/
红豆奶茶(标准冰—中杯)	400	80 000	12 000	/	32 000	/	/	/
红豆奶茶(标准冰—大杯)	350	87 500	12 250	/	42 000	/	/	/
椰果奶茶(标准冰—中杯)	100	20 000	3 000	/	/	8 000	/	/
椰果奶茶(标准冰—大杯)	50	12 500	1 750	/	/	6 000	/	/
燕麦奶茶(标准冰—中杯)	200	40 000	6 000	/	/	/	16 000	/
燕麦奶茶(标准冰—大杯)	80	20 000	2 800	/	/	/	9 600	/
金钻奶茶(标准冰—中杯)	120	24 000	3 600	/	/	/	/	9 600
金钻奶茶(标准冰—大杯)	30	7 500	1 050	/	/	/	/	3 600
用量总计	2 130	516 500	74 950	100 000	74 000	14 000	25 600	13 200
原材料单件规格	/	500	30 000	1 000	3 300	1 500	850	2 500
原材料净料率	/	3 000%	100%	220%	100%	70%	100%	60%
需求预测	/	34.4	2.5	45.5	22.4	13.3	30.1	8.8
单位	/	包	桶	包	罐	包	罐	瓶

按表3-13预测，这家奶茶店每周需要消耗35包茶叶（500 g/包）、2.5桶果糖（30 kg/桶）、46包珍珠（1 kg/包）、23罐红豆（3.3 kg/罐）、14包椰果（1.5 kg/包）、31罐燕麦（850 g/罐）、9瓶金钻奶油（2.5 kg/瓶）。不少收银系统提供成品销量与原材料库存之间的联动，只需要设置每款成品的原材料配比即可。

此外，预测需求还依赖采购员的经验：每天什么产品能卖多少？最近的节假日、天气可能对营收造成多少影响？这些都需要采购员心中有数，并在此基础上决定采购量。

我们知道，单次采购量越大，成本越低，按吨采购比按箱采购低10%，所以，短期内不会有变化、保质期长、用量又大的原材料，可以选择批量采购，比如打包材料。对于初创企业来说，采购关乎成本控制，最好由创始人或者合伙人担任。不少连锁品牌已经由数字化整合系统代替有经验的采购员来统计门店的过往销售额、客流量、天气、人员及用电量等情况，综合ERP和CRM的信息流，预测未来销量及所需原物料。

有了预测用量之后，便可以着手采购。采购不是下单付款就可以了，还需要注意以下三点：

（1）审查供应商资质文件。

生产商需提供营业执照，工业产品生产许可证，型式检测报告和出厂检测报告，其中，型式检测报告有效期为一年，出厂检测报告仅对应本批次产品，不同批次需不同的检测报告。

如果是农牧产品还需检验检疫证明，如果是果蔬农产品还需农药残留检测报告。贸易商需提供营业执照、食品经营许可证，以及其进货生产商的相应资质文件。进口商需提供营业执照、食品经营许可证和进口卫生证书。

上述资质文件是产品合法的证明，均需妥善保存以备检查，关乎产品溯源和质量安全，当出现食品安全问题或者食品药品监督局抽查时，都需要用到它们。资质不全的供应商不能从其采购，更不能采购国家及地方法律法规规定的禁止生产经营的食品和原料。

（2）进货查验，验收。

核对品名和数量是否符合，检查包装是否完好无损，产品标识是否完整、清楚（如进口产品，应核查中文标签是否齐全），核查生产日期是否晚于上一批次，有效日期是否清晰，且有充足时间可供使用。

不同的产品有不同验收标准，比如冻品到货应保证产品的中心温度在-10 ℃

以下，无解冻、出水现象，冷藏品到货应保证产品的中心温度在7℃以下。鲜货到货应保证包装完整，产品新鲜、无异味，不能出现霉变、虫蛀、脏污、异物等质量问题。一次性餐具到货必须完整、无破损、洁净、无灰尘、无异味、无异物吸附。此外，每种产品，特别是鲜货应规定具体验收标准，以水蜜桃为例，图3-13为水蜜桃的验收标准。

商品名称	水蜜桃	品种	阳山水蜜桃	糖度参考值	9～12度
商品规格	150～200 g/个	整件规格	24 个/箱	包装要求	单层平铺
验收标准	果面	果面有绒毛，果子白黄底带红晕，红白相间属于正常；无果斑，无黑心，无焉萎，果蒂处有果枝压伤印属于正常现象，无果油渗出，无开裂现象			
	色泽	果面白黄底带红晕，果肉呈淡黄色，果肉带红			
	机械伤	果子无压伤，挤伤，无血侵，无干枯、无焉萎，无裂口及流汁			
	硬度	轻压有弹性，正常室温可以变软，能撕皮			
	口感	桃香气浓，汁水较多，汁甜			
	病虫害	无虫眼，无咬伤，无虫卵遗留			
	成熟度	7～9成			
符合验收标准图片				1.采收熟度7～9成熟，全熟果皮会发黑； 2.果蒂处有果疤压伤造成果面不平整属于正常； 3.轻微的果绣、果斑不影响使用的情况下视为合格。但一箱不超过5～10个，果斑大小不超过3 cm	
不符合验收标准图片				1.商品熟度过大，果皮发黑，果面有硬伤，果肉里面有血侵； 2.商品腐烂视为不合格； 3.轻微压伤，个别不影响使用视为合格	
抽检比例	≤6箱100%抽检，≤10箱60%抽检，≤50箱30%抽检，>50件抽检15～20箱				
不合格率	单箱不合格率=单箱不合格重量/单箱净重				
抽检质量要点	1.质检工具准备，可接受不合格率<10%				
	2.核对到货规格，具有代表性的随机取样5个，进行口感测试				
	3.腐烂发霉，开裂、黑心，单项抽检货损率>10%，予以整批拒收				
	4.依据实际到货量确定抽检量，开展全面质检作业				
	5.如实记录抽检货损信息，并拍照留证				
门店储存标准	1.包装标准：泡沫箱包装，下面垫扎花，单层平铺，严禁压两层				
	2.到货后检查桃子硬度，硬度大放常温加快成熟，如果发软了当批次优先使用				
	3.储存标准：3℃～8℃低温储存。周转期最好保持在3天，最长不超过4天。低温商品使用前必须提前3小时回温，回温商品必须当天使用完毕，严禁再次低温储存和使用				

图 3-13　水蜜桃验收标准

（3）入库登记。

验收完毕后，将货品信息登记入册。包括名称、进货时间、规格、数量、保质期、不合格率等信息。可以将以上信息汇总成表格，打印后张贴在仓库内，在书面记录的同时，也要将以上信息录入收银系统或进销存系统。入库登记表见表3-14。

表 3-14　入库登记表

序号	进货时间	原材料名称	规格	数量	生产商/贸易商	生产日期	保质期	不合格率	资质文件	验收人签字

原材料采购入库之后，就要面临如何管理库存的问题。库存管理的目标是通过精细化管理提高存货周转率，降低资金占用和仓储成本。大型连锁公司的库存管理高度流程化和标准化，在数字化技术和中央厨房的支持下，智能仓库管理系统能够实现高度自动化，效率极高。初创企业虽然没有资金实现精细化和自动化管理，但是因为体量小，库存管理的压力并不大，只需要做到如下三点：

（1）合理存储。

制定并执行完善的存储管理制度是库存管理的第一步。比如图3-13中的水蜜桃就有"泡沫箱包装，下面垫纸花，单层平铺，严禁压两层"的存储要求，如果不按规定执行，入库10箱水蜜桃，叠成两摞，每摞5箱，第二天可能只有50%能用了。在存储管理中，原材料可以分为冻品、冷藏品、鲜货、干货、半成品、包装材料几大类。因此，存储管理制度可分为总则和针对不同类目的细则。有了总则之后，再根据不同大类的原材料制定相应的细则。

（2）定期盘点。

只要门店在正常经营，每天的库存都会有变化，为了保证库存信息的准确性，需专人定期对库存进行盘点。建议门店每天对库存进行盘点，每月末对库存进行全面盘点，将盘点差异与库存表和收银系统的销售数据进行交叉核对，找到差异原因并调整相应的库存数据。

（3）设立安全库存。

安全库存指的是用于缓冲不确定因素，比如大量突发性订单，供应商交货期突然延长而准备的额外库存。预测总有出错的时候，为了保障门店持续经营，安全库存是必要的。

根据原材料的保质期、交货期、使用量设置相应的安全库存，保质期越短、交货期越短的原材料，安全库存可以越低，使用量大、保质期长、交货期长的原材料，安全库存可以适当提高。

将所有原材料设置好安全库存后，每次采购入库和盘点都需即时更新库存表，接近安全库存时，自动标注紧缺，计划采购，以上功能也可以通过收银系统或者Excel表实现，图3-14为奶茶店库存表示例。当"库存数量＜安全库存"时标注为急缺，当"安全库存 150％＞库存数量＞安全库存"时标注为合理，当"安全库存199％＞库存数量＞安全库存151％"时标注为正常，当"库存数量＞安全库存200％"时标注为积压，门店可以根据自身品类和经营情况修改相关参数。

产品制作除了需要供应链的支持，还需要相应的设备。下一节将讨论开餐饮店该买哪些设备，从哪里买，以及怎么买？

名称	规格	保质期	交货期	安全库存	上期库存	入库数量	出库数量	库存数量	库存状态
CTC红茶	20包/箱	24个月	2周	60包	80包	20包	25包	75包	合理
茉莉绿茶	25包/箱	18个月	2周	50包	75包	0包	30包	45包	紧缺
植脂末	30包/箱	18个月	1周	60包	77包	0包	35包	42包	紧缺
黄豆粉	8包/箱	12个月	1周	12包	30包	12包	5包	37包	积压
白砂糖	30kg/包	24个月	2周	2包	3包	1包	1包	3包	合理
糖浆	30kg/桶	6个月	2周	5桶	7桶	2桶	5桶	4桶	紧缺
珍珠	30包/箱	6个月	1周	60包	70包	30包	45包	55包	紧缺
红豆罐头	24罐/箱	12个月	1周	30罐	50罐	0罐	10罐	40罐	合理
芝士奶盖	12包/箱	12个月	2周	30包	40包	12包	6包	46包	正常
NFC草莓汁	12瓶/箱	24个月	2周	12瓶	24瓶	0瓶	6瓶	18瓶	合理
芒果浆	12包/箱	24个月	2周	12包	30包	0包	10包	20包	正常
安佳稀奶油	12瓶/箱	9个月	1周	12瓶	24瓶	12瓶	19瓶	17瓶	合理
芒果	15kg/箱	冷藏5天	1天	15千克	10千克	15千克	12千克	13千克	紧缺
西瓜	4个/箱	冷藏5天	1天	8个	8个	16个	18个	6个	紧缺
柠檬	6kg/箱	冷藏5天	1天	10千克	12千克	6千克	6千克	12千克	合理

注：以上数据均经过简化，不代表真实情况。库存数量＜安全库存，标注为急缺；安全库存150%＞库存数量＞安全库存，标注为合理，安全库存199%＞库存数量＞安全库存151%，标注为正常；库存数量＞安全库存200%，标注为积压。

图 3-14 奶茶店库存表示例

3.6 设备采购：少花钱买好货

优秀产品的诞生既需要供应链的默默支持，也需要设备的稳定发挥。与原材料的多次采购不同，设备一般只采购一次，因此，其对稳定性和可靠性有着更高的要求。不稳定的设备是品控的灾难，比如，奶茶店中的果糖机稳定性差，每次出糖量与设置值都有30%以上的偏差，那么出品的每杯产品的甜度就不可能标准。

不可靠的设备容易出现故障，可能会带来巨大的损失，比如，大部分餐饮门店都需要的冷冻冰箱，冷冻的原材料一般要求在−18 ℃保存，解冻后不能复冻，如果冷冻冰箱发生故障，内部温度上升到−5 ℃~0 ℃，原材料被解冻，那么只能报废处理。瑞幸咖啡还为此在冰箱中加入物联功能，使总部后台可以看到每分钟每台冰箱的温度变化，及时找出发生故障的冰箱。

对初创公司而言，挑选口碑良好的品牌设备是保障设备稳定性和可靠性的有效策略。品牌商用设备一般价格不菲，比如一台lamarzocco gs3单头半自动咖啡机官方定价7.8万元，最便宜的lamarzocco linea mini也要4.98万元，对初创企业显然资金压力有点大了，怎么才能以半价甚至三四折的价格买到品牌设备呢？从采购渠道说起。

3.6.1 从哪里采购设备

采购设备的渠道有网购平台、厨具市场、旧货市场三大类。网购平台包括淘宝、阿里巴巴、闲鱼、58同城等。低价买到好设备的方法是买二手。闲鱼、58同城和旧货市场都有二手设备出售。为什么建议设备买二手的呢？

（1）二手设备使用时间短，损耗小。

餐饮行业淘汰率高，门店开不了多久就倒闭了，特别是2020—2022年，流入市场的二手设备使用时间普遍不超过6个月，基本与全新无异，也能同样享受保修。加上商用设备使用年限长，比如保养得当的商用炉灶的使用时间可持续10年，几个月的使用时间几乎不影响其稳定性和可靠性。

（2）二手设备价格非常低。

二手设备最高也只有原价的六折，一般可以在三折至五折之间成交，比如2022年全新单头30L吉之美开水器售价在2 000元左右，闲鱼二手价普遍在500~800元，是原价的三四折。

一般来说越通用的设备，需求大，折价越低。越是不通用的设备，需求小，折价越高，比如定制的不锈钢厨具、定量填充机、绵绵冰机等，打一折都不一定能成交。

（3）网络平台使二手交易更方便。

在二手交易平台不发达的时代，采购二手设备需要在旧货市场中一家一家淘，效率极低，有了二手交易网络平台后，只需要不定期刷手机即可，价格信息也更透明，货比三家更轻松。并且二手交易平台上不仅有二手设备，也有全新的设备出售，一般八折左右。

综合来说，二手设备以低于50%的价格提供全新设备90%以上的性能，非常适合初创企业。但采购二手设备并不是完全没有风险的，需要有一定的鉴别能力和筛选技巧。

（1）优先选择与本地个人卖家交易。

个人卖家往往是开店倒闭后清仓甩卖，价格低，设备损耗也小。选择本地卖家，可以上门确认设备的实际状况，也能减少大型设备的运输费用。

（2）优先挑选中高端设备。

它们的质量更可靠，绝对折价也更大。比如同样是1.5米平冷操作台，洛德全新在4 500元左右，二手约1 500元，乐创全新在1 500元左右，二手约700元，显然选择二手洛德更有性价比。

（3）优先选择使用时间短、成色佳、保修时间长的二手设备。

（4）不同二手卖家比价时，应在型号一致的前提下。

不同品牌下的设备有多种型号，不同型号之间有性能差异，不能直接比较。

（5）避免选择使用后有明显损耗的设备。

比如净水器，净水器的成本中，滤芯占比高，而滤芯是耗材，需要定期更换，选择二手净水器毫无意义。

（6）交易时，应确认设备是完好无损、运转正常的。

比如采购冰箱，可以让卖家提前一天插电，第二天确认制冷效果后再交易，其他设备同理。

如果接受不了二手设备，只想买全新，那么大型设备优先选择本地厨具市场，小型设备和工具优先选择网购。

3.6.2 采购哪些设备

采购哪些设备主要取决于品类和产品线，再考虑预算分配和品牌选择。不同品类所需的设备不尽相同，每个品类都有几个核心设备，同一品类的门店如果产品线不同，设备也会有差异，因此，采购哪些设备并没有标准答案，按需购买即可。

有实力的连锁品牌为了保证产品的标准化和出品效率，会针对性研发专用设备，并申请专利，作为品牌竞争力的一部分。

虽说生产力工具不能省钱，但初创企业预算有限，定制专用设备是不可能的，所有设备都买最好的也不现实，因此，合理的预算分配至关重要。

在预算分配上，一是依据设备的使用频率，提高高频设备预算，降低低频设备预算。使用频率最高的几个设备往往是核心设备，提高它们的预算有立竿见影的效果。如果使用1~5来表示使用频率，5为最频繁，1为最不频繁，那么烤箱对于烘焙店而言是5，可以接受5 000元以上的商用平炉电烤箱，对于甜品店可能只是1，只能接受1 000元以内的家用电烤箱。家用烤箱温度低，保温能力差，不适用于烤制法棍、欧包之类需要250 ℃以上的产品，只有商用电烤箱才能保证更高、更稳定的温度。烘焙店通过购买商用电烤箱提高了产品品质，甜品店通过购买家用烤箱给其他核心设备留足了预算。

二是，适当提高有性能要求的设备预算，适当降低仅提供功能的设备预算，比如切片刀需要长时间保持锋利状态，而只有高硬度的刃材才能做到这一点，硬度HRC38—43的30Cr13（马氏体不锈钢）显然不如硬度HRC56—60的9cr15mov（9铬15钼钒钢），那么可以适当提高预算选择刃材采用9铬钢的切片刀。

在具体品牌的选择上，商用设备一分钱一分货，不能只看性价比高低，稳定性是首要考量因素，其次才是性能和功能。设备品牌同样可以参考同行，特别是头部品牌。

如果两个设备不确定哪个稳定性更好，可以通过二手平台的折价辅助判断，一般折价越少的设备稳定性越好。长时间使用的设备注意功耗问题。比如收银机，有的创业者为了省预算，使用传统的个人台式电脑作为收银机，得不偿失，一年的电费都够买一个新机器了。

在预算有限的情况下，也可以采购家用设备，比如电饭煲、净水器、微波炉、炒锅、炖锅、冰柜等，部分品牌家用设备商用可能会失去保修，比如飞利浦榨汁机。与原材料采购类似，想要找到适合的品牌和型号，也需要掌握一定的设备知识，读者朋友在开店时，一定要做好详细的调查。

3.7　选址：决定店铺存活与否的选择题

现在品牌名有了，菜单做出来了，供应链和设备也都准备好了，可以开始选址了。选址很重要，既可以决定一家门店能不能存活下去，也可以决定一家门店的利润高低。那么，选址为什么会如此重要呢？

3.7.1　选址为什么重要

成也选址，败也选址，有两个因素导致选址对门店有巨大的影响力。

（1）选址的时间成本和资金成本都非常高。

在时间成本方面，前期创业者需要花费大量的时间考察城市、考察购物中心、寻找铺面、对比、筛选、沟通、谈价、签合同。整个选址流程下来，短则几周，长则几个月。在资金成本方面，房租成本平均占整个项目预算的30%，高的可以达到40%，这也是我们在前面谈到预算部分时所说的房租占比的红线。开始经营后，每月的房租成本占当月营业额的比例在10%~20%，从筹备到开业经营，选址的成本占比都很高，自然对整个门店的影响力也就大了。

（2）选址的容错率很低，基本没有修正的机会。

我们做产品、做营销，都有机会试错。不知道哪个产品卖得好，先上架看看，如果反馈不好，下架就行了；不知道哪个营销方案好，先发到朋友圈小范围试试，看朋友圈的反馈怎么样，再做决定。

不难发现，产品和营销都有修正的机会，容错率很高，犯一两次错，大概率不会有致命影响。选址就不一样了，创业者没办法试错。你总不能跟房东说，我先租两个月，一个月装修，一个月试营业，生意不好我就不租了。房东不会同意，你的钱包也不会同意，一个月就换地方，装修钱都浪费了。

选址有且只有一次机会，选错了，房租和装修全打水漂，你开店预算的一半可能已经进去了。如果你想多一次机会，也不是不可以，再掏一半的开店预算出来。对于大多数新手而言，没有这个资金实力。当然也有例外，主攻外卖的门店选址容错率就相对高得多，只要选对了商圈覆盖范围，具体在哪个铺面影响不大。

总的来说，成本高、容错率低是导致选址能左右门店存活与否的两个原因。选址很重要，但如果选址很简单，三两句能说清楚，那就没什么可怕的了，更要命的是，选址还很难。不同的品类、不同的定位对于选址的要求可能都不一样。城市、商圈、同行、户型、展示面、周围业态、周围竞争对手、房东都会影响选址的最终效果。

我做过上百次选址，仍然每次都觉得头大，新手觉得选址困难是很正常的。

如果第一次选址，创业者就觉得轻松惬意，想着反正我家乡这边的情况我熟，那可就危险了。

选址不是找一个人流量大的商铺就可以了，如果这么简单，可以直接买一个测人流量的机器，安装在几个目标位置对比下数据就能完成。问题在于人流量大不等于它就是个好位置。火车站和汽车站的人流量那么大，就没见过喜茶、海底捞去那里开店。

人流量很重要，决定了门店生意的下限，但是更重要的是所处的商圈，所在商铺的人流量是不是品牌的有效人流量。只有人流符合品牌定位，路过的人是目标客群，才会有比较高的转化率，或者说捕获率。把人流转化成顾客做成生意，才能变成实打实的营业额，否则再多的人流量，也都是毫无瓜葛的过客。

人流的结构和质量比数量重要得多，假设一条商业街，每天人流量10 000人，每天租金1 000元，品牌A有100个人是目标客群，那么就是用10元买一个意向客户。如果品牌B有1 000个人是目标客群，那么就是用1元买一个意向客户，经过简单计算就能知道，哪个项目的成功率更高。

总体来说，以随机性消费为主的品类相比以目的性消费为主的品类更依赖选址。什么是随机性消费呢？顾名思义，随机性消费就是无计划、无目的、随意性的消费，今天中饭可以吃中式快餐，可以吃面条，也可以吃米线，具体选哪家看心情。目的性消费则正好相反，是先有一个目标，然后去消费，今天晚饭公司全体要去火锅店聚餐，那么只可能是去选一家火锅店。这里的火锅店就是以目的性消费为主的品类，快餐和面食更多的是随机性消费，也就更依赖选址。

所以，可以发现海底捞的选址与肯德基完全不同，肯德基作为快餐的代表，选址大部分在核心商圈的核心位置。当然，随机性消费和目的性消费是融合在一起的，不存在绝对的随机性消费，只是看哪个比例更高，也有本来打算吃快餐，路过火锅店选择吃火锅的情况。

除了随机性消费和目的性消费对选址的影响，不同品类本身的特点也会影响选址。比如同为轻餐饮，奶茶店和甜品店相比，客单价更低，对人流质量的要求没有甜品那么高，可以覆盖不同的年龄段，不同消费能力的顾客。奶茶店很少有堂食，不需要准备顾客就餐的空间，选址的面积要求更低，十几平方米就能开，坪效相对也更高。甜品店的目标客户群相对窄，更依赖人流质量，对数量不敏感，厨房设备的种类多，厨房面积相比奶茶店更大，加上需要额外的堂食空间，选址的面积要求更高，没有几十平方米开不起来，总体坪效也就低了，不适合开在核心商圈的核心位置。

同一个品类中不同定位的品牌，对选址的要求可能也不一样。此外，不同品类的选址可能不同，同一品类但定位不同选址可能也不同，即使搞明白了这些不同，落到实际选址时，又会遇到不少现实困难。比如想要进的商圈没有空铺，需要等，一等就是几个月，同行竞争过于激烈，等等，这些都会变成选址的拦路虎。

综合以上因素，选址难在于需要因品类、因定位而变，加上各种不可控的现实困难阻挠，不存在最好、最完美的选址，只存在当下"最适合"的。选址的本质是选客户，符合你定位的选址才是最合适的。

那么怎样才能做好选址呢？可以用量化分析的方法将选址分为三大步：第一步选城市，第二步选商圈，第三步选铺面。走好每一步，最后选出适合自己的铺面。

3.7.2 选 城 市

量化选址的第一步是选城市，即从宏观的角度选择一个更适合我们的商业环境。城市所处的区域、经济的发展水平、收入水平、人口的数量、人口的结构、当地人的消费习惯等都会对餐饮的经营产生重大影响，实际上，以上因素决定了一个城市餐饮市场的总体容量。市场容量又决定了你想开的品类，在这个城市里有多少目标客户群，能够养活几家店，是"饿不死"的状态还是能让每家店都吃得饱饱的。

举个例子，主营粤式茶点的点都德，客单价100元左右，门店主要分布在粤菜消费占比高的广州、深圳、上海和杭州，华中地区和东北三省门店均是0。传统粤菜地区，人流中意向客户的占比高，开店是简单模式。到了粤菜消费习惯较弱的其他区域，人流中意向客户的占比相对低，开店难度可能是困难模式。

当然，不是说一定要开到消费占比高的地区，有些情况下，品类的跨区域竞争也能带来明显收益，比如做西北菜的九毛九，客单价65元左右，门店并没有开在西北地区，而是开在了广东、海南，为什么呢? 广东和海南的经济发展水平显著高于西北地区，相应的客单价也能更高，如果九毛九回西北开店，满大街都有西北菜的餐厅，总体需求虽然大，但是供给也丰富了，可能有些品牌价格比它低，产品品质还更高，加上九毛九的产品已经根据广东地区的口味偏好进行了修改，与西北当地的口味有差异，俗话说，就是不够"正宗"了，很难在当地获得显著的竞争优势。

那怎么去选一个适合我们品类的城市呢? 不能单纯依靠主观感受来判断，大量选择在小县城创业的白领就容易犯这样的错误。平时在一线城市上班，过年回家探亲发现老家小县城里小火锅生意火爆，然后一拍脑门决定"荣归故里"，回家创业，本以为靠着大城市的阅历，可以形成降维打击，结果开业后才发现小县城平时没什么人吃小火锅，只有过年才有生意，完全选错了城市。不仅是小火锅，其他品类也是如此，考察城市的方法错了，则很难得出正确的结论。

那该怎么做呢? 可以根据官方统计数据并结合参考物考察法来判断。官方统计数据很好获取，打开官网查看官方资料，对地区经济、人口发展规划等有个大致了解。然后再用参考物考察法进一步分析。那什么是"参考物考察法"呢？即利用别人的钱来为你的选址试错，通过相似目标客群业态的生存状况推测市场总容量，从而判断项目的可行性。

怎么用呢？举个简单的例子，有一条商业街，十个铺面里有三家高端水果店，开了3~4年，生意都还可以，一家都没关。那么，我们在它们旁边开一家主营水果茶的奶茶店，存活并盈利的可能性是很高的。高端水果店与水果茶的目标客户群高度相似，已经开业的高端水果店就是我们的参考物，通过观察它们的生存状态，可以大致推测出我们开水果茶的可行性，十家店里有三家水果店，供给非常充分，但是三家店同时开了3~4年都没倒闭，大概率是赚钱的，也就意味着该商业街覆盖的客户群中，目标客户群占比很高、数量庞大，至少能养活三家高端水果店，那额外养活一家主营水果店的奶茶店大概率没问题。

参考物考察法看起来非常粗糙，比如，在上面的案例中，三家水果店老板可能就是房东，怎么能凭它们不倒闭就武断地认为它们赚钱了呢？逻辑上的确有漏洞，所以，需要多个参考物来提高准确性。一个参考物可能有误差，选三四个参考物，综合起来，误差少了，准确性自然就高了。

这种考察方法的优势在于成本低、难度低、适用范围广。只要去找存在2~3年以上的参考物就行，不需要太多表格，多跑跑、多看看就能得出结论，有时候单纯看地图也可以得出一些简单的结论。而且不仅可以用于考察城市和商圈，也能用来考察具体的铺面。需要注意的是，在实际的操作过程中，参考物考察法更多地用来排除选项。

怎么选择参考物呢？同行是最好的参考物。如果一个城市，你想开的品类，一个门店都没有，那一定要小心了。考察了解一下是不是这个品类有人开过，然后亏钱倒闭了，还是因为这个品类真的还没人开过。与直觉相反，在餐饮行业，一个城市里不存在的品类大概率是要亏钱的，除非是刚冒出来的新品类或者是有消费基础的跨界品类。目标客户群是同一批，但是产品有差异的同行，是非常珍贵的参考物。靠近他们开店，基本不会有错。比如我们榴梿甜品店选址就特别喜欢去找当地知名蛋糕店附近的商铺。

除了同行可以作为参考物，一些知名餐饮连锁品牌也可以作为参考依据。比如肯德基、麦当劳、星巴克。它们开店前都会做市场调研，假如你的目标客户群与它们的相似，它们的选址可以作为重点考察区域。

还可以将目标客群经常消费的目的地作为参考物，比如屈臣氏、内衣店、健身房、娱乐场所、干洗店、牙科医院等。屈臣氏、内衣店与女性顾客有较高关联性，屈臣氏的客户定位为18~35岁的时尚女性，内衣店更不用说了，95%以上的顾客都是女性。健身房、娱乐场所和干洗店与年轻高收入顾客有较高的关联性，它们的门店数量越多、规模越大、定价越高，年轻高收入的顾客也就越多。牙科医院的线上业务量也能反映附近的人口结构，比如窝沟封闭多代表儿童多，洗牙多代表年轻人多，根管治疗、补牙多则代表老年人多。

最后还有一种特殊的参考物：当地的特色美食。我们不需要去数当地美食的门店都在哪里，只需要知道当地有哪些特色美食即可。当地人更偏好什么类型的产品，会体现在特色美食中，它们是当地消费习惯的集中体现，这些信息可以帮助我们判断品类的可行性。比如乐山市的特色美食有竹叶青茶、钵钵鸡、豆腐脑和甜皮鸭。钵钵鸡与冷串很相似，两者差异性很小，所以，冷串大概率不适合进入乐山市场。甜皮鸭和钵钵鸡都是卤制品，当地人可能更偏好卤味，所以，稍微略有差异性的品类，比如卤鹅可能会有机会。如果做奶茶，因为当地人爱喝竹叶青茶，而它是绿茶的一种，所以，茶底用绿茶可能更容易在乐山受到欢迎。

需要注意的是，如果把参考物考察法用在二线及以上的大城市时，成本低、难度低的优势就不复存在了，城市太大了，整个城市考察的任务很难完成。那怎么办呢？回到我们选城市的初心，即为了测算市场容量的大小，换言之，你开店的这个城市，有多少意向客户是有可能去你开的店里消费。假如你的店开上海虹口区，30公里以外上海青浦区的人有多少会来吃，不需要考虑，可能性太低了。在大城市考察，可以把考察范围缩小到区，上海市考察不完，虹口区总可以吧，重庆市考察不完，渝中区总可以吧，在做大城市的选址时，可以把更多精力放在选商圈上面。

如果运气好，第一家店开得很成功，顺利渡过难关，存活且盈利了，第二家店该怎么选址呢？要不要换城市？对于随机性消费的品类而言，应优先在本地扩店，深耕品牌影响力，提高品牌知名度，为以后的跨区域扩张积蓄力量。一个品牌的知名度，本质上是品牌展示次数的累加，每一个门店都是一个展示位，展示位越多、越集中，知名度越容易上升，如果分散在各个城市，形成不了聚合力。

分析完城市，确定适合自己品类的城市之后，需要深入城市的大街小巷来选择更适合开店的商圈。

3.7.3　选商圈

量化选址的第二步是选商圈，如果说选城市是通过测算市场总容量挑一个上限更高的商业环境，那么选商圈则是通过考察商圈及商圈内的人群，对比品类所需的客户特征，继而挑选出一个目标客户群更多、更适合品类的商圈。在找到适合的商圈之前，先来看看有哪些商圈类型，它们分别有什么特点，可能适合哪些品类。

1.　不同的商圈类型

（1）商业区。

商业集中的地区，商圈大、流动人口多，按影响范围又可以分为A类商圈、B类商圈和C类商圈。A类商圈辐射全市，有层次丰富的商业、高端的办公楼及集中的住宅提供足够大的人口基数；B类商圈只能辐射区域，相比A类，缺少足够丰富的商业或者办公楼；C类商圈只能辐射附近社区，以社区型购物中心、商超和便利店为主，商业层次少，以满足周围居民的日常消费为主。A、B、C的分类主要应用在一二线大城市，三四线小城市一般只有一个市中心，也就是只有一个A类商圈。

从以上分类可以发现，商业区是以购物中心、商超、商业街的形式为主。在选址过程中，最常见的是购物中心，比如万达广场、吾悦广场等，一般来说，叫某某广场、某某城的，大概率是购物中心。

但不是所有购物中心的生意都红红火火。购物中心对于商户来说，相当于母体，母体的运营状况、人流多寡直接决定商户的命运，特别是对于随机性消费的品类而言。如果你打算进驻购物中心，要注意以下问题：

①购物中心的开发商是谁？

是全国连锁的商业地产公司、区域商业地产公司，还是本地房地产公司？以前有没有成功案例。最容易出问题的是本地房地产公司开发的购物中心，因商业开发经验不足，地产公司极大概率会按卖商铺的方式运营购物中心，商铺的所有权归属个人房东，商管只是协助房东对外出租，无法对整个购物中心进行统筹管理，后期可能出现同一个品类、多个品牌入驻的情况。另外一种需要注意的是由百货中心改造而来的购物中心，百货中心的硬件设施老化，部分餐饮品类可能硬件上不能满足需求，百货中心对客流的吸引力近两年都在持续下降，不适合以随机性消费为主的品类进驻。如果是新品牌的第一家门店，可能不能满足购物中心的招商要求，在有选择的情况下，优先进驻全国范围内都有知名度的开发商。

②购物中心各层业态分布怎么样，动线设计合不合理。

购物中心的业态可以大致分为零售业态、娱乐业态、餐饮业态和体验业态四大类，近年来，零售受电商冲击较大，占比下降，餐饮业态和体验业态占比有所提升。我们需要观察相似的业态有没有放在同一层，餐饮业态的占比有多大，是集中分布的，还是东一块、西一块。重餐饮和目的性消费的品类一般在高层，比如总共五层，它们在第四层，而轻餐饮和随机性消费的品类一般在第一层或负一层。

购物中心动线设计合不合理，创业者自己走几圈，基本上就会有整体的感知了，好的动线设计一定是让顾客觉得舒适的，累的时候有休息区，审美疲劳的时候有亮点，如果走着走着就迷路了，或者想找某个品牌非常不方便，还能找到断头路，那么大概率是动线设计有问题。一般购物中心只有一条主动线，当然，也有两条主动线的情况。

动线先大致了解一下，具体到铺面点位的选择时，还需要用到更细致的动线分析。

③购物中心内品牌的入驻情况。

观察统计购物中心内有哪些餐饮品牌，其中有哪几家是知名连锁品牌，是否有同品类品牌，有多少个，分布在哪些楼层和区域。了解品牌入驻情况，主要是用于排除错误答案，如果同品类甚至相似定位的品牌数量过多，选址时可以直接否决，如果一家知名连锁品牌都没有，也可以直接否决。

④购物中心定位及客流结构。

购物中心本身也是有定位的。比如社区型购物中心，主要服务周边人群，以餐饮业态和儿童体验业态为主，客单价适中；再比如时尚型购物中心，覆盖范围相对广，娱乐业态和体验业态占比最大，其中，餐饮业态一般客单价偏中高。

与餐饮选址一样，购物中心选址也是在选客户，如果购物中心的定位与周围人流的需求契合，那么客流量自然会增大，反之客流则可能日渐衰竭。

比如高端社区集中的区域有两个购物中心，A购物中心的主力店是普通的中型超市，B购物中心的主力店是一个大型进口超市，那么，B购物中心对周围人流的吸引力显然比A购物中心更大，大概率可以获得更大的客流，更适合定价中高的餐饮品牌入驻。最佳情况是购物中心的定位、定价，餐饮项目的定位、定价和周围人流的需求是契合的，此时选址才能实现收益最大化。

（2）社区型商圈。

它是提供社区居民需要的日常生活服务的商圈，以沿街商铺为主要载体，一般是大型住宅区楼下的商铺。社区大致可以分为以老破小、安置房和商品房为主的三类，年龄段依次递减，消费力依次递增。以老破小为主的社区一般面积小，年代久远，没有电梯，很少有物业，住户年龄偏大或者收入偏少。安置房又称动迁房，住户消费水平相比老破小高一些，住户总体年龄也更低一些。以商品房为主的社区是社区的主要类型，能新买房子的住户，消费水平相对高，年龄层也更年轻化。

社区型商圈白天没有多少人流量，以晚上和节假日为主，客源稳定，主要以家庭为单位，回头客多，店租水平相比商业区低许多。社区型商圈需要依托庞大的住宅区形成固定的需求。由于大型小区大概率不是高端小区，因此，社区型商圈更适合消费频次高，消费时间以晚上和周末为主，单价中低的餐饮品类。比如之前提过的南城香，定位是"全时段社区餐饮"，扎根社区商圈，把营业时间拉长到14个小时，早上卖馄饨、中午晚上卖盖饭，夜宵卖烤串。

（3）商务型商圈。

它是以办公人群为主要服务对象的商圈，以CBD写字楼的底商为主要载体。人流峰谷的时间分布上，商务型商圈与社区型商圈刚好相反，白天人流量很大，晚上和节假日人流小得多。商务型商圈中午就餐时间集中，对出餐速度要求高，工业园区的商圈也有此特征，不适合现做现卖的品类，比如水饺。

由于大部分CBD在商业区，房租水平总体高，略比同区域的购物中心低，比较适合定位符合白领的餐饮品类，比如咖啡店，瑞幸咖啡就有很大比例的门店在写字楼里。白领喝咖啡，不一定是咖啡爱好者，有些只是需要提神，还有一些是把咖啡店当谈事办公或者聚会的第三空间，比如，郑州有一家咖啡店，有四层楼，1 000多平方米，装修时尚，可以满足大型企业的团建、聚餐、开会、沙龙、路演等需求。

（4）校区型商圈。

它是以学生和教师为主要服务对象，围绕学校形成的商圈，以高校大学城为主要载体。新建的大学城大多位于远离城市的郊区，大量学生形成的庞大需求催生出了用于满足学生群体的商业。

校区型商圈因为服务群体单一，有一些明显的特点：消费人群年龄结构单一，人口密度大，受意见领袖影响大，更愿意尝试新鲜事物，消费频次高，但整体消费水平不高，有明显的季节性变化，消费高峰在每年的2月下旬和9月上旬，也就是刚开学的时候。寒暑假是不上学的，全年实际只有10个月的营业期，在计算校区型商圈的房租时，需要额外乘以1.33，因为房租需要支付12个月，但只有9~10个月能正常营业。

校区型商圈是很多创业者倾心的商圈类型，可能是因为创业者学生时代对大学城里的明星品牌留有深刻印象。

　　实际上，我们能注意到的机会，别人也会注意到，从大学城里赚到钱，难度一点儿也不比外面低，商圈内竞争非常激烈，如果你能拉拢社团、学生会和老师，利用意见领袖进行传播，加上新媒体的传播，提供新鲜有趣的内容，那么胜算可能会大一些。也的确有不少餐饮品牌是从大学城里孵化成长出来的，比如胖哥俩肉蟹煲和浅草屋日料。

　　校区型商圈是针对学生群体的市场，更适合学生喜欢的品类进驻，比如中低价位、个性化、新鲜有趣、有社交价值的餐饮品类。

　　（5）交通枢纽型商圈。

　　它是以交通枢纽的乘客为主要服务对象的商圈，比如机场、高铁站，地铁站、汽车站等。广州的天河城就是此类的一个典型案例，交通枢纽型商圈的人流量是所有商圈中最大的，租金非常高，不亚于高端购物中心，铺面竞争激烈，进驻的难度大。作为品牌的曝光展示而言，有很好的效果，但并不适合初创品牌。很少有回头客，对出餐速度要求很高，适合对品牌曝光有需求、出餐快的餐饮品类。

　　与交通枢纽很相似的是各类会展中心、车展、动漫展等，以展会为例，短期的业绩会很爆，一个不到50平方米的铺面，一天可以做7万~8万元，甚至10多万元。但展会中心的餐饮需求是相对窄的，主要是为了解决尽快吃饱的问题，因此，更适合出餐快的快餐品牌进驻。

　　（6）景点型商圈。

　　它是以旅游景点的游客为主要服务对象的商圈，以旅游区的商业街为主要载体。景区的人流量大，租金水平偏高，基本上也没有回头客，都是一次性生意。旅游业有明显的淡旺季，景点型商圈自然也有淡旺季。例如，三亚的旺季在12月~次年2月和7~8月。与旺季的需求契合的品类更容易做出业绩，小龙虾的上市季节是3~7月，显然不适合进驻三亚的景点商圈。

景区是相对封闭的空间，与会展中心的情况类似，也需要入驻的品类出餐快、品控容易。进驻景区的难点在于铺面资源，僧多粥少，由于租金水平高，景区也不适合初创品牌。初创品牌能进的是刚开始招商的新景区，租金低，铺面多，比如人造的古镇，此类景区大多没有知名度，可能连当地人都不知道，辐射能力弱，甚至会出现人流量不如社区商圈的情况，进驻需谨慎。

以上是六个常见的商圈类型，可以根据它们各自的特点，整理出表3-15。

表 3-15 常见商圈类型及特点

商圈类型	人流时间分布特点	客流特点	店租水平	客单价水平
商业区	晚上人流量大 节假日人流量大	以女性为主力 年龄偏年轻化	高	高
社区型商圈	晚上人流量大 节假日人流量大 白天人流量小	以家庭为单位居多 回头客多 全年龄段	低	中 / 低
商务型商圈	白天人流量大 晚上及节假日人流量小	以白领为主 消费水平高 年龄偏年轻化	中 / 高	高
校区型商圈	白天人流量大 寒暑假人流量极小	以学生和老师为主 消费频次高 回头客多 年龄年轻化	中	低
交通枢纽型商圈	白天人流量大 节假日人流量大	机场内消费高 对出餐速度要求高 无回头客 全年龄段	高 / 极高	高 / 极高
景点型商圈	白天人流量大 节假日人流量大	对出餐速度要求高 无回头客 全年龄段	高 / 极高	高 / 极高

再根据客流需求的差异，对上述六个商圈类型做一个统计表格，见表3-16。

表3-16 常见商圈类型客流需求差异

商圈类型	早 餐	午 餐	下 午 茶	晚 餐	夜 宵
商业区	小	非常大	大	非常大	一般
社区型商圈	大	小	小	大	非常大
商务型商圈	非常大	非常大	大	大	小
校区型商圈	大	大	小	大	一般
交通枢纽型商圈	一般 / 大	大	一般	大	小
景点型商圈	小	非常大	小	大	小

注：以上内容仅代表典型情况，具体到某一个商圈，需具体分析。

根据表3-15和表3-16，结合你想要做的品类，可以得出适合哪几个类型商圈的初步结论。在商业区内，产品应以午餐和晚餐为主。在社区型商圈内，产品应以早餐和晚餐为主。在商务型商圈内，产品应以早餐和午餐为主。

比如中式快餐可以选择商业区、社区型商圈或者商务型商圈。小龙虾以晚餐和夜宵为主，应优先考虑入驻晚餐需求大的商业区或夜宵需求大的社区商圈。甜品以下午茶为主，应优先考虑入驻商业区和商务型商圈。

确定了适合入驻的商圈类型之后，需要考察各个商圈，判断具体哪一个商圈更契合我们的创业项目。怎么考察商圈呢？可以通过热力图和交通线考察法，结合实地考察来形成最终的判断。

2. 热力图

热力图是通过手机基站来定位该区域的用户数量，然后通过用户数量来渲染地图颜色，可以据此观察人流在不同时间段的聚集程度。人群越集中，地图渲染的颜色越深，人群越分散，地图渲染的颜色越浅，非常适合用于判断商圈的人流量。热力图可以在百度地图App、高德地图App中实时获取。

热力图的形成需要一定的用户数量积累，部分四五线城市可能没有覆盖此功能。那该怎么办呢？小城市可以用交通线考察法来粗略估计商圈人流量的多少。

3. 交通线考察法

交通线考察法是根据现有交通线的分布和拥堵情况来逆向推导出人流在城市中的分布和走向。直白地说，就是哪里路多、路堵，哪里人就多，某种意义上道路也是参考物的一种。主要适用于四五线城市，有地铁的城市这种方法会失灵。有地铁的地方，人流是以更高效的地铁站为节点，线性分布，普通道路的参考性就下降了。

城市道路建设一般都是落后于人流改变的速度。比如新出现了一个强势商圈，周围交通线完善需要3~5年，所以，交通线考察法也不能只看地图就下定论，同样需要结合实地考察。

商圈选好后，接下来就需要选择商圈内具体的铺面，或者说点位。

3.7.4 选铺面

量化选址的第三步是选铺面，第一步选城市的实质是选市场容量，第二步选商圈的实质是选客户，第三步选铺面的实质是挑选更具性价比的人流量，即怎样以更低的价格获得更多有效人流量的位置。面积越大，房租越高，想要以更低价格获得更多人流量，首先要确定项目能接受的最小面积，并在此基础上尽量选择接近最小面积的铺面，从而实现效益最大化。

选铺面时，可根据动线和实地考察判断商圈内流量的分布情况，也就是哪些铺面的流量大，哪些铺面的流量小，人流方向是怎样的，然后根据品类筛选出有效人流量的大小分布，再根据房租预算及面积需求决定具体的铺面。

怎么判断哪些铺面的流量大呢? 围棋术语"金角银边草肚皮"生动形象地说明了三类点位的流量大小，"金角"指的是多条动线交汇、视野开阔处的铺面，比如商场的大中庭、街边的十字路口。"金角"处在人流交汇的地方，进入商圈的顾客基本上都会经过，停留时间长，曝光度高，是整个商圈中展示面最好的、一般也是租金最高的地方。

图3-15为余姚万达广场一楼品牌点位图，东边的1号门为主入口，门口左右两侧分别是喜茶和星巴克，进门后就是中庭，通过中庭延伸出一条主动线，一条副动线。中庭附近的铺面即是"金角"，包括主力店优衣库、哥弟、太平鸟及OPPO手机店。

图 3-15 余姚万达广场一楼品牌点位图

"银边"指的是主动线的两端，一般是商圈的出入口，人流密集，顾客刚进商圈，购物兴趣也大。购物中心直梯口、手扶梯口附近的铺面，也符合这个条件。相比"金角"稍微弱一些，所以叫作银边。在图3-15中，1号门附近的喜茶、星巴克，2号门附近的必胜客都属于出入口的"银边"。在图3-16中，2号手扶梯旁边的糖纸、三不牛腩属于手扶梯"银边"。

"草肚皮"是指商圈的中间部分，人流分散。如果商圈一头一尾的竞品人气高，开在中间的品牌可能都没有多少顾客光顾。如图3-17所示，厦门湖里万达的金街动线非常长（中间一条线），远离出入口的铺面就属于"草肚皮"（靠右的线），金街北面中间部分的铺面如果没有万达北门和2号出入口的存在，也可能沦为"草肚皮"。

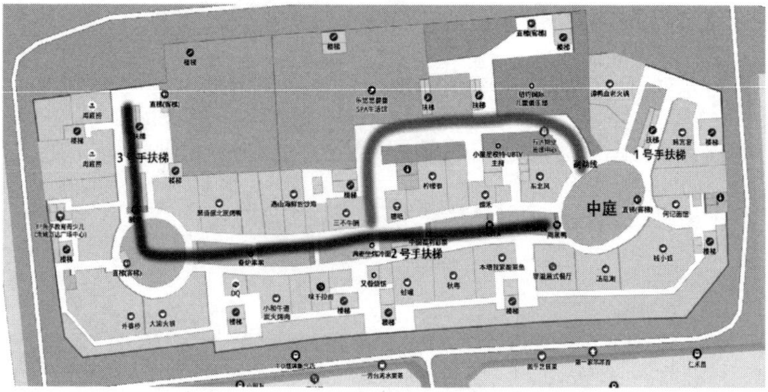

图 3-16　余姚万达广场三楼品牌点位图

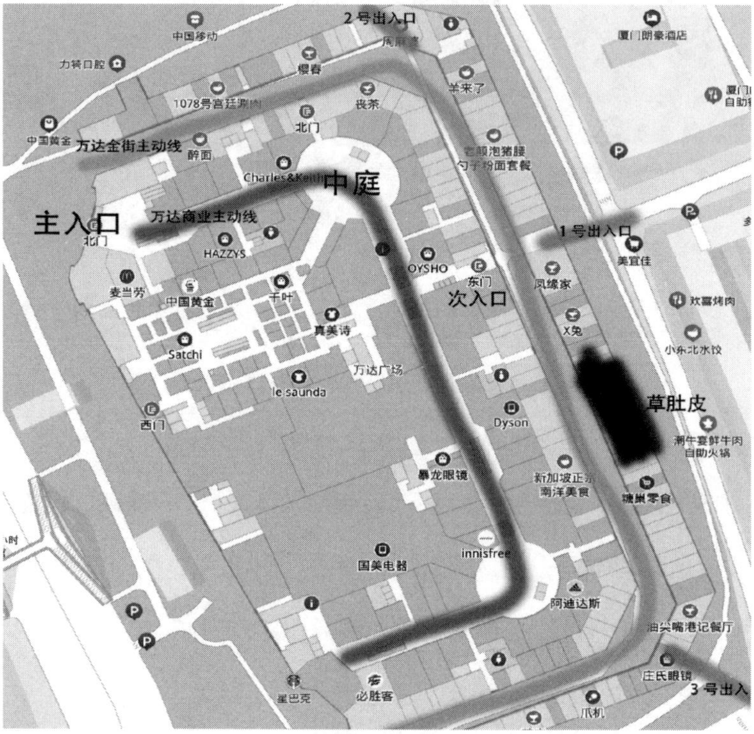

图 3-17　厦门湖里万达一楼品牌点位图

当然，需要注意的是，这里的"草肚皮"只是针对同一商圈的铺面而言，不同商圈的人流基数不同，无法直接横向比较，湖里万达金街的"草肚皮"人流量实际上可能远胜于附近社区商圈的"金角"。

也有比"草肚皮"更差的铺面，比如死角的铺面、断头路上的铺面、门脸凹进去的铺面。这些铺面属于"雷区"，最好的商圈里的这类铺面也不要租，除非房租低到你无法拒绝。图3-18中的谭鸭血就属于死角的铺面。

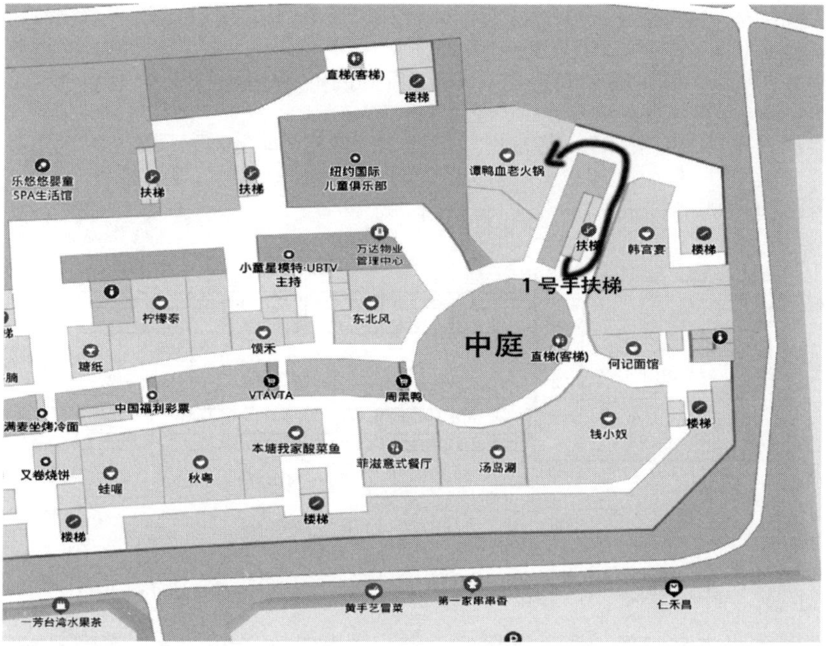

图 3-18 余姚万达广场三楼谭鸭血

这个铺子在图3-16中出现过，它明明在中庭附近，为什么会变成死角呢？因为1号手扶梯朝向中庭一侧，顾客通过手扶梯上楼后眼睛自然向前看，背对门店，不回头根本看不到招牌，只有通过手扶梯下楼的顾客才有可能看到。

不仅很难被顾客看到，也很难让顾客走到，顾客如果想要去谭鸭血，需要从手扶梯背后绕一圈才能到达，这导致几乎没有经过店铺的自然客流。幸好火锅是以目的性消费为主的品类，没有自然客流也还能"抢救"一下。

还有一些情况会导致顾客即使看到你，也很难到达，需要在选铺面时留意。比如，铺面在二楼，一楼很容易看到你的门店招牌，但上来得找楼梯，不方便。再比如，铺面前有隔离带、天桥、阶梯，不能停车，路特别窄，或者门前的路刚好在修，都会变成顾客进门的"拦路虎"。

有时候，除了人流量的大小，还需要考虑人流的方向，顾客进入商圈后，一般是靠右侧走的，视线自然也是落在右侧，左侧铺面还有可能被对面顾客挡住，因此，应优先考虑入口右侧的铺面。人流的方向不仅影响视线，也影响捕获率，如图3-19所示，图3-19中有一条自东向西的商业街，通往一个购物中心的主入口，顾客进入购物中心前，靠右侧前行路过北侧的铺面，离开购物中心时，靠右侧前行路过南侧的铺面。

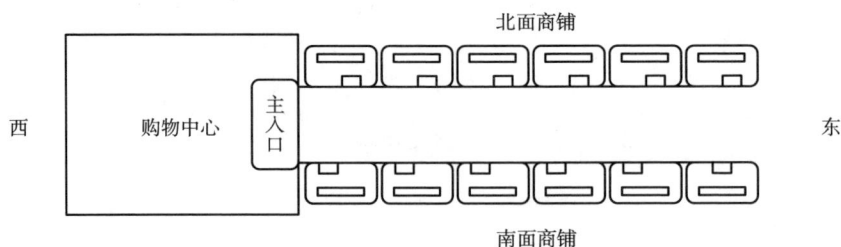

图 3-19　人流方向对选址的影响

此类情况下，显然北侧铺面的捕获率比南侧铺面更高，路过北侧铺面时，顾客的消费欲尚未被满足，可能还饿着，进店消费的可能性很大，等离开购物中心时，大概率已经消费完了，吃饱喝足，跨进南侧铺面的概率自然就低了。

如果都是北侧铺面，除了头部的一两个，哪个位置的铺面顾客更容易进去呢？大概在黄金分割点（0.618）上，如果一条街总共有20个铺面，第七个和第八个铺面更容易获得顾客。如果在图3-19中，不存在购物中心，但是南面商铺门前有停车位，北面则没有，那么北面商铺对行人的捕获率更高，而南面商铺对有车一族的捕获率更高。另外，如果铺面附近有非同品类但目标客户群高度相似的门店，比如咖啡店旁边有烘焙店，那么捕获率会有明显提升，这也是为什么餐饮品牌喜欢扎堆开在一起，形成集聚效应的原因。

分析了商圈中哪些位置的人流量更大，捕获率更高，但是还没有谈房租的问题，讨论房租便宜还是贵不能只看房租的价格，还需要结合周围铺面房租及实际人流量综合判断，下面来看图3-20中的案例。

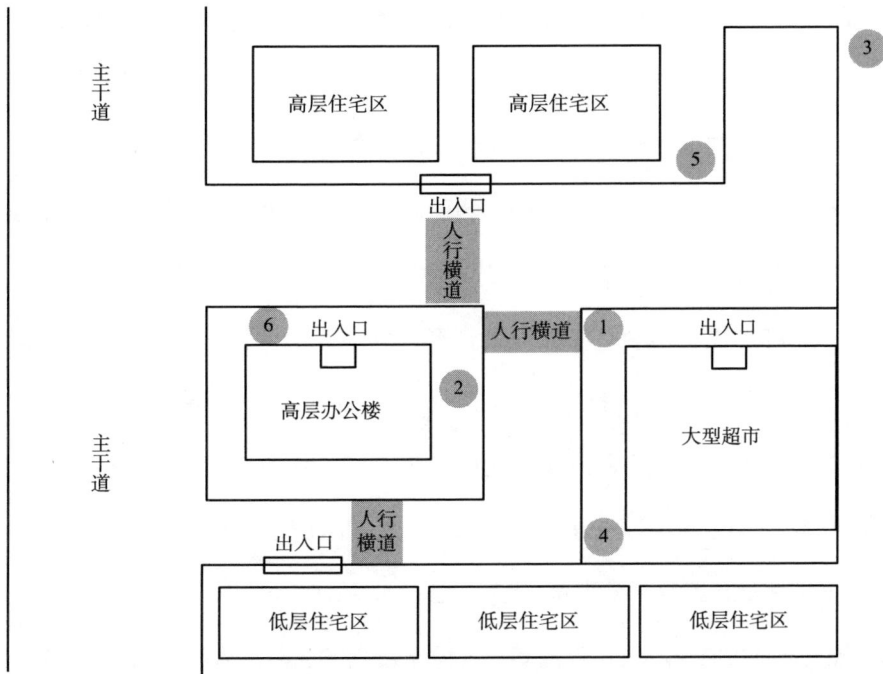

图 3-20　判断房租便宜与否

图3-20所示的商圈中共有六个铺面，各个铺面日均人流量及租金见表3-17。大型超市显然是主力店，引流能力最强，然后是办公楼底商及住宅区底商，仅看人流量大小，1号铺面及2号铺面最大，其次是5号铺面及6号铺面，人流量最低的是4号铺面和3号铺面，特别是3号铺面位于路的终点，又没有其他入口，属于死角位置。

表 3-17　铺面人流量、租金统计及铺面人租比

铺　面	日均人流量	面　积	每平方米日租金	日　租　金	日租金／日均人流量
1 号	4 686 人次	20 m²	10 元	200 元	0.043 元／人
2 号	3 514 人次	30 m²	7 元	210 元	0.060 元／人
3 号	714 人次	80 m²	2.2 元	176 元	0.246 元／人
4 号	1 234 人次	50 m²	2.6 元	130 元	0.105 元／人
5 号	2 857 人次	30 m²	5 元	150 元	0.052 元／人
6 号	2 857 人次	50 m²	5 元	250 元	0.087 元／人

表3-17中"日均人流量"指一周人流量相加除以7天得出的平均每天的人流量,"日租金"由每平方米租金乘以面积得出。表3-17中租金与人流量明显呈正比,人流量最大的是1号铺面和2号铺面,每平方米日租金最高,人流量最小的3号铺面和4号铺面,每平方米日租金最低。由于六个铺面的面积大小不同,实际日租金最高的是6号铺面,然后是2号铺面和1号铺面。

那么怎样才能将租金和人流量结合来进行分析呢?可以将日租金除以日均人流量,得出每个人路过所需支付的租金,如表3-17的最后一列所示。

通过日租金除以日均人流量得出的数据,可以称为"人租比",它是房租的性价比参数,人租比越低则房租性价比越高,人租比越高则房租性价比越低。人租比最低的居然是租金单价最高的1号铺面,只有0.043元/人,其次是0.052元/人的5号铺面和0.060元/人的2号铺面,人租比最高的反而是人流量最低的3号铺面和4号铺面,分别达到了0.246元/人和0.105元/人。

显然通过人租比的概念,可以发现1号铺面性价比最高,其次是5号铺面和2号铺面,那我们可以直接选1号铺面了吗?并不能,还需要考虑餐饮品类所需的面积,1号铺面虽好,但架不住面积太小,20 m^2可能对于某些品类来说,用来做厨房都不够,因此1号铺面并不适合面积需求大的品类,更适合面积需求小、以打包为主的品类。

如果面积需求是30平方米,那2号铺面和5号铺面该怎么选呢?再次观察图3-20,虽然2号铺面和5号铺面的人流量相差不大,但是由于人行横道的存在,2号铺面实际上处于低层住宅区及高层办公楼去往超市的路上,而5号铺面并未处于高层住宅区去往超市的路上,5号铺面部分人流很可能是从超市回住宅区经过的,类似图3-19中南侧铺面的情况,人流的捕获率相比2号铺面低得多。所以在2号铺面和5号铺面之间,优先选择2号铺面。

如果面积要求再大一点儿，需要50平方米以上，那4号铺面和6号铺面该怎么选呢？6号铺面的人流量更大，人租比更低，它的位置在办公楼，同时又处于高层住宅区和低层住宅区的中间，三个地方的人群均能很好的覆盖，因此，相比4号铺面是更好的选择。

至此，图3-20中的六个铺面的比较差不多有一个初步的结论了，20 m^2 选1号铺面，30 m^2 选2号铺面，50 m^2 选6号铺面。那有没有完整掌握所有选址信息呢？其实并没有，比如不知道低层住宅区和高层住宅区的平均售价、入住率、年龄结构等信息，不知道周围有哪几家竞争对手，分别在哪个位置，也不知道除了图中的几个住宅区，超市还覆盖了哪些区域的人群。

选址需要适应实际情况，不能仅仅停留在图纸上，我们能做的是收集更多、更详尽的信息以提高决策的成功率。在上述分析过程中，人流量统计是一个非常容易误导人的数据，因为它假设每一个路过的人都是相同的，实际上我们知道，有些是有效人流，是目标客户群，有些并不是，统计数据里的每一个1，所代表的东西并不相等。这也是我们在本节开头为什么强调选铺面本质上是怎样以更低的价格获得更多有效人流量的位置，关键词"有效"很重要。

那么怎样才能统计出有效的人流量呢？有两种统计方法：第一种是直接统计人流中目标客户，比如品类的目标客户是年龄20~35岁的女性，在统计总人流量的基础上，再单独统计她们的数量及占比即可，然后通过日租金除以目标客户数量，得出了有效人流的租金比，简称"有效人租比"，见表3-18。

表 3-18　铺面有效人流租金比

铺　面	日均人流量	目标客户	面　积	每平方米日租金	日　租　金	日租金 / 目标客户
1 号	4 686 人次	936 人次	20 m^2	10 元	200 元	0.21 元 / 人
2 号	3 514 人次	1230 人次	30 m^2	7 元	210 元	0.17 元 / 人
3 号	714 人次	180 人次	80 m^2	2.2 元	176 元	0.98 元 / 人

续上表

铺　面	日均人流量	目标客户	面　积	每平方米日租金	日　租　金	日租金 / 目标客户
4 号	1 234 人次	124 人次	50 m²	2.6 元	130 元	1.05 元 / 人
5 号	2 857 人次	720 人次	30 m²	5 元	150 元	0.21 元 / 人
6 号	2 857 人次	1 300 人次	50 m²	5 元	250 元	0.19 元 / 人

由于2号铺面与6号铺面处于办公楼下，年轻女性比例更高，2号铺面以0.17元/人的超低人租比成为最具性价比的铺面，其次是1号铺面和5号铺面。

第二种统计方法是加上时间维度，统计不同时间点铺面周围竞争对手的顾客数，假设商圈内有同品类的铺面，通过它们的顾客数量来反推自身铺面的获客量。比如想做的品类是快餐，想统计6号铺面附近竞争对手的顾客数量，结果见表3-19。

统计时间为某个节假日，除前三个品牌位于3公里外的购物中心，其余品牌均在6号铺面100米以内，每个时间点下方的数字为门店内就餐的顾客数，比如第一个品牌×××面村11:00下的"20"代表11:00整个门店里有20位顾客正在就餐。

通过客单价相近品牌的顾客总数，去掉最高和最低，取个平均数，大致可以推算出自身铺面的获客量，比如想开的快餐店客单价为15元，那么，取客单价12~20元的6家门店，去掉最高值和最低值，平均顾客总数为（146+170+105+172）÷4=148（人）。

这个平均数有什么用呢？我们计算有效人流，衡量房租的高低，最终的目的是判断项目的可行性。竞争对手获客的平均数可以帮助我们预估未来的营业额，从而衡量房租的高低及判断项目的可行性。

那么这个平均数怎么用呢？先把表3-19的数据稍微处理一下，通过"顾客总数×客单价"估算出节假日营业额，再通过节假日营业额估算月营业额，因为节

表 3-19　不同时间点竞争对手顾客数量统计表

品牌	午餐时间段							晚餐时间段							总计	客单价（元）
	11:00	11:30	12:00	12:30	13:00	13:30	14:00	17:00	17:30	18:00	18:30	19:00	19:30	20:00		
××× 面村	20人次	40人次	56人次	70人次	65人次	58人次	30人次	15人次	30人次	52人次	67人次	45人次	30人次	15人次	593人次	85.0
×× × 火锅	10人次	22人次	34人次	40人次	32人次	29人次	20人次	10人次	20人次	30人次	38人次	27人次	20人次	15人次	347人次	82.0
×× 拉面	5人次	45人次	60人次	51人次	30人次	25人次	18人次	10人次	13人次	38人次	27人次	16人次	8人次	4人次	350人次	40.0
×× 小吃	4人次	6人次	8人次	12人次	15人次	10人次	8人次	17人次	12人次	10人次	12人次	15人次	12人次	5人次	146人次	15.0
×× 水饺	2人次	5人次	3人次	8人次	10人次	8人次	6人次	5人次	7人次	11人次	15人次	9人次	7人次	3人次	99人次	12.0
×× 简餐	5人次	10人次	18人次	20人次	15人次	10人次	6人次	8人次	10人次	24人次	19人次	12人次	8人次	5人次	170人次	15.0
×× 拌饭	2人次	8人次	10人次	15人次	8人次	7人次	4人次	3人次	8人次	12人次	15人次	7人次	4人次	2人次	105人次	18.0
×× 中式快餐	20人次	22人次	35人次	45人次	51人次	48人次	37人次	19人次	32人次	49人次	37人次	30人次	20人次	10人次	455人次	15.0
×× 小面	17人次	19人次	17人次	20人次	19人次	8人次	4人次	5人次	8人次	9人次	12人次	19人次	9人次	6人次	172人次	20.0

假日营业额并不能代表平均数，因此，月营业额≈日营业额×0.7×30。

　　如果想要更精确的结果，可以根据品类的就餐时间，用顾客总数先乘以0.8~1.2的系数再进行计算。为什么要加一个系数？因为表3-19中不同时间点的顾客可能被重复统计，比如11:00的客人吃到了11:30，就会被统计两次。也有可能被漏计，比如顾客在11：10进门，11:25就吃完走人了，这类顾客就没有被统计在内。就餐时间短的品类乘以1~1.2的系数，就餐时间长的品类乘以0.8~1的系数，为减少计算的复杂性，针对表3-19中的快餐统一乘以系数1。

　　通过计算有了预估的月营业额后，再与月房租相除，得到房租占营业收入的比例，见表3-20。

表 3-20　预估营业额及房租占比

品　　牌	顾客总数（人次）	客单价（元）	预估节假日营业额（元）	预估月营业额（元）	铺面月房租（元）	月房租/月营业额
××小吃	146	15.0	2 190.00	45 990.00	8 000.00	17.40%
××水饺	99	12.0	1 188.00	24 948.00	6 000.00	24.05%
××简餐	170	15.0	2 550.00	53 550.00	5 000.00	9.34%
××拌饭	105	18.0	1 890.00	39 690.00	7 000.00	17.64%
××中式快餐	455	15.0	6 825.00	143 325.00	12 000.00	8.37%
××小面	172	20.0	3 440.00	72 240.00	6 000.00	8.31%
快餐项目（6号铺）	148（平均数）	15.0	2 220.00	46 620.00	7 500.00	16.09%
快餐项目（6号铺）	238（理想值）	15.0	3 570.00	75 000.00	7 500.00	10.00%

　　前面在开店预算中讲过，在预估的营业额占比中，房租不能超过20%，标准占比在10%~15%，最好能控制在10%以内。根据这一原则，显然商圈内经营得比较好的同行是××中式快餐、××简餐和××小面，房租占比均小于10%，其中××中式快餐的营业收入最高，绝对利润应该也是最高的。××小吃、××水饺

和××拌饭则经营得比较艰难，房租占比超过了15%，其中，××水饺更是超过了20%，肯定经营困难。

创业项目预估的营业额也不理想，在获取平均顾客人次的情况下，房租占比超过了15%，显然，房租对于这个项目而言，稍微偏高。如果客单价保持15元不变，想要达到房租比10%的目标，则需要节假日营业额在3 570元以上，顾客总数在238人次以上，如果项目有自己的优势，或许通过营销和运营的努力，能达到这个水平，实现不错的盈利。总的来说，6号铺面的房租对这个项目而言略微偏高，但也不是完全没有机会。

有时候可能没有条件获取竞争对手的详细数据，比如周围的样本太少，导致预估的偏差很大。这种情况下，该怎么判断房租的高低及项目的可行性呢？可以通过投资回报周期反向推算每日营业额和顾客总数。

比如，快餐项目预估一年半内回本，6号铺面房租9万元/年，假设房租成本在开店预算中占30%，则总投资额约为30万元，项目净利润率为15%，则预估月营业额为300 000元÷18个月÷15%=111 111（元），预估日营业额为111 111÷30=3 704（元），每日顾客总数为3 704÷15=247（人）。

还可以通过调整几个数值来获取更多的结果，比如，缩短或延长投资回报周期，提高或调低净利润率，提高或降低房租成本在开店预算中的占比等，罗列多种可能性，具体见表3-21。

表 3-21　限定回报周期预估日营业额及顾客总数

品　　牌	铺面年房租（元）	占预算比例	总投资额（元）	回本周期（月）	净利润率	预估月营业额（元）	预估日营业额（元）	客单价（元）	日顾客总数（人次）	捕获率
快餐项目（6号铺面）	90 000	30%	300 000	18	15%	111 111	3 704	15.0	247	8.64%
快餐项目（6号铺面）	90 000	30%	300 000	24	15%	83 333	2 778	15.0	185	6.48%

续上表

品　牌	铺面年房租（元）	占预算比例	总投资额（元）	回本周期（月）	净利润率	预估月营业额（元）	预估日营业额（元）	客单价（元）	日顾客总数（人次）	捕获率
快餐项目（6号铺面）	90 000	30%	300 000	12	15%	166 667	5 556	15.0	370	12.96%
快餐项目（6号铺面）	90 000	35%	257 143	18	15%	95 238	3 175	15.0	212	7.41%
快餐项目（6号铺面）	90 000	25%	360 000	18	15%	133 333	4 444	15.0	296	10.37%
快餐项目（6号铺面）	90 000	30%	300 000	18	20%	83 333	2 778	15.0	185	6.48%
快餐项目（6号铺面）	90 000	30%	300 000	18	12%	138 889	4 630	15.0	309	10.80%
快餐项目（6号铺面）	90 000	30%	300 000	18	10%	166 667	5 556	15.0	370	12.96%

通过在多种情况下进行预估，得出日顾客总数为185~370人，平均数为272人，结合表3-17中6号铺面的日均人流量为2 857人次，如果要实现每日顾客272人的目标，需要的捕获率为272÷2 857≈9.52%，对于一家快餐店而言，近10%的捕获率显然过高，项目的可行性偏低。以上是两种统计有效人流量的方法，第二种统计竞品顾客数的方法相较而言更精准。

上述所有人流数据都是我们自己统计出来的，一般统计周期是7~14天，相比一年365天，取样的范围显然偏小，如果恰好我们统计的时间段内有偶然因素导致人流量及人流结构发生了短期波动，比如在统计周期内，超市恰好开展针对女性产品的大力度促销，人流相较平时增加了，人流中目标客户群的比例也变高了，我们统计的人流数据会因此失真，影响最后的选址结论。但由于我们又没有足够的时间及精力去统计几十天的数据，那怎么办呢？可以通过统计周围外卖数据、与特定人群聊天获取信息来辅助选址。

打开外卖软件，定位到选址位置，统计周围3公里以内同品类前十名外卖店铺的月销售和人均价格，月销量×人均价格≈店铺外卖营业额，平台只显示人均价格，不显示单均价格，只能以这种方式粗略估计。把外卖平台得出的数据与之前数人流得出的数据相比较，只要没有特别大的数据差异，就能说明我们统计的人流数据没有太大的偏差，是可信的。

　　除了通过外卖平台获取营业数据，还可以通过与特定人群聊天来获取选址所需的信息。那可以跟哪些人聊天呢？外卖员、竞品的工作人员、房屋中介的销售和办公楼的招商等都可以。

　　找到附近的外卖员，先问问外卖员所在城市有几个配送团队，有多少人。通过配送团队的人数可以了解当前城市的外卖运力，有些区域可能只有十几人的小团队，有些区域则可能上百人，显然外卖员越多，运力越大，外卖的总量也就越大。然后再问问周边哪些餐饮品牌出餐最多？同品类的哪几个品牌出餐多？它们的出餐速度怎么样？

　　外卖员往往更了解区域内竞品的经营情况，哪家店生意好，哪家店生意差，哪家出餐快，哪家出餐慢，他们都一清二楚。在每天早上十点和下午四点半左右（每个城市略有不同，一般在中饭和晚饭时间前30~60分钟），观察外卖员在哪些区域，在哪些品牌集中等餐，也是一个了解竞品经营情况的方法。最后问问周边哪个学校、哪个小区的订单多，都是哪些品类的订单。通过外卖员的一手信息，进一步了解周围市场需求及饮食偏好。

　　如果想要做以外卖为主的品牌，在选址时，需要特别注意计算外卖员的取餐时间。外卖的高峰期很短，如果取餐时间过长，单子送得少了，会影响外卖员的收入，他们会不愿意接单，而且取餐时间是算在出餐时间里的，可能会导致出餐时间超时，从而影响排名。

　　顾客看到出餐时间长，也可能提前把我们排除掉。那怎么计算取餐时间呢？

可以在现场做一个实验，假设你就是外卖员，先把电动车停到离铺面最近允许停放的地方，再按小跑的速度，找到铺面，拿到外卖，再跑回电动车，计算中途所费的时间。外卖员取餐时间建议不超过5分钟，最好是1~2分钟内能拿到餐。

会有哪些因素导致取餐时间增加呢？比如铺面附近不允许停放电动车，最近的停放位置离铺面500米开外，外卖员来回一趟需要跑1千米。比如铺面在高层，上下楼需要3~8分钟。再比如购物中心不允许外卖员进入客梯，只允许他们走货梯，货梯使用率高，经常等不到，上下楼需要10多分钟。以上问题都需要在租铺前逐一排查。

与外卖员聊完，再去找竞品的工作人员，非高峰期时进入竞品门店，点几份产品，在工作人员空闲时与他们攀谈，说明自己也要开店，但是跟他们的品类不同。先问问工作压力怎么样？店里有几个员工？一个月房租要多少？一天要做多少单？什么产品卖得好？中午单子多还是晚上单子多？周围有没有竞争对手？再问问顾客都是什么人？有没有难缠的顾客、有趣的顾客等。

工作人员所掌握的信息是门店的一手信息，准确性很高，营业收入、员工数量、房租、每日营业额波动、每周营业额波动、主推产品、顾客特征、顾客来源等信息都有助于我们选址。与他们攀谈时，应特别注意分寸，聊天进度不宜过快，多倾听个人感受，相较于外卖员，他们更有警惕性。

如果想获取更精确的营收数据，可以在竞品接近打烊时进门消费，然后根据小票上的单号或者流水号得出当天的单量，单量×单均价格≈当天营业额。有些品牌会在收银端采用技术手段避免营收数据通过小票泄露。常见的有两种：

（1）单号从大数开始起计，随机跳号。

（2）单号在指定数字内循环，比如1~100号循环。如果遇到以上两种情况，就没办法通过单号来推测营业收入了。

找到房屋中介，假装自己想在选址附近的小区租房。先问问房租价格，房租越高，消费水平也就越高。再问问小区内有多少人，年轻人多不多，小朋友多不多，老年人多不多。年轻人与小朋友越多，消费越旺盛，年轻人工作压力大，没有时间做饭，不是外卖就是出去吃，老年人的时间充裕，买菜做饭时间多，在外消费少，所以，老年人越多则消费越低迷。最后问问车位多不多，车位出租价格怎么样？晚上停车方便吗？车位越紧张，越难停车，则人口密度越高，消费水平越高。

联系办公楼的招商部门，咨询办公楼的租房价格，有多少公司，都是什么公司，有多少人，还有多少空铺位。房租价格越高，有实力的公司越多。公司越大，人数越多，加班越多，在商圈内就餐的可能性就越大。空铺位越少，则白领人数越多。再通过招聘网站查询办公楼内公司的平均工资，工资越高，消费能力越强。

做完以上调研，选址信息就更完备了，结合之前的一系列计算，最终得出房租高低与否及项目可行性高低的判断，千辛万苦终于找到了最具高性价比的铺面位置，此时此刻，选址的问题都解决了吗？并没有，还有一些细节问题需要考虑，下面就来讲解一下租房过程的细节问题。

3.7.5　选址评估表及租房合同

选址除了性价比，还需要考虑品类或者品牌的硬性条件限制，以及房租租赁合同的细节。硬性条件是品类或者品牌进驻的必要条件，缺一不可，比如最基础的水电。合理、合法的租房合同是持续经营的保障，一个产权不明晰的租赁合同很可能导致门店被迫中止经营，蒙受巨大损失。下面来看某奶茶品牌选址的硬性要求：

（1）店铺面积：大于25平方米；

（2）店铺招牌和门宽不低于3.5米；

（3）店铺高度不低于2.9米，深度不低于7米；

（4）电压需要380伏特，总容量在30千瓦以上；

（5）独立办理营业执照、餐饮许可证；

（6）房屋没有装修限制；

（7）有稳定的人流量（店铺需要总部审核通过才能租赁）。

第一条是品类对于店铺面积的大小要求，不同品类有差异，上一节我们在选铺面时已经提及。除了品类、出餐的速度、就餐的速度，客流速度及商圈的特点也会影响面积的需求。出餐和就餐的速度越快，对面积的需求也就越小，客流速度越快对面积的需求越大。

那么商圈特点又会如何影响对面积的需求呢？举个例子，比如在商务型商圈内，白领的中午就餐时间非常集中，一般在1~1.5个小时内解决，此时商圈内能提供主食的店铺大多会处于爆满状态，他们会优先选择有空位的店铺，哪个店铺座位多，哪家的营业额就高，因此，快餐选址在商务型商圈内时可以适当提高对店铺面积的要求，在预算范围内尽量选最大面积的铺面。

第二条和第三条是对于店铺招牌、高度及深度的要求。店招的尺寸要求主要是考虑到宣传营销，过小的店招既不利于捕获意向客户，也不利于品牌形象。有些品牌会要求店铺是独立直进式门面，不经其他空间过渡。有些品牌对层高有更详细的要求，比如地面到楼板不得低于3.5米，地面到梁底不能低于3.2米，需要做阁楼的，最大梁底至地面的高度应在4.8米以上等。

第四条是对于用电的硬性要求，通过店铺内设备及照明的峰值用电量统计得出。用电不满足要求时，也有办法转圜，可以花钱申请电增容，具体费用可咨询当地的电力公司。重餐饮除了供电要求高，还有天然气、给水、排水、排烟、排污、消防的硬性要求。

第五条是针对房产证的限定，如果没有房产证或者房产证正在抵押，是不能办理营业执照的。如果房产证上的房屋用途是住宅，而不是商业，在大部分情况下也是无法办理营业执照的。

房屋用途是商业，在一些情况下也不能申请营业执照，比如上一家的营业执照还没有注销，就不能注册新的营业执照，餐饮门店开业必须有营业执照和食品经营许可证，如果上一家迟迟不注销，那么你的门店也就一直不能开业。

还有些情况，营业执照可以办理，但是食品经营许可证办不下来，餐饮涉及环境问题，必须经过当地环保部门的批准，特别是住宅楼下的底商，虽然并没有统一的规定禁止小区住宅楼下开餐馆，但重餐饮可能产生油烟污染和噪声污染，影响小区环境，需要事先征得周围邻居等相关利害关系人的同意。如果上一个租客做的就是餐饮店，大概率是可以继续做的，如果上一家不是餐饮店，最好先与房东和当地环保部门提前确认。不要等租完铺面，开始装修后才被告知不能开餐饮店。

第六条是针对装修的限制，限制装修的情况一般出现在统一管理的特色景区、特色商业街等，比如西安大雁塔内的商铺均为仿古建筑，不符合装修规范会被要求停业整改。

第七条是针对人流量的限制，在前面的内容中已有详述，此处不再展开。

如果上述硬性条件都满足了，没有问题，那接下去就需要检查租赁合同了。主要检查如下六方面：产权、面积、租金及押金、租期、交付状态、能否转租。

（1）产权问题：产权是否明晰。

（2）面积问题：购物中心和街铺的面积计算方式有差异，购物中心的租房合同上一般写的是实用面积，街铺一般写的是建筑面积。如果按建筑面积签合同，会有一个使用率问题，同为10元/m²/天的租金，A铺面使用率80%，B铺面使用率50%，则实际租金A铺面是12.5元/m²/天，B铺面是20元/m²/天。

考察铺面时可以携带红外线测距仪粗略测量铺面的实用面积。同样的实用面积，规则铺面和异型铺面在使用中也有较大不同。在装修设计过程中，有一些空间无法产生营业额，但是不得不预留，比如过道、设备间距等。越规则的铺面，所需预留的空间就越小，实际能用的就越多。在选址过程中，应该尽量避免狭长形铺面和异型铺面。

（3）租金及押金：租金每月是多少？是税前还是税后？怎么交？年付、季付还是月付？免租期多久？有没有装修补贴？

（4）租期：租赁合同签几年，即租期。租期越长越好，除非你对品牌持续经营的能力持怀疑态度。

（5）交付状态：交付状态指的是交付时铺面的状态，主要有现状交付和清空交付两种，清空交付更节约成本。

接铺要清空，那合同期满后怎么交铺呢？一般是怎么接的就怎么交，清空接铺的就清空交铺，现状接铺的就现状交铺。有些出租方的交铺条件很苛刻，比如要求交铺时由他们负责清空，并向你收取600元/m²的清理费，那么100 m²的清理费就需要6万元，显然这样的租赁合同不能签。

（6）能否转租：在合同期内，能否将铺面部分或者整体转租给他人关系到项目失败后的止损。有转租权其实就是可以做二房东，有些低价铺面或者能分割的铺面，甚至可以通过转租来盈利。

以上六方面是在租赁合同中需要重点检查核对的，除此之外，租赁合同里的其他内容也要认真看完，以防万一。到此为止，已经收集了足够的信息，可以将选铺面的各项要素综合到一张选址评估表内了，见表3-22。

表 3-22　选址评估表

商铺基本资料

名称	所在地区		记录时间
详细地址			

前置条件

商铺产权	产权归属	□明确　□不明确	房屋用途	□商用　□住宅　□其他
	是否抵押	□无抵押　□已被抵押	是否违建	□无违建　□有违建
硬性条件	电　力		天然气	
	给　水		排　烟	
	排　水		消　防	

可评估项目

			计分标准	评估得分
室外	门前空地面积	人行道宽（米）　自行车位（个）　汽车位（个）	其他条件　共10分　权重10%	
商铺结构	主楼层数（层）　楼龄（年）			
	门面长（米）　门面宽（米）　门面高（米）　店招长（米）　店招高（米）　卫生间（有/无）			
	室内	使用面积（平方米）　店深（米）　店宽（米）　隔断数（个）　立柱数（个）		
	形状			
交通概况	主要交通形式	□汽车　□公交　□轨道交通　□机场　□火车　□步行	共15分　权重15%	
	商铺干道属性	□主干道　□次干道　□支路　□航运　□步行道　□无隔离带		
	主要交通线路	□有隔离带　□无隔离带		
	对面人流便利性	□到店方便　□到店不方便　□步行道　□其他		
	外卖便利性	外卖停车点至门店时间		

		可评估项目					计分标准	评估得分
商铺属性	商圈属性	□购物中心 □社区型商圈 □商务型商圈 □校区型商圈 □交通枢纽型商圈 □景点型商圈 □其他					共20分 权重20%	
	邻铺情况	左三家店铺依次:						
		右三家店铺依次:						
租赁条件	原经营情况	经营项目					共20分 权重20%	
	现条件	租金(元/年)	租期(年)	免租期(月)	转让费(元)	可否转租		
	租金调幅约定							
	其他约定	停租原因						
营业额预估	人流量	非节假日	节假日	日均人流量	目标客户	有效入租比	共35分 权重35%	
	预估竞争对手营业额	品牌	品牌A	品牌B	品牌C	品牌D		
	预估营业额	顾客总数						
		客单价						
		月营业额						
		平均数估计	理想值估计					
		房租占比	房租占比					
	周围调研情况							
		合计					100	

选址评估表是将零散的选址信息组合起来，用数字化的方式提炼，方便横向对比不同铺面，也方便向合伙人或者投资人展示选址决策的过程。表格中的前置条件是商铺参与评估的前提，满足前置条件后，再分为五大板块进行评估，分别是10%的商铺结构、15%的交通概况、20%的商铺属性、20%的租赁条件及35%的营业额预估，每个板块的得分相加即为该商铺的综合得分。

在评估中得分最高的商铺就可以考虑正式签约了，至此，全部选址流程已做完。选址完成后，就该考虑设计问题了。

3.8　VI设计：颜值即正义

选址完成后，就可以开始着手VI设计了，VI是英文visual identity的缩写，是视觉识别系统的意思。VI设计是建立品牌形象非常重要的基础工作，它是品牌形象的呈现方式和表现手法，一套优秀的VI设计，可以让品牌的传播更有利。

品牌在顾客心中的视觉形象，是由接触品牌时的印象碎片积累而成的，包括标志、门店形象、产品形象、包装形象、广告形象、员工形象等，这些印象碎片也就是我们需要设计的内容。分辨产品好不好是有门槛的，但是分辨一个设计好不好看，几乎没有门槛，每个人都可以有自己的判断，所以，存在产品不行的网红店，不存在设计不行的网红店。

既然VI设计服务于品牌形象，那么它自然要与品牌在顾客心智中的形象相符，也就是说，符合定位的设计才是好设计。如果一个定位平价社区面店的品牌将VI设计得炫彩华丽，不管有多好看，显然不是好设计，朴实无华的设计更符合它的定位。初创品牌想要好设计，不一定需要花费巨额预算，小钱同样可以做出好设计。

限制品牌设计的最大因素是创始人的审美，其次才是设计师和预算。创始人的审美是一个品牌审美的上限，如果仔细观察，可以发现，对于网红品牌，创始人的气质和品牌气质是非常吻合的。比如，茶颜悦色的老板是个做设计的文艺青年，鹿角巷继承了邱茂庭本人的高颜值和精致。如果创业者想做出一个超越自己审美上限的设计，可以选择找一个贵一些的设计师，相信他的审美，少一些指指点点，做一个设计师喜欢的甲方。

3.8.1　如何找到心仪的设计师

我们应去哪里找设计师呢？城市越小设计师越难找，五六线小城市"翻箱倒柜"也找不到几个设计师，如果在一二线城市，选择余地就大了，创业者身边可能都会有一两个懂设计的朋友。但是他们不一定是最优选择，懂设计不代表会做设计，设计有很多细分领域，各个领域都需要相应的经验和技巧，比如平面设计和空间设计就完全是两个领域，可以通过设计朋友进入设计师的交流群，在群内发出需求，寻找适合的设计师。找设计师还可以通过以下四个公开渠道。

（1）设计网站。

可以去设计师活跃的网站，很多优秀的设计师和设计团队都会在上面发表作品，找到喜欢的设计，然后顺藤摸瓜找到相应的设计师，提出需求，坐等报价。设计师聚集的网站有Behance、站酷、花瓣等。

（2）招聘网站。

与找技术人员的思路相似，既可以通过招聘平台发布招聘信息吸引设计师应聘，也可以通过筛选简历，主动寻找招聘网站中的设计师。

（3）设计公司。

设计公司里有诸多设计师供我们选择，相应的，我们也要支付相比其他渠道更高的设计费用。大型设计公司能提供全方位服务，从品牌设计到外观设计，从图纸到落地，提供一条龙服务；小而美的设计公司专攻某一领域。初创品牌虽然不一定有足够预算与他们合作，但是他们的案例可以是我们设计参考的素材，将收集的素材交给本地的小型设计公司，可能会有四两拨千斤的效果。

（4）网络平台。

网络平台既包括常规的电商平台，也包括企业众包服务平台，比如，猪八戒网和时间财富。网络平台上的设计师有价格低廉的优势，因为单量大，他们更倾向于做批量设计、模板化设计，只能提供最基本的设计。小品类项目的设计，可以遵循先有再优的原则，不需要第一次设计就尽善尽美，先保障有即可，然后在品牌发展过程中，慢慢优化，网络平台低成本的批量化设计正好能满足初创品牌的需求。

如果预算实在拮据，品类所需的设计内容又比较少，创业者自己可以暂时充当设计师。当然，选择自己设计需要付出更多的时间和精力，如果恰好会一些设计技术，进度会快很多。完全没有基础的创业者，可以选择用智能设计平台，比如标智客和LOGO神器，使用它们生成的标志和周边成本远低于其他渠道。

3.8.2 需要设计哪些内容

设计内容包含三大板块，下面详细看一下每个板块的具体设计内容。

1. 标志规范系统

在所有视觉形象中，标志是最强有力的符号，几乎所有的视觉形象中都有它，可以说，没有标志就没有品牌传播，基础规范系统主要就是标志及其规范。包括标志正稿的中文字标、英文字标、标志规范、字体规范、色值规范、品牌标语等内容。

2. 标志应用设计系统

顾名思义，标志应用设计是标志在各个视觉形象中的应用。包括办公事物用品设计、员工服装设计、产品包装设计、广告宣传设计、标志符号指示等设计。具体的有名片、工作证、工作服、工作帽、宣传海报、堂食菜单、外卖菜单、灯箱广告、周边产品等。

3. 空间设计系统

前两者都属于平面设计，餐饮品牌还需要门店的空间设计。空间设计包括动线图、施工图和效果图三类。动线图包括厨房动线图、堂食动线图；效果图包括店面各角度渲染图；施工图包括平面布局图、地面布局图、顶面布置图、门头店招图、收银台外立面图、灯具布局图、隔墙定位图、立面图、剖面图等。

其中，施工图是装修必备图，创业者如果不请设计师，也需要自己画出其中几张重要图纸。效果图是进驻购物中心的必备图纸。动线图一般仅在内部讨论平面布局时使用。几类图纸的关系如图3-21所示。

门店的施工图完备之后，即可开始进行装修。相比应用设计落地，空间设计的落地难度更大，装修常面临预算严重超支，实际效果与设计图大相径庭的问题。落地过程中既需要创业者多方沟通，也需要靠谱的设计师和经验丰富的施工人员。下一节我们将讲解在预算不超支或少超支的情况下，减少实际施工与设计图之间的差距，高度还原设计图中的装修效果。

非装修用图

动线图 —— 厨房动线图
         —— 堂食动线图

装修必备图纸

空间设计 —— 施工图 —— 平面布局图（重要）
              —— 地面布局图
              —— 顶面布置图
              —— 内部立面图
              —— 内部剖面图
              —— 插座布置图（重要）
              —— 进出水布置图（重要）
              —— 弱电布置图（重要）
              —— 门头店招图（重要）
              —— 收银台外立面图
              —— 收银台内立面图
              —— 灯具布局图（重要）
              —— 隔墙定位图
              —— 消防图

入驻购物中心必备图纸

效果图 —— 门店各视角效果图

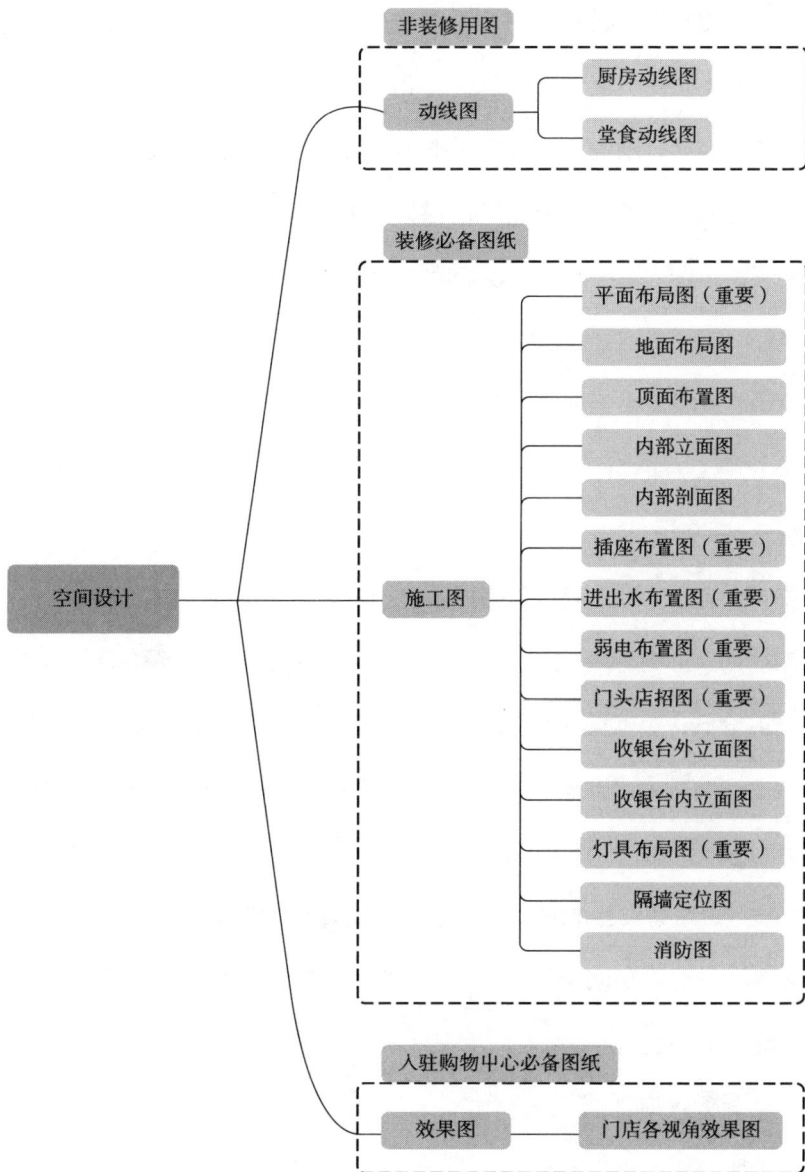

图 3-21 空间设计所需图纸

3.9 装修施工：如何减少与设计图的差距

如果说在设计过程中的创业者是纠结的，那么在装修过程中的创业者一定是痛苦的。装修痛苦感的第一来源是装修的项目多、环节多，涉及的细节多如牛毛。大环节数十个，小环节上百个，一环扣一环，任何环节出纰漏都可能有巨大的负面影响，因此，创业者在装修过程中的心理压力也会很大。比如厨房上下水位置错误，与设备不匹配，电线规格错误，不能满足设备用电负荷，这些都会影响厨房的正常运作，如果问题发现得晚，返工成本非常高。

痛苦感的第二来源是双方信息不对称，在装修领域，多数创业者缺乏装修经验，即使有少量家装经验，也是零碎的信息，不成体系，无法掌控整个装修过程。大部分施工方抱着一锤子买卖的心理，有能力也有动力利用双方信息的不对称，编造各种理由谋取利益。

装修预算超支就是信息不对称的一个体现，比如故意少算面积，一个涂刷乳胶漆的墙面实际有50平方米，但是为了获得订单，故意只算30平方米的价格，显得己方报价低，等实际装修发现乳胶漆不够用时再要求加钱。除了被动增项，还有一些主动增项，创业者不知道预算该向哪些环节侧重，该在哪些环节凑合。面对设计师和工人的加价建议，总觉得有道理，一个一个加价累加起来，不知不觉就超支了。既想要控制预算，又想实现设计图的效果，需要打破双方的信息不对称，懂一点装修知识，具体来讲，需要注意以下几个方面：

（1）选择靠谱的施工方；

（2）控制装修预算；

（3）控制装修进度；

（4）做好选材。

在进行装修时，我们也可以去申请营业执照和食品经营许可证。没有它们，门店装修即使完成后也不能合法开业。

3.10 证照办理：营业执照和食品经营许可证

装修和证照的办理可以同时进行，办理装修前置手续时，可顺便去行政中心办理营业执照。每个企业都需要办理营业执照，它是工商行政管理机关发给工商企业、个体经营者的准许从事某项生产经营活动的凭证，如果没有合法的营业执照就开业，属于无证经营，轻则被取缔，没收违法所得，重则构成刑事犯罪。食品经营许可证则是餐饮业特有的，需要在取得营业执照后再去办理，没有许可证就经营则可能面临行政罚款、停业整顿、吊销执照等处罚。

办理营业执照的主体有个体户和公司两个选择，建议优先选择公司。若选择个体户，一不能在工商登记中体现股权比例，二需要承担无限清偿责任。什么是无限清偿责任呢？如果创业失败，门店倒闭欠了100万元债务，注册资本为50万元的有限责任公司最高只承担50万元债务，股东个人财产可不用于清偿债务，个体户则需以个人或家庭财产承担无限清偿责任，偿还全部100万元债务。另外，注册为公司的好处还有业务范围更广、对外合作签约更让人信任、注册新媒体平台或电商平台更方便、开分店或开放加盟更简单等优点。

营业执照和食品经营许可证可以在各地政务服务网办理，难度不大，不建议付费找代理机构代办。

3.10.1 办理营业执照

（1）需准备好如下材料：公司预想名称、租赁合同复印件或原件、房产证复印件或原件照片、房东身份证复印件、法人及其他股东的身份证复印件。部分地区注册公司需要以公司的名义签订租房合同，不能以个人名义。一般签订租房合同时，公司还没注册，可以在公司名称申请完成后，让房东再签一份新合同。此时因为公司还没注册完成，可以在公司名称后写（筹），比如杭州胖伦餐饮管理有限责任公司（筹）。

如果房产证上有超过两个人的名字，租赁合同上也必须有两个人的签名。部分地区新规规定需要房产证原件的照片，复印件不符合注册要求，注册餐饮公司，需要房产证上的用途包含"商业"。

（2）登录政务服务网，搜索"注册"，找到并进入"公司设立登记"在线办事流程。

（3）填写公司类型和公司名称。公司类型选择"公司企业"，冠名类型可自选。

公司名称由"行政区划+企业字号+名称行业+组织形式"四段构成，"企业字号"就是创业者给公司起的名，餐饮的名称行业建议选择"餐饮"或者"餐饮管理"，组织形式选择"有限责任公司"。公司名称申报后还需要经过查重，不一定百分之百能通过，因此，建议多准备几个备用字号。

（4）填写公司基本信息和经营范围。基本信息包括所在地、联系方式、注册资本、经营期限等内容。这里填写的联系方式是公开信息，任何人都可以通过天眼查等App获得，因此，建议预留一个不常用的手机号，否则可能会面临无穷无尽的广告骚扰电话。经营范围按需选择，至少包含"餐饮服务"、"餐饮管理"和"食品销售"，建议加上"外卖递送服务"和"食品互联网销售"。

在"食品销售"和"食品互联网销售"项中，有一个橙色的提示："后置许可"，这里的后置许可指的是食品经营许可证，这类经营范围被称为"许可项目"，在营业执照中会注明"依法须经批准的项目，经相关部门批准后方可开展经营活动"。

（5）填写人员信息、决议章程等内容。按实际情况填写即可，决议章程等内容政务网均提供模板。

（6）填写好所有信息后，等待线上审核。审核通过且所有股东电子签章（电子签名）后，就可以带着纸质的申请信息和步骤一中的资料，线下政务中心办理，如果资料齐全，当天就能领取营业执照、公章和发票。之后，我们还需要办理参保登记、公积金登记，再去银行办理开户。

3.10.2 办理食品经营许可证

（1）准备好如下材料：营业执照副本、法人身份证及复印件、健康管理人员健康证及身份证复印件、房产证复印件、租赁合同复印件或原件、门店平面布局图（需标注各功能区）。健康证是指预防性健康检查证明，需要去当地疾病预防控制中心指定的医疗卫生机构体检，通过体检后可获得，体检时需带身份证和个人免冠一寸彩色照片两张。

（2）登录政务服务网，搜索"食品经营许可证"，找到并进入"食品经营许可新办"在线办事流程。

（3）填写基本信息、相关人员信息及食品安全设施。基本信息包含申请主体及想要申请的许可内容。按实际情况申请许可的内容，注意一定要包含所有可能涉及的类目，比如红牛属于保健品药品，炒菜汤菜等热菜属于热食，拍黄瓜等凉拌菜属于冷食。如果食品经营许可证上只写了热食没写冷食，严格来说就不能卖凉拌菜，卖了就属于"超范围经营"，可能面临行政罚款。如果你不确定到底该申请哪些，可以参考同行的食品经营许可证。食品经营许可证可在政务平台查询获得。

相关人员信息及食品安全设施如实填写即可，可能还需要填写布局图、操作流程文件、规章制度等信息，大多比较简单或者有相应的模板。

（4）填写完所有资料后，相关机构会审核申请内容，除了线上资料的审核，一般还会现场核验。审核通过后，再去线下提交步骤一的材料，10~15个工作日后就可以拿到卫生许可证了。

营业执照只要资料齐全，都是可以审核通过的，但是食品卫生许可证有所不同，现场核验环节有诸多细节和要求，需要在装修设计和施工时便考虑在内，所以，早点儿去申请，让工作人员告诉你有哪些要求，可以避免装修完成后被告知不符合要求的问题。

至此，创业项目终于落地了，但是把店开起来仅仅只是第一步，还需要做好门店的日常运营，保证其持续经营，持续产出价值。

第 4 章

项目运营

4.1 新店开业：梦想实现的重要一步

经过缜密的筹划，严格的执行，小店的装修也已接近尾声，即将开业，我们终于拥有了一家属于自己的餐饮小店。装修结束后，打开大门就可以直接营业了吗？并不是，正式营业之前必须确保开业准备和开业营销活动均已就绪。

4.1.1 开业准备

开业准备就是开业之前所需的准备工作，包括产品研发、供应链、设计、装修、办理执照、员工招聘、员工培训、规范制度、设备调试等。

装修完成前两周，应内部讨论门店试营业和正式开业的时间，掌握大型设备到货的时间，确定设备安装的时间，确定原物料的采购和到货时间，确定所有开业所需的证件什么时候能拿到。

装修完成前一周，创业者需要对门店所在商圈再进行一次调研，了解所属商圈最近一个月或一个季度内，是否有哪些特殊的活动和变化，这些因素会对门店的开业及开业初期的运营造成影响，比如我们有一个门店，开业后一周，门店前面的主干道就开始修路，修了三个月，此时门店就不得不转型主攻外卖了。

根据调研的情况，制订开业一个月的营销活动计划，准备好营销所需的宣传物料。根据营销计划，计算原物料的订货量，安排后续的仓储、接货等工作。根据个人能力和特质，分配员工的岗位和排班。

装修完成后，根据门店的工程验收标准，进行所有工程的验收。根据采购单验收设备，安装调试设备，核对辅助设备和器具是否遗漏、短少。所有机器设备的调试，都要在试营业前完成，千万不可在开店前一天才做检核，这样做的好处是，当设备真的出现故障时，可争取到时间，联络厂家到店维修，避免影响开业，造成员工的困扰，破坏顾客首次到店消费的体验。

基本的检查和清洁完成后就可以召开全体员工的第一次会议了。员工会议对于一个新开门店非常重要，会议内容包括员工相互认识、岗位介绍，让大家知道谁是店长，未来在工作上有需要协助的时候，可以找谁帮忙。门店环境介绍，让员工熟悉工作环境，预估门店的营业额，给所有员工一个努力的方向。

详细对员工说明开业期间，门店所要执行的营销活动内容，优惠券的使用及兑换方式，收银机的折扣操作方式等。分配目标和任务，告知服务的要求和细节，必须让门店所有员工都知道你的要求，未来才能在门店内看到这些要求被实现。

试做产品可以测试设备运作是否正常，让员工熟悉门店设备的摆放位置，根据实际情况适当移动部分设备工具的摆放位置，让员工使用更方便，协助他们提升操作熟练度，也可以通过试做考察各个员工的表现。试做时，可以请亲朋好友和陌生人试吃，记录每一条有效反馈。反馈有助于针对性地改进产品，但如"不好喝"这种就属于无效反馈，询问时需要进行适当引导，比如，具体问茶味怎么样? 太浓、太清、太苦、太涩、不够香? 果味怎么样? 太酸还是太甜? 某种果味是否覆盖其他水果味道等。

我们可以把开业之前必须完成的事项罗列在表格上，逐一跟进完成进度，如图4-1所示。

图4-1中的制度规范包括点单标准流程、产品介绍标准用语、开市/闭市检查标准、产品制作的规范操作（SOP）、食品安全检查的制度、员工岗位的分配、考勤和排班制度等。后三项制度规范将在之后的内容中详细介绍，本节主要介绍前三项。

阶段	项目	负责人	完成进度
设计	平面设计	小白	100%
设计	空间设计	小白	100%
设计	产品研发	小黄	80%
设计	产品拍照	小白	100%
设计	菜单设计	小白	100%
装修	进场手续	小黑	100%
装修	门店装修	小白	100%
装修	人员招聘	小黑	80%
装修	人员培训	小黄	80%
装修	办理证件	小白	100%
装修	商圈调研	小黑	70%
装修	营销策划	小黑	100%
装修	制度规范	小黑	85%
装修	设备进场	小黄	95%
装修	装修清场	小白	100%
营业	物料进货	小黄	80%
营业	进店测试	小黄	100%
营业	营业准备	小黑	90%
营业	试营业	小白	50%
营业	正式营业	小黑	5%

品牌：文嚓嚓

进度表时间轴：3月（1—31日）、4月（1—30日）

图 4-1　开业准备进度确认表

（1）点单标准流程。

点单和出品是与顾客直接接触的岗位，合理的流程规范可以提高效率，可以增加一些有趣的互动来提高品牌印象。随着小程序点单的兴起，人工点单的情况将会越来越少，但是规定标准流程的方法依然可以应用在其他方面。无堂食的品类点单出品流程相对简单，如果有堂食，可能还有迎客、引客、点单、传菜、上菜、结账、送客等几个更细致的步骤，流程内容较多。

（2）产品介绍标准用语。

人工点单介绍产品时，需要一套标准的话语来介绍每一个产品和原材料。用语需要口语化，越简洁越好，最好四句话以内，包含产品的材料、做法和禁忌，如果顾客不主动询问，材料做法不需要告知，但是需要告知禁忌。如果以小程序点单为主，可将写入产品介绍页面。

材料介绍突出产地稀缺，口感独特；产品介绍突出特点，人无我有，人有我优；如果想要提高下单率，也可以加上其他引导，介绍招牌产品可以说"这款是我们卖得最好的"，介绍流量型产品可以说"这款最近比较火，经常缺货，还剩没几份了"，等等；如果想让产品介绍有个性，也可以突破常规。

（3）开市/闭市检查标准。

开闭市检查标准就是门店每天开门和关门时需要检查的事项。严格遵循开市/闭市检查标准可以规范员工行为，提高门店运营水平，减少食品安全问题。

以上制度规范都需要根据实际情况随时修改，在运营中不停优化。制度规范影响开业时门店的运营表现，营销活动影响开业时门店的营收情况，也是让诸多创业者感到头疼的问题。

4.1.2　开业营销

有的餐饮人认为开业第一个月的营业收入，基本奠定了一个店一年的营业收入，但很多新品牌有时营业可能不到1年的时间就关门了，显然开业时的顾客量会在很大程度上影响后续门店营业收入和团队士气。这也是为什么很多新品牌往往在刚开业时营销力度最大，他们希望以一个开门红提高门店后续的营业收入。开业营销既然这么重要，那该怎么做呢？

在考虑开业营销怎么做之前，先来看一下营销是什么意思。这里将营销简单定义为：使品牌被目标客群知晓，满足客群需求，获得收益的一系列方法。在餐饮行业，营销就是让想吃的人知道你的品牌，购买你的产品。餐饮消费依赖门店位置，比如你开在云南，上海人就很难来消费，但是没关系，营销就是营造出销售的可能性，买得到的捧个钱场，买不到的捧个人场。

现在已经不是"酒香不怕巷子深"的时代，即使有了互联网，口碑传播的成本大幅降低，但顾客与品牌之间的信息不对称仍然存在，即使品牌有好的产品，没有营销的配合，顾客依然无从知晓。冯卫东在《升级定位》中讲过一个产品很行但品牌不行的案例：杭州的甘其食包子。

甘其食的创始人坚持用最好的原料，面粉是定制的麦芯粉，肉也不是一般的五花肉，而是前腿瘦肉搭配脊上肥膘，力求最佳的肉香和口感。同时用最好的工艺，坚持手工现场制作。单从产品上对比，甘其食是有竞争优势的，但在营销方面比较乏力，没能把产品优势传达出来，让顾客感受到。甘其食从2009年创立至2022年仅有100多家门店，仍是地方性品牌，主要经营区域限制在浙江省，作为对比，采用冷冻面团技术的巴比馒头，打造巴比魔法面点乐园，经常性开展亲子主题等体验式营销活动，已成为全国性知名品牌，门店遍布长三角和珠三角。

很多人将营销的概念等同于推销和促销，事实上营销的概念范畴远大于促销，促销只是营销的一小部分。市场营销有三个主流理论，分别是4P、STP和CRM，包含的内容各不相同，比如4P理论认为营销是产品、价格、渠道、促销的组合，更接近大众理解的营销含义。STP是关于市场细分的理论，STP中的S、T、P分别指市场细分、目标市场和市场定位。CRM是品牌与客户关系的理论，认为营销是与客户沟通，了解客户需求，改进产品来满足客户的过程。

在餐饮品牌的经营过程中，三个理论都有应用，比如七分甜就应用了STP理论，定位从"可以喝的港式甜品"变成"杧果饮品"，细分到杧果类饮品市场，将杨枝甘露打造成超级单品，成为2019—2020年最火的产品。

CRM理论在茶颜悦色的运营中可见一斑，茶颜悦色没有代言人，没有"大咖"站台，没有广告，但是以各种方式和顾客频繁互动。不做枯燥的喝茶指南，而是通过工作人员每天对每个顾客口述"一条、二搅、三喝"以增加互动。基于顾客的反馈，夏天提供风油精、十滴水，雨天提供雨伞，对味道不满意的顾客，提供任意门店的"一杯鲜茶的永久求偿权"。此外，茶颜悦色在微博、公众平台上与顾客打成一片，拥有一批忠实粉丝。

虽然之前的内容中没有提到营销，但实际上营销无处不在，从项目的筹备到落地，都有它的影子。品牌起名、选品类、确定定位，写口号和品牌故事，做市场调研、研发产品、给产品定价、制作菜单等都是在为营销服务，营销可以使品牌更容易被目标客群知晓，更容易满足客群需求。

很多创业者在开店营业收入不如预期后常常会产生一个疑问：为什么我的营销活动效果总是这么差？营销从来都不是单靠一两个独立的创意活动就能实现目标的，一次营销活动就像一次出拳，力量大小并不是由出拳姿势决定的，整体身体素质特别是腰部和腿部才是出拳时力量的源泉，身体羸弱的人出拳姿势再漂亮也会绵软无力。同样，如果在筹备和落地过程中没有建立起营销的有利基础，品牌营销先天不足，那么单次活动的效果自然就会大打折扣。过度关注营销活动，幻想毕其功于一役而不注重基础，就像是练拳只练姿势而不练力量一样荒谬。

营销不是万能的，营销做得好但品牌不长久的案例也有不少，所以，需要注意可持续性。

夯实基础之后就可以练练姿势了，具体到某一营销活动，营销是由营销方案作为内容，通过传播渠道，在基数上扩大影响力的过程。比如做一个"气温超过38 ℃，柠檬红茶半价"的营销方案，制作KT板放置在门店，店主转发了朋友圈和微博，并付费请当地公众平台群发，那么KT板、朋友圈、微博和公众平台就是传播渠道，门前的人流、朋友圈的好友、微博及公众平台的粉丝就是基数，活动做下来，由一万人的基数传播给了十万人，就是十倍的转化率，而后新增的九万人中留存了四万的粉丝，那么下一次营销的基数就是五万人。基数、营销方案和传播渠道的关系如图4-2所示。

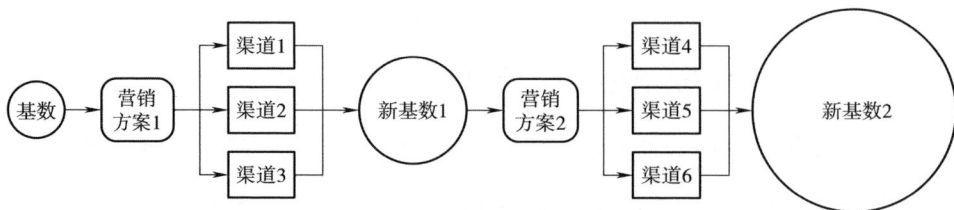

图 4-2　基数营销方案和传播渠道的关系

营销方案作为内容，决定了转化率，而最终的效果是由内容、渠道和基数共同决定的，三者中最容易被忽略的是基数，营销没办法一口吃成个胖子。每次成功的营销，都会积累基数，量变到质变需要时间。在开业这个场景中，品牌的基数非常低，通过优秀的营销方案，提高转化率就显得尤为重要。传播渠道当下最热门的是微信、微博和抖音，未来可能会有新的传播渠道。

营销是一个中立没有感情的工具，像高音喇叭，作为品牌的"放大器"，不管是好的还是坏的，都会被无差别地放大。所以，开业营销的前提是门店已经准备好服务超过平时流量的顾客，如果开业营销效果很好，门店生意火爆，但因为新员工操作熟练度不足，导致点单慢、出品慢，顾客迟迟等不到菜品上齐，菜品质量也参差不齐，更甚者服务也跟不上，顾客就餐体验非常差，在上述情况下，营销效果越好，则对品牌的负面影响越大。

因此，在正式营业之前都会有一段试营业期，一般7~14天。这是一段试错期，在此期间，不建议做任何宣传，只依靠门店自然流量产生营业额，门店运营的主要任务不是追求多少营业额，而是磨合员工和打磨产品，为以后正式营业打下基础。即使是经过长期培训的新员工，在真正营业时，也会出现手忙脚乱的情况，试营业可以提高员工的熟练度，提高员工间的配合度，通过工作量的慢慢提升，让员工适应工作强度。

试营业时，因为订单量小，有足够多的时间让厨房优化产品制作流程，确保产品品质。同时，可以根据试营业期间顾客对产品的反馈，进行适当的调整和改进。试营业每天闭店前30分钟，可以组织员工分析总结当天遇到的问题，并一起头脑风暴找出原因，提出解决问题的方法。

具体到营销方案上，开业建议以促销为主。开业营销的重点是让更多人与品牌发生关联，推动顾客迈出点单的第一步，提高基数，具体建议如下。

（1）促销方案应简单直接，力度大，不应设置过多门槛。

开业促销时折扣力度至少是全年力度最大的，不痛不痒的九折、八八折对顾客基数的增长助益有限。开业营销是顾客第一次与品牌接触，良好的第一印象至关重要。促销活动是否真诚，顾客能感受到，有的品牌开业宣传"免费试吃"，然后设置诸多完成难度极高的门槛，最终试吃成功的顾客寥寥无几，或者只允许试吃与宣传内容不符的产品，顾客心理有落差，体验感极差，品牌付出了营销成本，实际上带来的多是负面评价，得不偿失。

（2）促销方案应围绕品牌定位和招牌产品。

比如龙虾店开业时的"拍黄瓜买一送一"、兰州拉面开业时的"全场饮料半价"都属于促销没有契合品牌定位的典型案例。品牌定位的目标是占领客户群的心智，如果开业促销时顾客全然没注意到你的招牌产品，怎么可能实现占领他们心智的目标？招牌产品就应该是你开业时"最靓的仔"。

可能有的创业者觉得招牌产品促销不利于保持定价的稳定，如果开业就打折，那以后怎么让顾客全价购买？一方面，开业促销是有限定时间的，并不是无限制、无条件的，一般仅限开业期间，促销方案中也会明确注明活动时间告知顾客，甚至可以加上"未来十年最大的折扣"之类的广告语；另一方面，在开业促销时门店以打折的方式人为提高了顾客基数，这些顾客并不能百分之百转化成未来的顾客，会有一个筛选的过程。比如我们做了一个高端海鲜生煎店，招牌产品平时定价十元一个，商圈内共有5 000个意向顾客，开业时打五折，只需五元，意向顾客增加到两万个。实际开业期间共获客2 000个，那么这2 000人中，必然会有一部分是无法接受十元定价的，等恢复原价后，自然有一部分人不会再光顾。

（3）制造"机会即将失去"的氛围，激发顾客损失厌恶。

为什么要制造"机会即将失去"的促销氛围呢？因为它可以激发顾客的损失厌恶，提高下单的概率。那什么是损失厌恶？损失厌恶是指人们面对同样数量的收益和损失时，认为损失更加令他们难以忍受。

怎么制造出能激发顾客损失厌恶的氛围呢？可以用梯度折扣和强调稀缺性的促销方式。梯度折扣是指折扣力度随时间和条件的变化而降低，比如第一天四折，第二天五折，第三天六折，再比如前100名四折，前200名五折，前500名六折，总之让顾客明白：越早买越优惠。在梯度促销的方案里，折扣越来越小，也就意味着顾客心理账户的损失越来越大，第一天可以用40元买到100元的东西，第二天需要用50元，第三天需要用60元。为了减少预想中的损失带来的痛苦，顾客会更倾向于早点下单。强调稀缺性指用文案和引导让促销显得机会难得，现在不买以后就没机会了。比如说"今天是活动最后一天""开店以来最大的优惠""机不可失，失不再来"等。

在促销中，还可以利用文案强化顾客的获得感，弱化顾客的损失感，比如"满100元赠20元"和"满100元打八折"相比，前者突出了获得20元，弱化了后者直接打折需要支出80元的损失感，顾客往往会觉得在前一个促销方案中他们占了便宜，实际上前者只有八三折，比后者的优惠力度小。

（4）优先选择有互动的促销方案，在促销过程中让顾客有参与感。

相比直接打折，还可以设置一些非常容易实现的任务，让顾客能参与其中，图4-3为开业猜拳促销海报。

比如，向老板提任何一条建议，则最低价产品免单，如果只购买了一个产品，则该产品五折。再比如，与品牌卡通形象合影上传朋友圈，获得任意产品半价折扣券一张，跳远打折、摇骰子打折、玩弹珠打折、按秒表打折、过窄门打折等促销活动也遵循了类似逻辑。

10月3日—7日期间，与收银员剪刀石头布
顾客赢　所有产品 **八** 折
收银员赢　所有产品 **七** 折
连续三局不分胜负　所有产品 **五** 折
图 4-3　开业猜拳促销海报

为什么要让顾客有参与感呢？与之前提过的禀赋效应相似，人对自己付出劳动、投入感情而创造的产品会抱有更多的好感，在此过程中，投入的感情越多，就越容易高估这个产品的价值，心理学家称为"宜家效应"。同理，在有参与感的促销过程中，顾客付出了劳动和感情，更容易对品牌产生好感。

如果促销活动既有参与感，而且还好玩，能让顾客乐在其中，则获得的好感更多，营销效果更佳，比如通过玩游戏参与促销活动。"2048"是一款在2014年初很流行的数字游戏，规则很简单，共有16个方格，相同数字的方块在靠拢、相撞时会相加，两个2相撞会变成4，两个4相撞会变成8，以此类推。

将其中的数字改成品牌名和产品名，让顾客在玩游戏的同时，加深对品牌的印象，记住产品名，如图4-4所示。

图4-4　"2048"苏格先生甜品版

其中2改成了"苏格"，4改成了"先生"，8改成了"甜品"，16改成了"爽榴杠"，32改成了"日不落"，64改成了"榴梿岛"，128改成了"不列颠"，256改成了"金枕头"，然后之后依次是"D24"（512），"猫山王"（1024），"金凤"（2048）和"红虾"（4096）。除了前三个为品牌名，后面均为榴梿产品，且口味越来越重。

促销方案是合成"猫山王"（1024）即可获得榴梿冰激凌一个，合成"金凤"（2048）即可获得金枕头单球一个，得分前五名送店内任意产品一份，冠军得主可另获D24榴梿肉一斤。

建立品牌认知最快的方式是重复，按照游戏规则，合成"猫山王"（1024）至少需要重复操作512次"苏格"、256次"先生"、128次"甜品"，也就是品牌至少曝光128次，产品至少曝光（64+32+16+8+4+2）=126（次），榴梿冰激凌的物料成本约为2.5元，即单次曝光成本低于0.009 8元。

通过这个小游戏，有2 000+的顾客通过不断识记产品名，合成了"猫山王"

（1024），免费吃到了原价9元的榴梿冰激凌，体验了最基础的榴梿甜品，有60%以上的顾客在吃完冰激凌后点了其他产品，其中不少顾客从此成了熟客。类似的游戏会不定期火爆互联网，比如2022年9月火爆的消除游戏"羊了个羊"，创业者需时刻关注，寻找适合的机会。

（5）利用社交媒体裂变传播，提高转化率。

营销方案的转化率是衡量营销是否成功的关键，除了优化营销方案，我们还可以利用社交媒体能实现裂变传播的优势，扩大营销的影响力。那什么是裂变呢？裂变原本是一个物理学定义，指的是一个较大的原子核分裂成几个原子核的过程，移植到营销上，我们把该现象称为裂变传播。这种传播方式依赖微信、QQ、微博等社交媒体，品牌将营销方案分享到社交媒体中，设置奖励，吸引顾客转发，从而实现一传十、十传百的传播效果。裂变传播实际是网络世界中的"老带新"，社交媒体是建立在人与人的信任关系基础上的，特别是以熟人关系链为主的微信，好友之间的信任度很高，加上"物以类聚，人以群分"，社交媒体中的好友大多消费层次相近，所以，老顾客在社交媒体中的分享传播将极大地帮助品牌获得新顾客，这种方式获客精度高、成本低，非常适合新品牌创立初期。

营销方案落地过程需要文案辅助，好的文案有四两拨千斤的神奇效果，下一节讨论怎么样才能写出有超强传播力的文案。

4.2　营销及文案：如何赋予品牌传播力

营销会伴随品牌的整个生命周期，不仅开业时需要，日常经营中同样需要。营销方案需要通过文案实现落地，文案能赋予品牌价值、感情和个性，并辅助品牌最终完成营销的目标。文案写得差，曝光量和转化率低，投入1元可能只能赚回0.3元；文案写得好，曝光量和转化率就能提高，投入1元可以赚5元，甚至100元回来。营销文案有策略，学习后就能很快上手。

那文案的定义是什么？它的本质又是什么？文案，是广告文案的简称，是广告的一种表现形式，也是一种职业称呼。广义的文案，指广告全部，包括广告策略、创意、图片等表现形式。狭义的文案，单指广告作品中文字的部分，比如广告中的标题、副标题、活动主题等文字。文案的本质是销售，它是销售产品或服务的一种文字技巧，脱离了销售产品或服务的文字技巧，不属于文案。

虽说文案的本质是销售，但是跟销售又有区别。区别在于：销售每次面对的顾客只有少数一些，而文案的受众成千上万。换句话说，文案是扩大了很多倍的销售，每一个文案都应该成为一位超级销售员。如果文案这位超级销售员说错话了，错误也会被放大很多倍。判断一个文案好不好，可以拿销售当参照对象。一个好的销售说出来的话，就是文案应该展现出来的。

不是文笔好的人才能写文案，一些接地气、朴实无华的文字，比如"甜过初恋"更容易达成销售。此外，文案中也应该尽量避免使用专业词汇，它们会增加顾客理解的难度，降低文案的传播效率。

文案的本质是销售，那销售的目标是什么？当然是把东西卖出去。文案作为超级销售员，自然是要提高销量。和销售员相比，我们并不是直接跟顾客面对面沟通，而是隔着电脑、手机、KT板、喷绘布、灯箱，通过文案跟他们沟通，沟通的目的一般就是把产品卖出去。

虽然文案的目的一般都是销售，但在品牌发展的不同阶段、不同场景下，其具体目的也是有所不同的。事实上，顾客不会因为看到一则广告文案就马上购买。文案目的可以分成三个阶段，让销售有一个循序渐进的过程，这三个阶段分别是认知、感情、行动，这是广告学研究者总结出来的广告三个阶段中的三个目的。

在认知阶段，文案的目标是让顾客认识到有某个品牌，知道我们是卖什么的。在感情阶段，要塑造品牌的个性、调性、主张和情感，拉近与顾客的关系，要让品牌像在现实生活中的人一样有气质和魅力，讨人喜欢，获得顾客的信任，让顾客认为产品比竞争对手更好。在行动阶段，文案的目标是让顾客能够行动起来，马上下单，或者参加某个活动。行动阶段的文案更多的是让顾客快速准确了解产品的优势、特点、竞争力及购买的理由，最终让产品成为顾客购买的对象。

几乎每个品牌都会经历这三个阶段，每个阶段的文案都有不同的侧重点，缺一不可。有些初创品牌，跳过了第一个阶段，还没开始介绍自己，就想让别人喜欢自己，属实是想得有点多了。之所以在定位阶段强烈推荐采用基于品类的产品定位，也是因为此时的品牌名和口号可以明确高效地回答顾客"我们是做什么的"这个在认知阶段应该解决的问题。

如何区分这三个阶段文案的使用场景呢？认知和感情阶段用品牌宣传+节日营销+热点营销来完成，行动阶段用产品营销来完成。品牌宣传是为了展示和传播品牌形象，如果结合节日营销和热点营销，更容易塑造和传播。

节日营销比如"端午节""七夕节"等，热点营销则是配合热点新闻、热点事件，品牌主动加入讨论，推出相对应的活动以获取流量和关注度，增加品牌的存在感。

产品营销在餐饮行业中使用频率最高，特别是在推出新品时。以瑞幸咖啡推椰云拿铁为例，在新品上市前三天开始在微博上预热，文案是"34年来，这个品牌从不对外合作，除了瑞幸"，预热海报如图4-5（左）所示。

悬疑式海报勾起了网友好奇心，引发不少讨论，网友通过海报和线下物料猜到联名品牌是椰树。上市当天，瑞幸推出了限量款杯套和打包袋，设计复刻了椰树的经典设计元素，文案也复刻了椰树的广告词，从"从小喝到大"改成了"从小喝到大气层"。

随后，瑞幸在微博发起"瑞幸VS椰树纸袋大PK"投票活动，参与人数超过2.2万人，更多网友喜欢土到极致就是潮的"椰树版"纸袋。在各大社交平台上，网友们争相手拿椰云拿铁，摆出了椰树牌椰汁代言人的经典姿势。为产生更多UGC（UGC是互联网术语，指的是用户生成内容，用户原创内容）内容，瑞幸还在微博上公开了设计源文件供网友下载，如图4-5（右）所示，其中的文案被不少网友魔改，形成新一轮的传播。最终2022年4月上新的椰云拿铁，在2022年第二季度卖了超过2 400万杯，为瑞幸门店贡献了4亿元的收入。

图4-5 瑞幸咖啡椰云拿铁预热海报（左）和公开的联名纸袋设计原稿（右）

节日营销、热点营销和产品营销都有时间节点要求，错过时机就不再好用了，可以像新品研发时那样，提前2~3个月将每个时间点标注出来，组成营销日历，合理分配文案撰写的时间，如图4-6所示。

2022年四月							2022年五月						
日	一	二	三	四	五	六	日	一	二	三	四	五	六
27	28	29	30	31	1	2	1	2	3	4	5	6	7
廿五	廿六	廿七	廿八	廿九	愚人节	初二上班	休假	休假	休假	休假	立夏	初六	初七上班
清明节预热						清明节新品营销	五一促销				五四青年节		母亲节预热
3	4	5	6	7	8	9	8	9	10	11	12	13	14
休假	休假	清明	初六	初七	初八	初九	初八	初九	初十	十一	十二	十三	十四
							母亲节节日营销			端午节预热	国际护士节		
10	11	12	13	14	15	16	15	16	17	18	19	20	21
初十	十一	十二	十三	十四	十五	十六	十五	十六	十七	十八	十九	二十	小满
	世界帕金森日		泼水节							端午新品营销			
17	18	19	20	21	22	23	22	23	24	25	26	27	28
十七	十八	十九	谷雨	廿一	廿二	廿三	廿二	廿三	廿四	廿五	廿六	廿七	廿八
					地球日	中国航天日世界读书日							
24	25	26	27	28	29	30	29	30	31	1	2	3	4
廿四	廿五	廿六	廿七	廿八	廿九	三十	廿九	初一	初二	初三	初四	端午	初六
			五一促销预热				儿童节预热		世界无烟日				

图 4-6 四月、五月营销日历

营销活动预热时间越长，重要性越高，由图4-6可知，在四月和五月中，最重要的是端午新品营销，提前三周预热，提前两周开卖。其次是清明节新品、五一促销和母亲节营销，大多提前2~5天预热，当天执行。最后是仅标注了节日名称，未准备对应的营销活动，只需出一则海报即可。

那文案具体该怎么写，有什么技巧呢？

（1）通过对比突出产品与竞品的区别。

比如巴奴毛肚火锅的"服务不是我们的特色，毛肚和菌汤才是"，把服务当成特色的是海底捞，我们与它有什么不同呢？我们的特色不是服务，而是产品（毛肚和菌汤）。选择对比的竞品很重要，"碰瓷"营销只有选择头部品牌才能将收益最大化。

（2）写具象化、有画面感的文案。

眼见为实，视觉最直观，有画面感的文案更具感染力。怎么才能有画面感呢？多用具体名词，少用抽象名词和形容词。可以用名词代替形容词，比如把"料很足"改成"半杯都是料"，用名词"半杯"代替形容词"很足"，整个文案的画面感就出来了，顾客能在大脑中想象出半杯奶茶都是料的样子，产生货真价实的感受。除了用名词代替形容词，还可以用比喻或拟人手法代替形容词，原则是尽量把难以具象化的形容词替换掉。

（3）写简洁、有节奏感的文案。

用简洁的并列短句，押上韵，能让文案变流畅，像歌一样有节奏感，能唱出来，便于顾客的阅读和记忆。好文案都有韵律，有自身的节奏感，这里的韵律来自"押韵"、"平仄"和"字数"的变化。当然，想要达到诗句那样押韵和平仄变化，难度很高，可以退而求其次，用字数变化来实现节奏感。

字数的变化是指长短句的搭配，文案长短相间，就显得有节奏感，而其中的短句，则能增加文字的速度感。在互联网时代，顾客大多耐心有限，我们需要更多地使用短句加快文字的节奏感，使顾客读起来更加有酣畅淋漓之感。比如喜茶杭州新店的文案是："他们，千年等一回，方修得好姻缘。我们，五年等一回，携茶与君会。"文案引用白娘子的故事，文字长短相间，也有押韵和平仄变化，读起来节奏感十足。

注意，即使由长短句组成，文案的总字数也不宜过多，有些品牌门口的产品宣传板洋洋洒洒写了几十字，限于版面，字体很小，顾客想看也看不清。

此外，并列句式、类比、反复、反差等文字技巧也能强化文案的节奏感。比如牛大骨的文案是："牛大骨慢慢炖，恋爱慢慢谈，慢慢来，比较快。"

（4）写能够引发顾客情绪的文案。

体察顾客，让文案触动顾客，温暖顾客，治愈顾客，与品牌产生感情共鸣，比如"幸福，就是一起吃饭""一直盯着苦，就尝不出甜了"。顾客心里可能藏着很多话，没机会或不擅长表达，品牌可以帮顾客表达，比如奈雪的茶关注年轻人的拖延症、焦虑症、社交恐惧、网络朋友圈标签束缚，做了一批文案，鼓励当代年轻人跨出束缚，做更好的自己，具体的有"跨出拖延症，让生活多一些来得及""跨出焦虑症，用心享受美好世界""跨出网络朋友圈，去和朋友见面吧"等，这些文案展现了积极向上的价值观，能给品牌形象加分。

（5）改编金句。

俗语、谚语、名言名句和耳熟能详的歌词，都是非常经典的句子。在原有金句的基础上改编标题，就像在经典产品上做改良一样，自带认同感，自带天然的说服力。比如"但凡十根羊肉串能解决的事，都别花时间生气""把你的心我的心串一串，串成一串羊肉串"等。

一语双关也有与改编金句相似的效果，利用词的多义或同音的条件，使文案具有双重意义，如果双关用得好，就能取得一箭双雕的效果，令人会心一笑，促进营销传播。比如形容甜瓜皮薄"脸皮薄有时候也是优点"。

（6）产品文案可使用"产品卖点+顾客收益点"的"万能"框架。

卖点指的是产品的特点和优势，收益点指产品能给顾客带来的收益和价值。顾客购买一个产品，本质是想让这个产品帮助他解决一个问题或者完成一个任务，所以顾客更关心产品能给他们带来什么。比如介绍元气荔枝"一口鲜甜荔枝，一天元气满满"，"鲜甜"是卖点，"元气满满"是收益点。前一句站在产品视角，告诉顾客我有什么优势，后一句站在顾客视角，告诉顾客你买了我之后能得到什么，这个框架脱胎于FBA法则（feature benefit advantage，FBA），几乎可以套用在任意产品之中。

（7）长文案采用故事化框架。

上述六个都是用于短文案的技巧，不仅需要有力的短文案，有时候也需要吸引人的长文案，那怎样让顾客耐心看完文案呢？用故事，用讲故事的方式激发顾客感性认知胜于给顾客讲道理。

营销方案落地了，品牌打出去了，大量顾客开始上门消费了，此时品控、服务和清洁有可能出现问题，需要将视线转回到日常经营中，确保产品品质如一，服务一如既往，清洁自始至终符合要求。

4.3 标准化：QSC、SOP和5S管理

经过几次营销，新品牌已经小有名气了，但随着营业压力的增大，厨房的品质控制，堂食区的服务和门店的清洁开始出现一些问题，偶尔有顾客反馈"没有上次好吃""味道不对""服务不够热情""菜不干净"等负面信息。门店的日常经营烦琐，需要一整套的标准和流程制度来约束员工的行为，以QSC为基础的运营体系可以帮我们解决上述问题。

那什么是QSC呢？QSC即商品质量（quality）+服务质量（service）+清洁状况（clearness）。QSC概念起源于麦当劳，麦当劳正是依靠QSC体系和其他品牌迅速拉开运营差距，成为一个顾客体验极其稳定的餐饮品牌。

如果说营销塑造了品牌在顾客心目中的形象，那么QSC成就了品牌的落地形象，营销和QSC就像顾客与品牌之间的网恋和奔现，营销时美妙的形象如果与实际情况相差巨大，显然是无法留住顾客的。保持高水平的QSC本身就是一种有力的营销，抛开QSC谈其他任何经营活动都是无源之水。

QSC体系的建立和运行可分为制定标准、执行标准和监督执行三个步骤。商品质量可分为标准和安全两部分。标准通过设备标准化+供应链标准化+培训

标准化+产品SOP实现；安全通过食品安全管理制度实现；服务质量可由订餐服务流程、现场迎接流程、引座服务流程、点餐服务流程等具体的流程制度实现；清洁状态可由5S管理实现，分别为整理（seiri）、整顿（seiton）、清扫（seiso）、清洁（seiketsu）和素养（shituke），上述关系如图4-7所示。

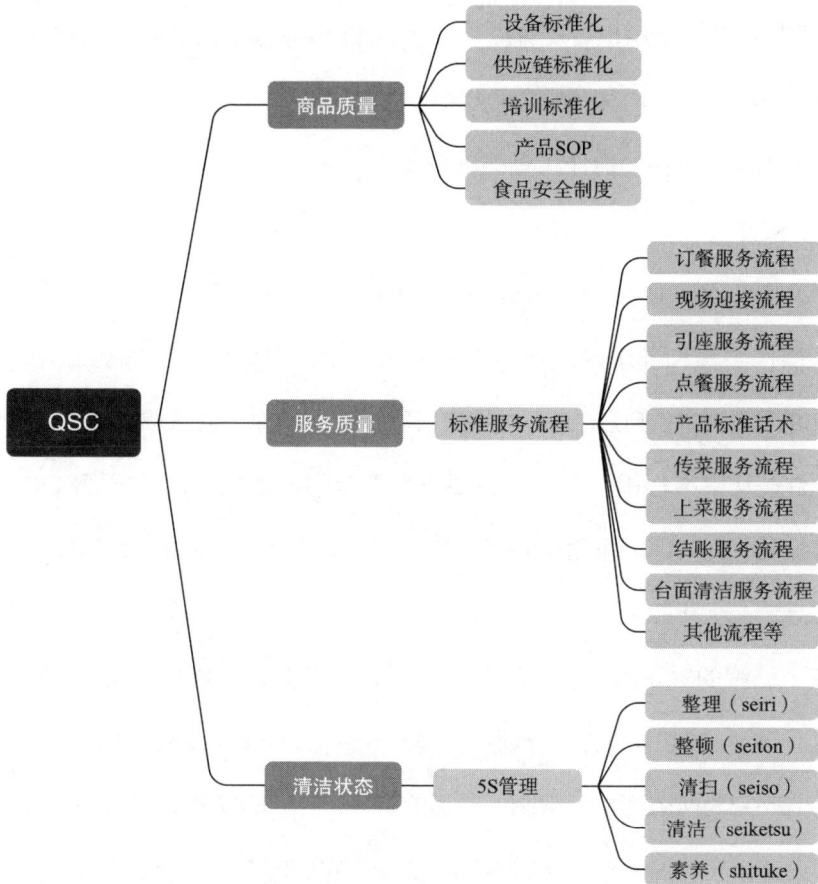

图 4-7 QSC 体系的建立和运行

在QSC的监督执行阶段，主要使用QSC检查表，核对重点项目，创业者可根据门店实际情况修改优化。

下面将选择QSC中的几个重点问题依次进行讲解。

4.3.1 商品质量

想要实现产品标准化，设备和供应链的标准化是前提，产品SOP是最佳工具，培训是关键。初创品牌的设备采购标准化相对简单，多门店的连锁品牌一般由总公司统一采购，不允许门店外采，并尽量使用设备来代替手工操作。设备除了采购标准化，使用也需要有统一标准，SOP中应加入设备的关键操作，设备的预热、开启和关闭也应有相应的规范。

下面重点讲讲作为最佳工具的SOP。

1. SOP

标准作业程序（standard operating procedure，SOP），就是将某一事件的标准操作步骤和要求以统一的格式描述出来，用来指导和规范日常的工作，通俗地讲，SOP约等于配方。街边小店可以按心情操作，食材按手感放，盐少许，味精少许，从来不称重。但如果想要成为规范的连锁品牌，是需要SOP来规范厨师行为的。SOP也不能凭空编写出来，一定要具有可操作性，在后续经营中再根据实际情况优化完善。

每个品牌的SOP样式和逻辑都有差异，一般分为总表和分项，总表是所有产品操作流程的简单汇总，分项是具体一个半成品或者成品的标准操作流程。表4-1和表4-2为两个连锁品牌制备茶汤的SOP，它们的样式、逻辑和配比均有所不同，没有相应的设备和原材料也无法复制出它们的产品，创业者可根据自身情况制定SOP。

表 4-1　品牌 M 红茶后场配比

1. 备餐称重标准：≤ 500 g 允许 ±5 g，>500 g 允许 ±10 g，≥ 3 000 g 允许 ±20 g 2. 称重与量取：标注为 g 的用称称重；标注为 mL 的用量筒量取	
红茶汤（冷/热）	效期：热—保温桶 3 h，冷—保温桶 5 h
使用器具	5 L 量筒、搅拌器、计时器、电磁炉、1 号网、保温桶
使用原料	红茶叶、沸水、冰块

	份数	红茶叶	沸水	冰块	泡茶时间
称重标准	0.5 份	50 g（1 包）	1 350 g	600 g	12 min
	1 份	100 g（2 包）	2 700 g	1 200 g	12 min
	1.5 份	150 g（3 包）	4 050 g	1 800 g	12 min

操作步骤：以一份红茶汤（冷/热）为例	
制作流程	①称取 2 700 g 热水到锅中； ②用电磁炉（最大功率）烧至沸腾； ③关闭电源； ④撕开红茶叶 2 包（100 g），倒入 5 L 量筒中，将烧至沸腾的热水倒在红茶叶上，开始计时 12 min，盖上筒盖静至泡制

	热红茶（仅限制作奶茶系列）	冷红茶（制作奶茶系列以外产品）
	⑤计时结束，立即用 1 号网滤出到保温桶内，自然滴滤 30 s（勿挤压茶叶）； ⑥登记制备及废弃时间	⑤称取 1 200 g 冰块到桶中待用； ⑥计时结束，立即过滤到有冰块的桶中，自然滴滤 30 s（勿挤压茶叶）； ⑦搅拌至冰块完全融化，盖上桶盖后备用； ⑧登记制备及废弃时间

注：
(1) 红茶汤制作过程需连贯，操作人员中途勿离开；
(2) 搅动会释放茶叶中造成苦涩的成分；
(3) 时间到勿延误，请立即过滤，勿挤压否则口感会苦涩；
(4) 泡茶操作请使用 5 L 量筒加盖，勿使用铁桶泡茶（铁桶热量散失快）

表 4-2 品牌 H 蜜韵红茶泡制流程

项 目	小 量	中 量	大 量
器具	取 4 L 量桶量取热水，倒入厚底钢锅		
热水	1 800 mL	3 600 mL	5 400 mL
电磁炉功率	盖上盖子，放在智能电磁炉上，开最大功率加热，等待桶内水大滚后，关闭电源，将钢锅从电磁炉取下		
茶叶用量	倒入茶叶		
	1 包	2 包	3 包
搅拌	使用奶油刮		
	由下往上搅拌 3~4 下，盖上盖子		
计时	8 min，时间到，打开盖子，再次搅拌 3~4 下		
过滤	过滤茶汤至保温茶桶内（滴干移开）		
补冰块	/	/	300 g 搅匀
效期	保温桶 3 h		

①当开水机热水跟不上用量时，可以用电磁炉煮沸后使用；
②茶汤售卖过程中，如发现保质期内的茶汤温度偏低，可进行加热操作

SOP的复杂程度与标准化成正比，SOP的步骤越多，细节越多，产品的标准化程度也就越高。

SOP把本来只需两三步即可完成的泡茶程序变得极其烦琐，但是每一个步骤都是有意义的，不是凭空增添上去的，技术的差异来自细节差异，比如泡茶用的热水，为什么从开水机出来后，不是直接泡茶，非要先加热到100 ℃，再加冰块冷却，不是多此一举吗？

这一连串看似多余的动作的目的是保证泡茶用水的温度恒定，开水机出水的温度不稳定，泡绿茶、红茶、乌龙茶所需温度又不同，比如红玉的冲泡温度是87 ℃，普洱则是98 ℃，通过100 ℃水加入一定的降温冰块，可以最大程度上保证温度恒定。复杂的操作本质上是为了控制产品制作过程中的变量，从而提高产品的标准化程度。中餐制作中的变量更多，因此，SOP比奶茶更复杂，以蒸制白米饭为例，从个人准备、设备工具准备，到最后的蒸制，可分为四大步骤。

SOP越细致，意味着对人员的操作要求越高，容错率越低，SOP每一个步骤可能都有经验教训，当你发现自己的产品表现不稳定时，检查优化SOP或许会有惊喜。SOP越细致，对员工的记忆压力也会越大，在执行过程中，我们会使用速记版SOP来辅助员工记忆。

除了速记版SOP，还可以在门店内张贴简化的SOP总表，在设备上张贴相应操作的SOP，辅助员工回忆。SOP总表如图4-8所示，员工只要看一眼就能知道接下去该怎么操作。

此外，还可以在设备上张贴相应操作的SOP。

2. 食品安全管理制度

SOP是实现产品标准化的工具，但再标准的产品如果有食品安全问题就会让品牌遭遇公关灾难，食品安全是一家餐饮企业的底线。食品安全管理制度包含人员管理、采购管理、贮存管理、卫生管理、加工操作管理、废弃物管理、食品安全突发事件应急处置方案等。前面讲了SOP的制定，属于加工操作管理，下面重点介绍人员管理和应急处置方案。

豆腐花系列2
豆腐花每份3～4片

甘露豆腐花	300 g
豆腐花	110 g
甘露汁	100 g
芒果粒	60 g

鲜杂果豆腐花（椰汁）	390 g
豆腐花	90 g
自制椰汁	90 g
木瓜（2片）	40 g
芒果（2片）	40 g
哈密瓜（2片）	40 g
西瓜球（2个）	30 g
海底椰	30 g
奇异果（2片）	30 g

鲜杂果豆腐花（杧果）	390 g
豆腐花	90 g
芒汁	90 g
木瓜（2片）	40 g
芒果（2片）	40 g
哈密瓜（2片）	40 g
西瓜球（2个）	30 g
海底椰	30 g
奇异果（2片）	30 g

西米露系列
传统糖水的西米放在糖水中间

红豆沙加西米露	270 g	
红豆沙	190 g	豆少水多
西米露	80 g	沥干水分

芝麻糊加西米露	260 g	
芝麻糊	180 g	
西米露	80 g	沥干水分

核桃露加西米露	260 g	
核桃露	120 g	
西米露	100 g	沥干水分

杏仁茶加西米露	255 g	
杏仁茶	175 g	
西米露	80 g	沥干水分

西瓜西米露	295 g	
西瓜汁	130 g	
西米露	120 g	抖两下
西瓜球（3个）	45 g	

海底椰西米露	290 g	
自制椰汁	110 g	
西米露	120 g	抖两下
海底椰	60 g	

图 4-8 甜品店简化 SOP 总表

食品安全管理从人员开始，所有员工每年至少进行一次食品生产经营类的健康检查，必要时接受临时检查。新参加或临时参加工作的人员必须进行健康检查，取得健康证明后方可参加工作。对员工健康信息进行归档入册，必要时抽查。所有在职员工定期进行食品安全培训，定期考核。

从事食品加工工作时，应要求员工保持良好的个人卫生，并进行规范操作。

即使做好了各项工作，但食品安全问题仍有可能发生，顾客会先以投诉的方式反馈，如果投诉无效，可能会传播到自媒体，进一步扩大负面影响，因此，做好门店顾客的投诉受理和登记处理工作十分必要。

4.3.2 服务质量

当产品质量出现问题时，可能会面临投诉，当服务出现问题时也一样。在餐饮行业中，约70%的投诉都与"服务"有关。常见的服务投诉有"服务态度差""点餐慢""上菜慢""过度打扰"等。在品牌失去顾客的原因调查中，有68%的顾客是因为"服务态度差"而决定不再消费，在抱有不满的顾客中，实际上说出口的只有6%，剩余94%只会用行动表达，品牌可能根本就没收到投诉，对顾客的流失完全不知情。高质量的服务也是品牌竞争力的一部分，海底捞就是其中最典型的例子。

那小店该怎么做好服务呢？服务可以有标准化流程，但服务的对象各式各样，服务的细节多如牛毛，不可能仅靠流程就覆盖服务的全部内容，只按流程办事的服务也缺少温度。想要让顾客对服务满意，需要考虑更多，做得更多，下面是几个提高服务质量的建议。

（1）公开零风险承诺。

在顾客考虑是否进店消费时，他们可能担心产品不合口味，出品不够快等，这些担忧会激发顾客损失厌恶，成为下单的绊脚石。提供零风险承诺可以使他们在消费时没有后顾之忧。比如西贝在菜单上公开承诺，任何菜品不合口味，可退可换。25分钟内，上齐所有菜品，超时赠送酸奶两罐。西贝服务员在第一个菜上桌后，还会摆一个沙漏计时，以示公开透明。

（2）个性化服务是小店的必杀技。

小店的顾客群相对较小，熟客多，时间一长，店长完全可以记住熟客的消费习惯，针对性地提供服务。比如小红喜欢重辣，吃辣时一定要配柠檬水。来过两三次之后，店长记住了她的选择，下次来时，不用小红自己提出要求，重辣和柠檬水就都准备好了，加上每次消费店长都与小红有交流，还在朋友圈里互动，品牌与小红之间产生了更多的情感关联。习惯了定制化服务的顾客自然没有动力去其他竞品消费，由此形成对品牌的忠诚度。

个性化服务既可以用于服务熟客，也可以用在新客上。比如，小白第一次吃重口味的猫山王榴梿，在微博上发帖@品牌说怕吃了上火，店长看到后，马上泡一杯降火的绿茶奉上。小白体验了超预期的服务，由此变成了熟客，还介绍了自己朋友一起来。个性化服务的难点在于始终与顾客保持沟通互动，用心发现顾客需求，以及日拱一卒地坚持下去，普通员工很难做到，非创始人或店长不可，个性化和人情味是小店相较连锁店少有的竞争优势。

（3）洞察顾客真实需求。

顾客的真实需求可能潜藏在表象之下，发现它们可以帮助我们更好地服务顾客。比如一对夫妻来点餐，男人问服务员："有没有酸的菜。"细心的服务员问："为什么想吃酸的？"男人回答："因为我老婆怀孕了，想吃酸的。"想吃酸的需求只是表象，怀孕导致口味变化才是真实需求，知道了顾客的真实需求后，服务员即可针对性地推荐适合孕妇吃的产品。

烘焙电商品牌"熊猫不走蛋糕"成立于2017年，刚开始与其他烘焙电商品牌一样，顾客线上下单后，他们配送到家，几个月后复盘经营状况，虽然有一定成绩，但是因为在产品上没有差异化，很难与其他竞品拉开差距。后来经过调研，他们发现顾客买生日蛋糕，表面上想吃蛋糕，实际上是想要生日的氛围。蛋糕本质上只是顾客过生日的一个氛围道具，口味只要不拖后腿就行。于是他们决定在烘托节日氛围上下功夫，让配送员穿着熊猫服装，头戴熊猫头罩，打扮成熊猫人去配送蛋糕，熊猫人还能提供现场跳舞、魔术表演等服务，新鲜有趣的体验很快吸引了源源不断的新顾客，进入了快速发展期。

（4）避免过于用力。

服务就像冬天烤火，离太远温度太低，会冷，离太近温度太高，会热。服务应该保持适当的距离和温度，不侵入顾客的心理安全区。将服务作为核心卖点的海底捞有一段时间陷入"过度服务"的坑里，将给顾客加水，送眼镜布和手机袋子纳入KPI考核，即使顾客明确表示不要水，不要手机袋子，海底捞员工也照做不误，还经常打断顾客之间的聊天，打破隐私空间，反而给顾客带来困扰。

（5）及时反馈。

服务是有时效性的，在前三大关于服务的投诉中，就有两个"慢"，顾客想要一套新餐具，服务员马上响应和10分钟后再响应带来的体验全然不同，没有反馈或者反馈延时极容易激起顾客的不满。即使新餐具真的需要10分钟后才能就绪，服务员也应该马上告知顾客，表示歉意，并做出应对。

（6）谨慎采纳顾客意见。

虽说有些企业把"顾客永远正确"当作服务宗旨，但顾客在门店经营领域并非总是正确的。小店初开时，会有热心顾客提出很多意见，比如建议调整产品口味、调整菜单、调整装修、调整文案等，很多创业者会被顾客的意见左右，盲目修改。顾客有权对产品和服务提出意见，但不是所有意见都需要被采纳。在顾客视角下，总期望以更低的价格体验更好的产品，而门店是以盈利为目的，需要保持一定利润。顾客对门店的了解有限，做出的判断大概率是有偏差的，最了解门店实际情况的永远是创业者自己。

（7）每次投诉都是机会。

不要害怕被投诉，用投诉表示不满的顾客都是促使我们改良产品和服务的助推器。不满意但懒得投诉，转头告诉身边朋友的顾客才是经营中门店最应该害怕的。处理好投诉，既可以表明对顾客的重视，也可以在其中发现有待改善的环节，从而在后续的经营中减少类似情况，提升其他顾客的满意度。

4.3.3　清洁状态

清洁状态是指保持店铺营业时的清洁。如果顾客在门店就餐时感觉不清洁，地面脏，桌面乱，还有异味，那么显然品牌会失去顾客的信任。可以用5S管理来实现清洁的目标。5S包括整理（seiri）、整顿（seiton）、清扫（seiso）、清洁（seiketsu）和素养（shituke），下面依次讲解。

1.　整理

整理是指针对工作场所中的任何东西，都要先判断它的重要性，区分哪些是必要品，哪些是非必要品，然后保留必要物品，撤出非必要物品。整理是为了创造良好的工作和就餐环境，丢掉那些没用的，不能再创造价值的物品。

创业者要打消什么都是宝的想法，也别老想着万一哪天有用，门店的空间有限，无用的东西占地多了，有用的东西就很难找到，会降低门店的经营效率，也影响员工上班的心情。可以根据物品的使用频率决定物品的处理方法，将非必要品和必要品进一步细分，并为整顿摆放位置提供参考，表4-3为门店物品整理标准，该表改编自《图解5S现场管理实务》。

表 4-3　门店物品整理标准

大　分　类	使用频率	细　分　类	处理方法
非必要品	低于一年一次	无用物品	废弃、变卖或者改用
	两个月至一年内使用一次或以上	少用物品	归类至仓库或其他非营业场所
	一个月至两个月内使用一次或以上	偶用物品	集中放置在工作场所
必要品	每周使用一次或以上	常用物品	放置在工作范围附近
	每天使用一次或以上		放置在操作范围内
	每小时都会使用		放置在随手可用的位置

2. 整顿

整顿是指把必要物品按照规定位置摆放整齐，根据工作实际需求合理布局，保证随取随用的状态，并做好标准制定及管理。通过整顿可以使所有人能立即找到所需的东西，提高经营效率，尤其是厨房区域，如果没有物品摆放标准，所有人按自己习惯摆放，用完物品又不归位，那么找工具的时间将远超做单的时间。可以用定位胶带和不干胶标签标记各物品的摆放位置，以收银台的出品区为例，如图4-9所示。

图 4-9　收银台出品区物品摆放细则

正前方是每杯必用的抹布、吸管、杯套、勺子、杯塞和纸巾，左右两侧是与打包相关的封口机、封口贴、杯托、打包袋，下方是使用频率更低的备用打包器具，所有物品使用有色绝缘胶带框定位置，并贴上了相应的标签。

也可以使用收纳箱、货架等方式定位物品，以仓储区为例，如图4-10所示。

按照使用频率将原材料划区摆放，拆箱原物料统一放入收纳箱存放，未拆箱原物料则整箱集中存放。物品摆放遵循上轻下重原则，最轻的打包杯放置在货架最上层，最重的粉类放置在货架最下层，既安全也方便拿取，并可充分利用最上部的空间。

图 4-10　门店仓储区摆放细则

3. 清扫

清扫是指将工作场所打扫干净，并将清扫实施的做法制度化、规范化。比如哪些地方是一个月做一次卫生，哪些地方是一周做一次卫生，哪些地方是每天都要做卫生，一次需要清扫多少时间，使用哪些工具和化学品等。一般来说，地面、门窗、桌面常用的工具和设备每天都应该至少做一次清扫和消毒。不容易污染的区域诸如墙面、天花板、灯具等可延长到一周一次或者一月一次。

清扫的工具也应该做细分，餐饮店的毛巾一般按颜色分类，每种颜色抹布执行不同任务，比如白色用于清洁与食品接触的器具，棕色用于清洁厨房区内不与食品接触的所有表面，蓝色用于清洁堂食区不与食品接触的所有表面，等等。然后按区域将上述内容制度化，形成规范文件，见表4-4。

表 4-4　门店冰槽清洁与消毒规范

清洁频率	清洁工具		化 学 品	
每周一次 操作时间	25 分钟			
名　　称	白色毛巾	喷　　壶	清 洗 剂	消 毒 液
标准操作程序				
1	关闭制冰机开关,移出冰槽中的冰块并丢弃,清洁冰槽内部之前先进行手部的清洁和消毒,避免二次污染			
2	使用消毒白色毛巾蘸取稀释比例为 1∶200 的清洁剂擦洗冰槽内部,特别注意底部、角落、脚垫、门铰和出水孔等部件,重点擦洗污垢积聚处			
3	清洁剂停留至少 5 分钟,再用水予以冲洗			
4	将消毒液装入对应的喷壶中,喷洒在冰槽内部,等待 15 分钟,用清洁水予以过洗,自然风干。再将新的冰块放入或开始制冰			

表4-4中对清洁冰槽的频率、操作时间、清洁工具及化学品、清洁的标准流程都有明确规定。

4. 清洁

清洁是指维持整理、整顿、清扫后的局面。注意,这里的清洁是一个名词,指保持清洁状态,上文清扫环节中的"清洁"则是一个动词,是清扫的过程。门店实际运营中,想要一直保持清洁状态是很难的,比如厨房做单时难免有原材料的少量洒落,操作失误还可能有产品意外掉落,厨房地面需要随时清扫才能保持清洁状态。可以通过明确员工职责范围、明确清洁标准、定期检查的制度化措施来维护门店的清洁状态。

5. 素养

素养是指通过上述4S活动让员工自觉遵守规章制度,养成良好的工作习惯和卫生习惯,提高自身素质。

门店产品和服务的标准化最终都需要员工的执行和配合,合理的岗位分工、排班和薪酬制度也是管理工作中的重要内容。

4.4　岗位及薪酬：琐碎但重要的管理细节

在门店日常经营中，除了管产品和服务，还需要管好人。如果你的餐饮项目1~2人即可运作，那么可略过。人力成本是餐饮企业的一项重要固定成本，一般占营业收入的15%~30%。

随着经济的发展，居民可支配收入增加，人口红利逐渐消失，劳动力成本持续上升。根据国家统计局的数据，自2017年至2021年，餐饮行业员工平均年薪从3.69万元上升到4.68万元，复合增长率为6.12%。

人力成本虽高，招聘却很难，餐饮行业员工流动性高，很难留住人才，比如老乡鸡员工流失率维持在42.50%~47.87%，老娘舅全日制员工流失率在40%左右，海底捞2021年正式员工流失率为146%。人员的频繁流动会影响产品和服务的稳定性，因此，有必要通过精细化管理降低人力成本，通过设计合理的薪酬制度降低人员流失率。

餐饮行业有明显的季节性和波动性，对人员的需求不稳定。一年之中总有旺季和淡季，旺季人员需求大，淡季人员需求小，每周的节假日人员需求远高于工作日，每天的用餐高峰期人员需求也远高于非用餐时间段。如果用最高需求来配置人员，那么在淡季和低谷时，人员会过剩，无事可做，但还要继续支付工资，造成浪费。如果用最低需求来配置人员，那么会影响产品和服务的质量，流失顾客，影响高峰期的营业收入。

因此，精细化管理的第一步是灵活用工，引入小时工和兼职，将一些技术要求较低，可替代性强，工作时段相对集中的岗位分配给兼职，比如洗碗、传菜、备料、出品等岗位，全职+兼职的模式可以让餐饮企业按照需求灵活排班，从而减缓招聘的压力和用工成本，兼职员工不需要缴纳五险一金，人力成本可进一步下降。有了兼职之后，还需要细化岗位分工，以便灵活排班。岗位分工是否合理还关乎效率，制作流程越长，岗位分配就越重要，我开店时曾经通过合理分配岗位将出品效率提高了50%。以奶茶店为例，岗位逻辑关系如图4-11所示。

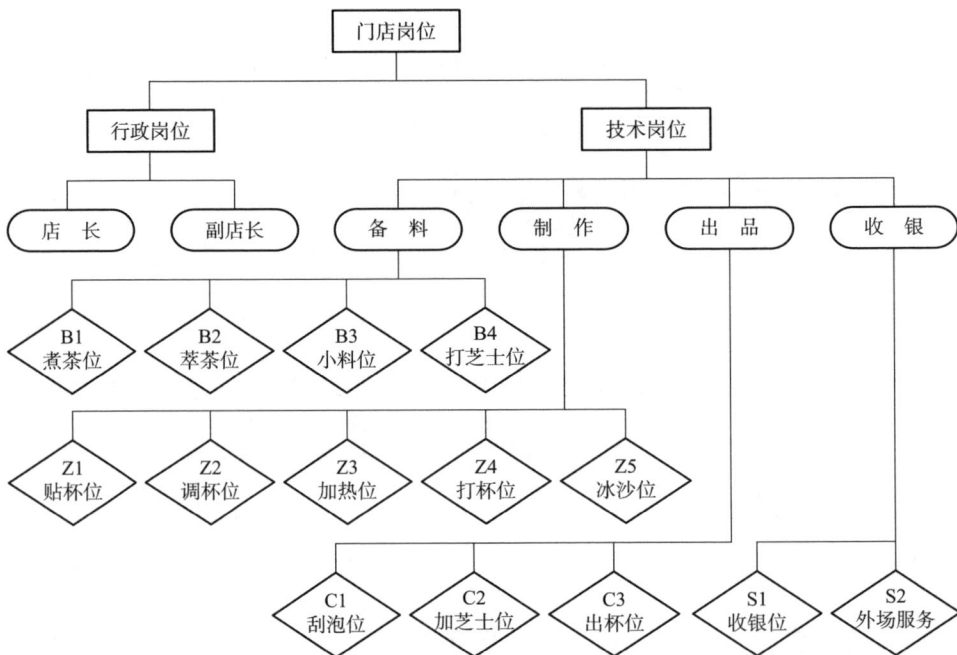

图4-11　奶茶门店岗位分工图

　　图4-11所示门店显然是一个大店，一个满员班次至少15名员工，但不是所有营业时间都需要满员，非高峰期多个岗位可由同一名员工兼任，比如C1刮泡位、C2加芝士位和C3出杯位可由一名员工兼任，B1煮茶位、B2萃茶位和B3小料位也可以由一名员工兼任，如图4-12所示。

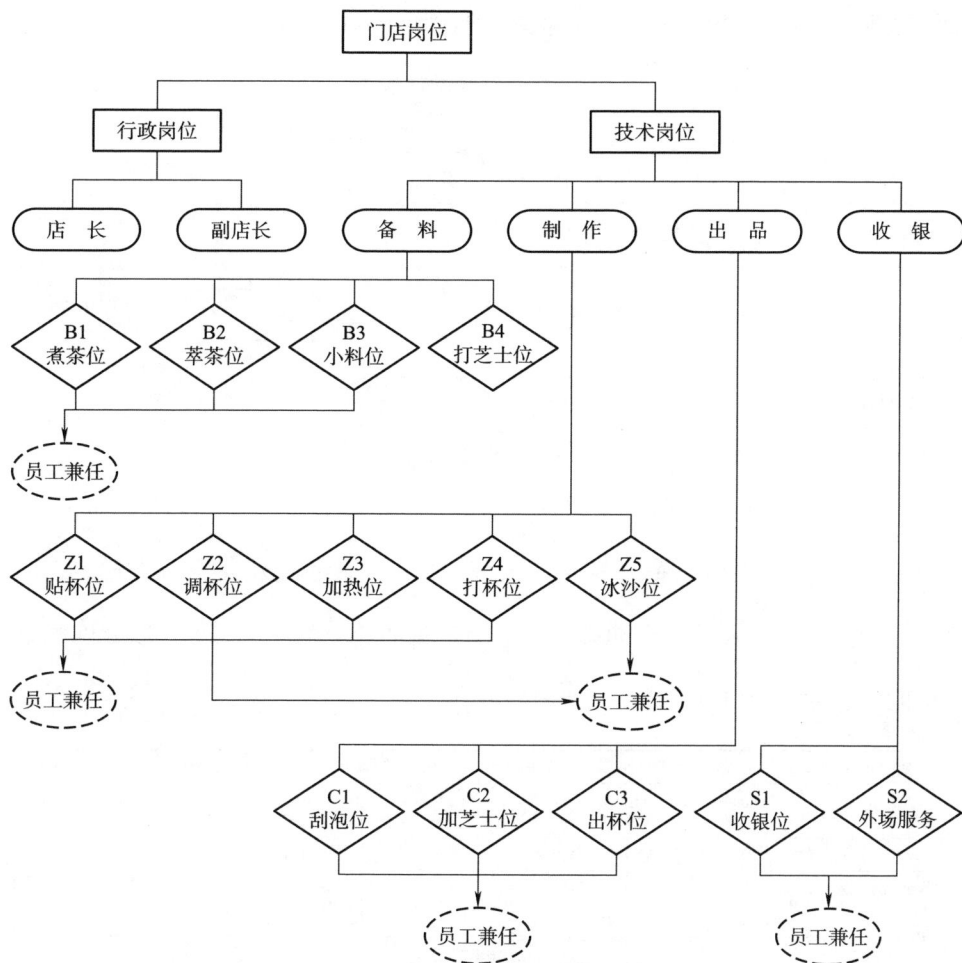

图 4-12　新式茶饮门店岗位非高峰期分工图

　　经过多岗位兼任，一个班次降低到七名员工，加上出品和收银可由兼职担任，实际人力成本约为高峰期的30%~40%。如果是小店，店长兼任一个技术岗位，再加上三名员工即可。有了岗位分工之后，可以在此基础上制作每个岗位的观察检查表，包含准备工作、操作标准流程和岗位职责。门店的日常运营是不同岗位协同合作的过程，工作量相对少的岗位应该协助就近岗位，以提高整体饮品的制作效率。不同岗位间也可以设置监督职责，比如由打杯位监督调杯位操作是否准确，由沙冰位监督加料、调杯、加冰是否按照量化标准操作。不同岗位之间如何协调合作呢? 以制作满杯红柚为例，协作如图4-13所示。

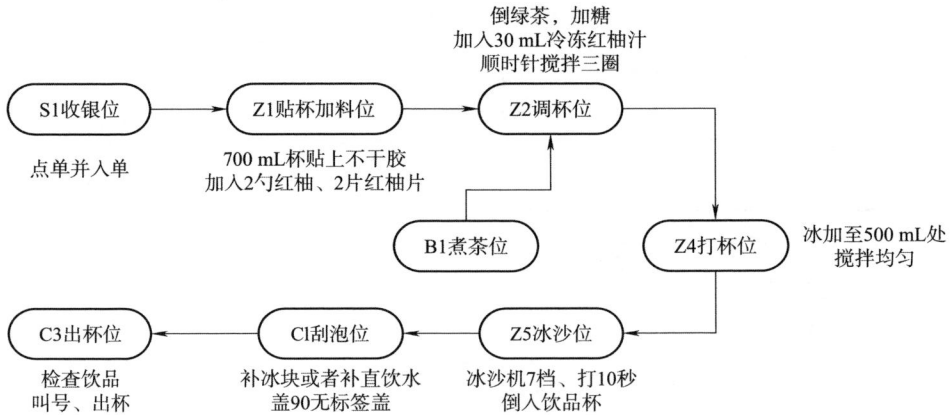

图 4-13　奶茶门店各岗位合作流程

熟悉了各岗位分工，职责和合作流程之后，就能通过科学合理的排班，降低人力成本，提高人效。合理排班的前提是预估营业额和高峰期，以此匹配每个时间段的营业额与员工数量，如图4-14所示。

日　期	2020年9月26日	门店	上海汇金路店	营业额预估(元)			9 548.00					值班店长		赵宝龙
时　间　段	7:00-8:00	9:00-10:00	10:00-11:00	11:00-12:00	12:00-13:00	13:00-14:00	14:00-15:00	15:00-16:00	16:00-17:00	17:00-18:00	18:00-19:00	19:00-20:00	20:00-21:00	21:00-22:00
时段营业额占比预估	0.00%	3.20%	2.50%	7.10%	10.50%	11.40%	8.60%	3.20%	2.10%	5.60%	21.50%	18.20%	4.80%	1.30%
时段营业额预估(元)	0	306	239	678	1 003	1 088	821	306	201	535	2 053	1 738	458	124
员工	岗位													
赵宝龙	店长													
全职A	收银													
兼职A	收银													
兼职B	出品													
全职B	备料													
兼职C	备料													
全职C	制作													
全职D	制作													

图 4-14　门店排班登记计划表

该门店营业时间为9:00—22:00，开市前一个小时，备料需提前进店准备，闭市前一小时，店长需在岗完成每日盘点。排班表中共有八名员工，分别是五名全职和三名兼职。当天营业额预估为9 548元，人效为1 193.5元/人，高峰期在

12:00—14:00及18:00—20:00，产出当天61.6%的营业额，两个时间段内在店员工数量也是最多的，特别是傍晚时间段，同时在店七名员工，备料与制作都是两名。15:00—17:00为低谷期，仅配备了1~2名员工守店，收银兼职出品，制作兼职备料。

小店也可以将班次简单分为早班（9:00—18:30）、中班（11:00—20:30）和晚班（12:30—22:00），中间各休息1.5个小时。再根据门店客流情况，对班次进行微调，提前或者延后上下班时间。

餐饮行业的劳动强度高、工资低、缺乏成就感，晋升空间也有限，员工流失率很高。初创餐饮品牌，往往员工是创始人本身或者与创始人关系十分亲近的人，人员流失的问题暂时被掩盖了，但当品牌开始进一步发展，引入外聘员工时，流失率高的问题仍然需要面对。公平合理的薪酬制度和有效的激励制度是留住员工的两大法宝。

想要留住员工，就得先了解员工需要什么，心理学上的马斯洛需求理论可以帮助我们理解员工的动机和需求。马斯洛将人的需求分成生理需求、安全需求、归属与爱、尊重需求和自我实现五个层次，需求是由低到高逐级形成并得到满足的。

最底层是生理需求，是生存必须的刚性需求。生理需求是推动人行动的最强大的动力，如果薪资过低，员工吃不饱，穿不暖，道德和法律的约束将不复存在，想要留住员工是不可能的。

第二层是安全需求，包括人身的安全、生活的稳定有序，以及免除恐惧、威胁与痛苦的需求。如果员工身处恶劣的工作环境，缺乏安全感，那么留住他们也是很难的。夏天的厨房异常闷热，安装新风系统和空调系统，保持厨房适宜的温度和湿度，是提高员工安全感的有效措施。设立员工救助基金，如员工本人或直系亲属因疾病、意外、灾害等生活困难时，可申领救助基金以解燃眉之急，同样也能提高员工安全感。

上述两层需求属于物质需求，可通过设计公平合理的薪酬制度满足。薪酬是由工资和福利组成，工资包括基本工资、绩效工资、岗位工资、股权期权、奖金和津贴等，福利包括五险一金、带薪休假、员工培训、工作餐、员工宿舍、节日福利等，逻辑关系如图4-15所示。

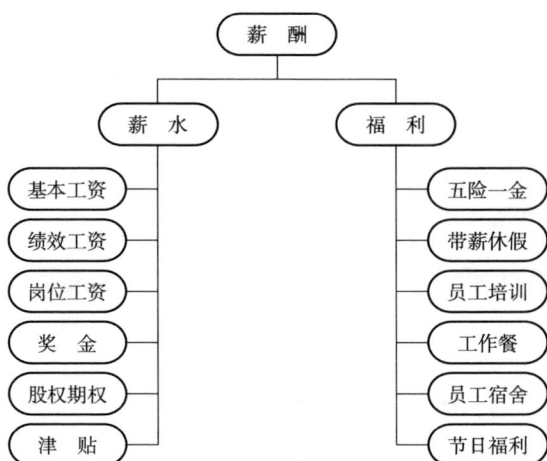

图 4-15　薪酬的组成

在上述薪酬组成中，既有固定工资也有浮动工资，不少餐饮企业仅有固定工资，员工做好、做坏一个样，做得差没惩罚，做得好没奖励，员工的主动性和工作热情会随着时间逐渐下降，并有可能出现浑水摸鱼的现象。建议采用固定工资+浮动工资的薪资结构，即使浮动工资占比不高，至少让员工有个盼头儿。

餐饮行业一般以岗位为导向，岗位工资和基础工资占比高，员工岗位发生变动时工资也会有所变化。比如入职一年的萃茶位的工资结构为"1 250元基本工资+750元工龄工资+2 250元岗位工资+500元绩效工资+250元奖金=5 000元"，如果他升级成调杯岗，岗位工资增加到2 950元，工资总计5 700元。不同岗位的薪酬结构略有不同，与绩效关联较大的岗位可适当增加绩效工资和奖金的比例。

那怎么做绩效激励方案呢，可根据各岗位特征设定考核点，比如考核后厨的成本控制和质量控制，物料成本应低于38%，每低1%奖励100元。当月无因质量问题退菜则奖励300元，每退菜一次则从中扣除30元。小店无须采用过于复杂的绩效考核方式，将每月1%~3%的营业额作为绩效池，由店长统一分配也是不错的策略。

福利中的五险一金必须缴纳，五险指的是养老保险、医疗保险、失业保险、生育保险和工伤保险，一金指的是住房公积金。五险一金的成本很高，各地政策有所差异，应特殊考虑。

马斯洛需求理论的第三层是爱与归属，对友谊、爱情、亲情及其他情感联系的需求，人是社会性动物，希望能归属于某一个群体，并在群体中获得关心和照顾。不少公司内部称呼同事都叫"同学""家人""伙伴"就是为了营造归属感，从而营造良好的工作环境。紧张、压抑的工作氛围也是逼走员工的原因之一。优秀的企业不仅重视工作时的归属感，也时刻关注员工家庭情感联系的需求。比如海底捞的亲子陪伴计划，为员工照料、陪伴子女提供便利，鼓励员工将子女接到工作地生活，帮助员工避免其子女因父母外出工作而成为留守儿童。同时，提供亲子陪伴福利，包括亲子住房补贴、亲子教育补贴、亲子保育补贴等各种经济补贴。

第四层是尊重需求，比如社会地位、成就、晋升机会等，尊重需求既包括对自身内在价值的肯定，也包括他人对自己的认可与尊重。创业者应该平等对待员工，建立公平透明的晋升机制，发自内心尊重员工，认真听取员工的建议，关心员工，把员工当伙伴，而不是当"赚钱工具"，更不能去嘲笑、辱骂员工。比如员工改良了公司的SOP，相比直接给予现金奖励，让员工获得SOP的命名权可能是更好的激励方式。

给核心员工股权或期权不仅能让员工获得更多收入，也能让他们觉得被认可和尊重，激发主人翁精神，充分调动他们的积极性。需要注意的是，普惠的全员持股并不能起到激励作用，最多只能作为福利的一部分，如果核心员工与普通员工的待遇无差别，那么激励也就无从谈起。

第五层是自我实现，是最高层次的需求，指最大限度地发挥自身潜能，不断完善自己，完成与自己的能力相称的一切事情，实现自己的理想。不少创业者其实就是有自我实现的需求，才不顾风险毅然决然选择了创业。有自我实现需求的员工往往是高端人才，比如大型连锁企业的高管，在小店的经营中遇到的概率不大。

需求的产生由低级向高级的发展是波浪式地推进的，在低一级需求没有完全满足时，高一级需求就产生了，而当低一级需求的高峰过去了但没有完全消失时，高一级需求就逐步增强，直到占绝对优势，如图4-16所示。

生理需求　　安全需求　　归属与爱　　尊重需求　　自我实现

图4-16　需求的波浪式推进

低层次的需求基本得到满足以后，它的激励作用就会降低，其优势地位将不再保持，高层次的需求会取代它成为推动行为的主要原因。

比如当下年轻人离职率高，大多是因为他们没有生活压力，工作中更在乎是否得到尊重，是否能实现自我价值，想要留住他们，仅仅满足物质需求是远远不够的。人最终的需求一定是精神层次的需求，真正的激励往往跟钱没什么关系。

人员的管理和激励问题解决之后，大后方已经稳固，是时候进行线上扩张，将开展外卖业务提上日程了。

4.5　外卖平台运营：先单量后利润

外卖是堂食外的增量收入，不仅能增加利润，还能增加品牌的曝光度，没有任何品牌可以忽略外卖市场的存在。高效便利的外卖是大势所趋，中国餐饮行业总收入从2011年至2021年复合增长率为8.6%，而外卖餐饮市场规模同时期的复合增长率为45.72%，外卖占餐饮行业收入比例从1.06%增长到19.96%。

从2020年开始，外卖的渗透率加速提升，单2020年就提升了4.44%，更多的餐饮店意识到外卖的价值，据鲲鹏数据和窄门餐眼的统计，2022年1月全国开通外卖的商家对全国餐饮门店的渗透率在46%左右，也就是说，几乎有一半的餐饮企业都在做外卖，甚至有餐饮企业只做外卖。只做外卖看起来很美好，餐饮行业最大的两项支出是房租和人工，如果开一家只做外卖的餐饮店，选址不依赖人流量，房租水平低，还能省去堂食服务人员，岂不是低风险、高收益的创业好项目？

创业者应摆正外卖在门店经营中的地位，外卖很重要，但是只靠外卖是不行的。在外卖餐饮野蛮生长的红利期的确有一批只做外卖的品牌赚到钱了，但今时不同往日，外卖市场规模增速从高速降低为中速（2011—2018年的复合增长率为52.98%，2018—2021年已经跌至30.11%），补贴退坡，平台佣金持续攀升，加上大量新商家涌入，竞争异常激烈，纯靠外卖运营的可行性已经很低了。那些曾经辉煌一时的纯外卖品牌大多已成为历史。

纯外卖店的逻辑是以佣金替代房租，那么现在实际的佣金是多少呢？以2021年5月后美团推行的阶梯式收费为例，新的抽佣模式中，商家佣金=技术服务费+履约服务费。技术服务费相对固定，根据城市划分，比如2021年北京为6.4%、上海为6.2%（保底1.4元）、厦门为5.8%（保底1.14元）、深圳为5.0%（保底1.04元）。履约服务费依据时间、距离、价格三个维度进行收费，佣金模式如图4-17所示。

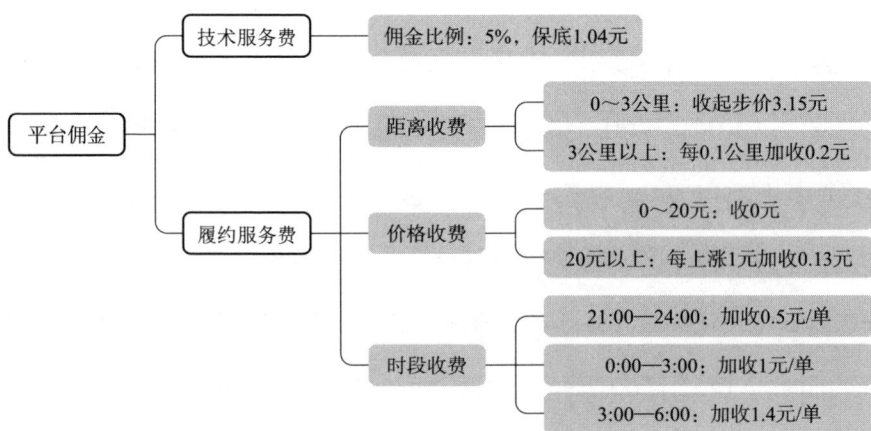

图4-17　2021年5月深圳佣金模式

商家卖一份外卖，实际需要支付多少佣金呢？以深圳的佣金为例，技术服务费5%（保底1.04元），0~3公里起步价为3.15元，3公里以上每0.1公里加收0.2元，20元以上每1元加收0.13元，不额外征收时段费。根据不同折后价格和距离，得出表4-5。

表4-5 佣金测算表

单位: 元

折后价格	距离（公里）											
	0.5	1	1.5	2	2.5	3	3.5	4	4.5	5	5.5	6
5	4.19	4.19	4.19	4.19	4.19	4.19	5.19	6.19	7.19	8.19	9.19	10.19
10	4.19	4.19	4.19	4.19	4.19	4.19	5.19	6.19	7.19	8.19	9.19	10.19
15	4.19	4.19	4.19	4.19	4.19	4.19	5.19	6.19	7.19	8.19	9.19	10.19
20	4.19	4.19	4.19	4.19	4.19	4.19	5.19	6.19	7.19	8.19	9.19	10.19
25	5.05	5.05	5.05	5.05	5.05	5.05	6.05	7.05	8.05	9.05	10.05	11.05
30	5.95	5.95	5.95	5.95	5.95	5.95	6.95	7.95	8.95	9.95	10.95	11.95
35	6.85	6.85	6.85	6.85	6.85	6.85	7.85	8.85	9.85	10.85	11.85	12.85
40	7.75	7.75	7.75	7.75	7.75	7.75	8.75	9.75	10.75	11.75	12.75	13.75
45	8.65	8.65	8.65	8.65	8.65	8.65	9.65	10.65	11.65	12.65	13.65	14.65
50	9.55	9.55	9.55	9.55	9.55	9.55	10.55	11.55	12.55	13.55	14.55	15.55
55	10.45	10.45	10.45	10.45	10.45	10.45	11.45	12.45	13.45	14.45	15.45	16.45
60	11.35	11.35	11.35	11.35	11.35	11.35	12.35	13.35	14.35	15.35	16.35	17.35
65	12.25	12.25	12.25	12.25	12.25	12.25	13.25	14.25	15.25	16.25	17.25	18.25
70	13.15	13.15	13.15	13.15	13.15	13.15	14.15	15.15	16.15	17.15	18.15	19.15
75	14.05	14.05	14.05	14.05	14.05	14.05	15.05	16.05	17.05	18.05	19.05	20.05
80	14.95	14.95	14.95	14.95	14.95	14.95	15.95	16.95	17.95	18.95	19.95	20.95
85	15.85	15.85	15.85	15.85	15.85	15.85	16.85	17.85	18.85	19.85	20.85	21.85
90	16.75	16.75	16.75	16.75	16.75	16.75	17.75	18.75	19.75	20.75	21.75	22.75
95	17.65	17.65	17.65	17.65	17.65	17.65	18.65	19.65	20.65	21.65	22.65	23.65
100	18.55	18.55	18.55	18.55	18.55	18.55	19.55	20.55	21.55	22.55	23.55	24.55

　　只罗列佣金不够直观，可以将表4-5中的佣金除以产品折后价格，得出佣金占比，见表4-6。

表4-6 佣金占比测算表

折后价格（元）	距离（公里）											
	0.5	1	1.5	2	2.5	3	3.5	4	4.5	5	5.5	6
5	83.80%	83.80%	83.80%	83.80%	83.80%	83.80%	103.80%	123.80%	143.80%	163.80%	183.80%	203.80%
10	41.90%	41.90%	41.90%	41.90%	41.90%	41.90%	51.90%	61.90%	71.90%	81.90%	91.90%	101.90%
15	27.93%	27.93%	27.93%	27.93%	27.93%	27.93%	34.60%	41.27%	47.93%	54.60%	61.27%	67.93%
20	20.95%	20.95%	20.95%	20.95%	20.95%	20.95%	25.95%	30.95%	35.95%	40.95%	45.95%	50.95%
25	20.20%	20.20%	20.20%	20.20%	20.20%	20.20%	24.20%	28.20%	32.20%	36.20%	40.20%	44.20%
30	19.83%	19.83%	19.83%	19.83%	19.83%	19.83%	23.17%	26.50%	29.83%	33.17%	36.50%	39.83%
35	19.57%	19.57%	19.57%	19.57%	19.57%	19.57%	22.43%	25.29%	28.14%	31.00%	33.86%	36.71%
40	19.38%	19.38%	19.38%	19.38%	19.38%	19.38%	21.88%	24.38%	26.88%	29.38%	31.88%	34.38%
45	19.22%	19.22%	19.22%	19.22%	19.22%	19.22%	21.44%	23.67%	25.89%	28.11%	30.33%	32.56%
50	19.10%	19.10%	19.10%	19.10%	19.10%	19.10%	21.10%	23.10%	25.10%	27.10%	29.10%	31.10%
55	19.00%	19.00%	19.00%	19.00%	19.00%	19.00%	20.82%	22.64%	24.45%	26.27%	28.09%	29.91%
60	18.92%	18.92%	18.92%	18.92%	18.92%	18.92%	20.58%	22.25%	23.92%	25.58%	27.25%	28.92%
65	18.85%	18.85%	18.85%	18.85%	18.85%	18.85%	20.38%	21.92%	23.46%	25.00%	26.54%	28.08%
70	18.79%	18.79%	18.79%	18.79%	18.79%	18.79%	20.21%	21.64%	23.07%	24.50%	25.93%	27.36%
75	18.73%	18.73%	18.73%	18.73%	18.73%	18.73%	20.07%	21.40%	22.73%	24.07%	25.40%	26.73%
80	18.69%	18.69%	18.69%	18.69%	18.69%	18.69%	19.94%	21.19%	22.44%	23.69%	24.94%	26.19%
85	18.65%	18.65%	18.65%	18.65%	18.65%	18.65%	19.82%	21.00%	22.18%	23.35%	24.53%	25.71%
90	18.61%	18.61%	18.61%	18.61%	18.61%	18.61%	19.72%	20.83%	21.94%	23.06%	24.17%	25.28%
95	18.58%	18.58%	18.58%	18.58%	18.58%	18.58%	19.63%	20.68%	21.74%	22.79%	23.84%	24.89%
100	18.55%	18.55%	18.55%	18.55%	18.55%	18.55%	19.55%	20.55%	21.55%	22.55%	23.55%	24.55%

由表4-6可知，只有当折后价格高于30元，距离小于3公里时，佣金占比才能低于20%，而且最低的佣金占比也超过18%，仍然高于标准占比10%~15%。外卖需要额外的包装费用，维持曝光还需要支付推广费，假设一份售价30元的快餐，参加活动打八五折，打包盒0.5元，包装袋2元，每单推广费1元（每天推广费300元，成交300单），3公里内佣金5.2元，最终因外卖导致的额外支出为30×15%+0.5+2+1+5.2=13.2（元），占售价的44%，远高于20%，为了省房租选择纯外卖店完全是得不偿失。

早期外卖平台没有佣金，后来即使抽佣，比例也很低，只有5%~8%，还有高额补贴，商家卖10元的产品，顾客只需要付4~6元，商家则能收到13~17元，由于当时商家少，竞争不充分，不需要支付推广费，不需要运营技巧，店铺上线就有单子。上线的要求也低，不需要食品经营许可证和营业执照，也就不需要租商铺，租个车库，租个民房，甚至在自己家里开店都行。综合下来，只有当做外卖的成本低于10%时，纯外卖店才有可行性。

当下外卖就像电商，行业越来越成熟，已经进入微利期，常常有单量没利润，别看订单量9 999+，一算利润五六角钱。竞争异常激烈，拼的是运营能力，只有专业的运作才能让店铺脱颖而出，连锁品牌显然比街边小店更有优势。不少加盟品牌是将外卖作为品牌宣传广告牌，高订单量是品牌招商的天然背书，广告牌能赚钱是意外之喜，没赚钱在情理之中。

堂食依然具有不可替代的价值，外卖与堂食不是竞争或替代关系，而是互补与协同关系，两者可以相互促进。堂食摊薄固定成本，外卖再做增量，降本提效，实现整体盈利。关于堂食和外卖的比例，美团提出过一个"30/50法则"，即未来正餐餐厅外卖占比达到30%，快餐餐厅外卖占比达到50%，能够最大化提升人效和坪效，实现线上线下运营的平衡。这个比例不是固定的，不同品类、不同定位可根据自身情况做出相应调整。当下正餐/快餐外卖占比分别为接近20%和30%，正逐步接近最优"30/50法则"中所设比例。以几个上市餐饮公司为例，看一下它们的堂食和外卖的比例，如图4-18所示。

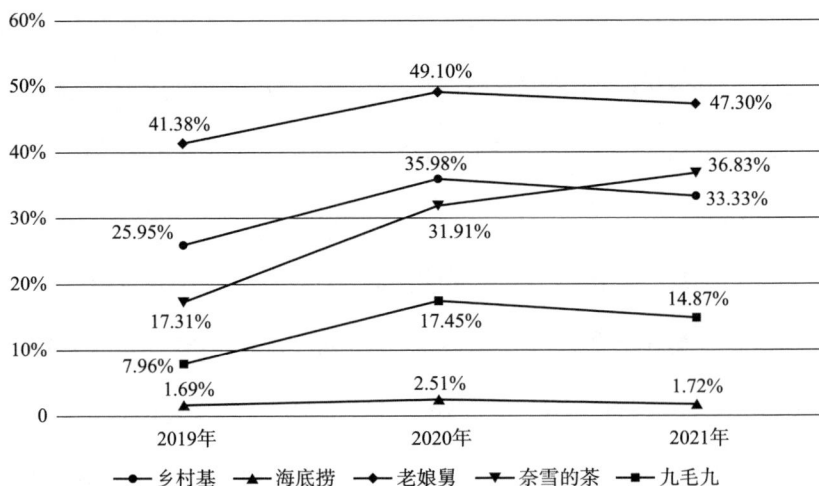

图 4-18　上市餐饮公司外卖占营业收入比例变化

在乡村基、海底捞、老娘舅、奈雪的茶和九毛九这五家公司中，作为快餐品牌的老娘舅和乡村基的外卖占比最高，均高于30%，作为正餐的九毛九和海底捞均低于20%，作为茶饮代表的奈雪的茶占比则一路攀升，从17.31%上升到36.83%。那这些上市公司有没有靠外卖赚到钱呢？它们的成本结构是怎么样的呢？以外卖占比最高的老娘舅为例，见表4-7。

表 4-7　2019—2021 年老娘舅营收及成本

分　类	项　　目	2019 年	占营业收入比例	2020 年	占营业收入比例	2021 年	占营业收入比例
收入（元）	到店收入	69 781.94	58.62%	59 500.62	50.90%	78 006.96	52.70%
	外卖收入	49 252.62	41.38%	57 400.94	49.10%	70 004.89	47.30%
	门店营业总收入	119 034.56	100.00%	116 901.56	100.00%	148 011.85	100.00%
支出（元）	直接材料	40 470.78	34.00%	41 205.06	35.25%	51 839.41	34.02%
	人工成本	20 492.64	17.22%	21 246.22	18.17%	29 670.51	20.05%
	租金及资产折旧	16 960.51	14.25%	16 519.12	14.13%	18 459.41	12.47%

续上表

分 类	项 目	2019 年	占营业收入比例	2020 年	占营业收入比例	2021 年	占营业收入比例
支出（元）	骑手配送费与运输费	9 769.55	8.21%	10 044.73	8.59%	12 217.06	8.25%
	水电燃气费	4 667.03	3.92%	4 632.25	3.96%	5 834.78	3.94%
	其他	8 106.29	6.81%	9 340.89	7.99%	9 371.72	6.33%
配送及佣金比例	骑手配送费/（外卖收入＋骑手配送费）	16.55%		14.89%		14.86%	

由表4-7可知，老娘舅骑手配送费与运输费占营业收入比例一直保持在8%左右，通过骑手配送费÷（外卖收入＋骑手配送费），得出骑手配送费占营业收入的比例，2019—2021年分别为16.55%、14.89%和14.86%，低于表4-8中的佣金比例。

此外，老娘舅招股书中披露，2019—2021年到店业务营业毛利率分别为16.42%、8.43%和 13.60%，外卖业务营业毛利率分别为19.65%、20.69%和19.53%。为什么外卖的毛利率反而更高呢？因为堂食中计入了租金成本，而外卖并未计入，即使算上租金，老娘舅的外卖业务也能保持一定利润。2021年老娘舅在湖州总部孵化了6C门店，菜品与普通门店不同，正在验证门店只提供自提和外卖的可行性。显然老娘舅的外卖业务是赚钱的，那老娘舅是怎么做到的呢？

首先，老娘舅选择自配送，采用顺丰同城专送，这使得美团上的提点降低到5%~7%。

其次，菜品基本上不打折，并设计了保温防漏的外卖餐盒，额外收取包装费和配送费（包装费2元，配送费7元）。

最后，开发"老娘舅"自营小程序，绕过外卖平台开展外卖服务。

老娘舅还解释了外卖业务毛利率波动的原因，2020年外卖毛利率上升是因为适应客观环境变化，推出了多人份套餐，外卖订单均价有所提升，以订单单数计价的骑手配送费成本占比有所下降所致，2021年外卖毛利率下降，是因为外卖包装物升级导致成本上涨和员工涨薪等所致。从中可以发现，外卖想要赚钱，订单均价和外卖包装十分重要。

以上是基于商户视角下的外卖数据，下面再看一下基于顾客视角下的数据。到底是哪些人在点外卖，他们点外卖时都有什么特点？根据美团研究院2020年的数据，一线城市、新一线城市、二线城市是外卖消费的主力市场，占全国订单总量的64.7%。消费者以年轻人为主，占比最高的两个年龄段为18~25岁、26~30岁，分别为36.1%、22.5%，未婚单身用户占外卖总数的45%，有67%的用户是因为"有点儿懒，不想出去"而选择外卖。

由以上信息可知，外卖的主体消费群是年轻人，是单身经济，也是懒人经济。根据商户和顾客两方的数据，我们可以得出做外卖想要赚钱的几个重点。

（1）订单均价保持在30元以上，最低限度是保持在20元以上。

通过表4-6我们知道，新抽佣模式对高客单价更友好，客单价越高，盈利的可能性越大，均价低于20元时佣金占比高于27%，只有高于30元佣金占比才有可能低于20%。美团财报公布的平均订单价值从2016年的37.03元提高到了2021年的48.9元，美团在算法上也更倾向于将流量优先分配给高客单价的店铺，外卖的高客单价是大势所趋。低客单价产品很难获得利润，近两年外卖平台上流行的鲍鱼饭、海南鸡饭、煲仔饭、小龙虾等产品均价基本都在30元以上，卖一单赚一单。反观那些低客单价的品牌，即使月销万单也不一定能实现盈利。

（2）产品要适合做外卖。

有些产品天生不适合做外卖，比如火锅和冰激凌，海底捞的外卖占比一直没超过3%。也有些产品本身不适合外卖，但经过改良后解决了。比如奶油顶奶茶经过配送后会塌陷，容量能少四分之一，茶颜悦色通过"奶油分装"解决了这个问题。适合做外卖的产品出餐速度要快，不能超过10分钟，制作要简单，方便打包，在经过颠簸的配送后也不能有明显的口味变化，最好分量小，适合一个人吃，最重要的是毛利率要高，建议在70%~85%。因为有高佣金的存在，外卖想要保持与堂食相近的利润，所有成本都至少需要打七五折，按平均毛利率55%~65%计算，打七五折后毛利率差不多为73%~86%。传统餐饮门店菜单中并没有这么多高毛利的产品，因此，菜单中的产品需要经过筛选后才能上架外卖，不少品牌设计了独立的外卖菜单和定价，也有不少品牌选择加价后上架，或者在制作上区别对待堂食和外卖。

料理包产品成本低，口味固定，出品快，操作简单，完美契合外卖场景，但料理包观感和口感差异明显，而且添加了防腐剂，大量不正规料理包使其在舆论中评价整体偏负面，比如"你吃到的外卖，有可能是两年前的肉"、"3元料理包，统一了全国外卖口味"。

（3）意向顾客以年轻人为主，特别是白领和学生群体。

白领没有做饭时间，学生没有做饭条件，外卖服务也正是从白领市场和高校市场起步的，他们是外卖渗透率最高和消费频次最高的两个群体，2024年外卖对白领及高校人群的渗透率可能会达到93.8%，而对其他城镇网民的渗透率仅有16.9%。

在产品和服务上，可根据他们的消费习惯改良。比如白领收入高，对价格不敏感，注重品牌，追求精致、新鲜和健康，在配菜中添加甜点、水果、饮料等可能更符合他们的喜好。

（4）主攻外卖的门店选址应在二线及以上城市，铺面可选择一流商圈的三流位置。

一流商圈确保外卖能覆盖大量高质量意向顾客，三流位置到达率差，但房租低，恰好外卖不需要顾客到达门店，所以，它们是外卖店铺最好的选择。然后再统计外卖平台中餐饮前100名和同品类前10名的销售数据，通过后者的营业额和单量在前者中的占比大致可以判断品类的市场空间。最后实地调研，获得当前片区的运力、人口比例、消费能力、点单高峰期、订单分布、优势品类等信息，确定铺面符合硬件条件且方便外卖员进出。

共享厨房是近两年热门的外卖选址方案，共享厨房会为入驻的商家们提供统一的营业执照和相应的餐饮设备，相较传统店面租赁，共享厨房的房租成本低，本身具备基础装修，开店速度更快。

共享厨房像一个没有座位的美食广场，只做外卖不做堂食，也不设置餐椅，商家出餐后会由传递员将餐品送到分装间，由专门的外卖打包员进行打包，放置到统一的取餐窗口，方便外卖送货。共享厨房本质上是二房东，仍然无法解决纯外卖品牌高佣金的困境，加上租房成本只是被平摊，并没有被消灭，该付的费用一分不会少，实际可行性偏低。

了解外卖想要赚钱的几个重点后，剩下的问题就是如何运营好外卖平台。外卖相当于一个线上门店，线下门店所需的定位、产品、设计一样都不可缺少，区别在于线下人流变成了线上流量，出品加上了配送环节。

经营好线上流量的关键是排名。最理想的外卖模型是先有单量再有利润，前期以利润换单量，后期以单量换利润。前期的超低折扣、超贵推广都是为了积累单量，等单量稳定、排名稳定后，再慢慢降低折扣，减少推广，提高利润，作为代价，此时的单量必然有一定程度的下降，需要在利润和单量中寻找一个平衡。

到此为止，开一家小店所涉及的问题基本都解决了。如果创业者运气好，实力强，真的靠这家店赚到钱了，并且探索出了一个可靠的单店盈利模式，就该考虑扩张的问题了。

4.6 品牌连锁：如何管理更多的门店

生存问题解决后就轮到发展问题了。餐饮企业想要实现增长，要么提高现有门店的营业额，要么开新店。从规模上来说，开新店的拉动作用最明显。连锁品牌的规模优势会增强其竞争力，盈利能力整体上强于非连锁品牌，通过多个门店的扩张，品牌得到裂变传播，经营效率、议价能力、影响力均能得到提高，最终在竞争中获得优势，产生更高的利润。

按收入计，国内餐饮品牌的连锁化率一直在提升，从2018年的12%提升到了2021年的18%，相比美国超过60%、日本超过50%的连锁化率，国内连锁化率未来还有不少增长空间。国内饮品、火锅和快餐的连锁化率较高，图4-19为餐饮连锁品牌门店数量前20的排名。

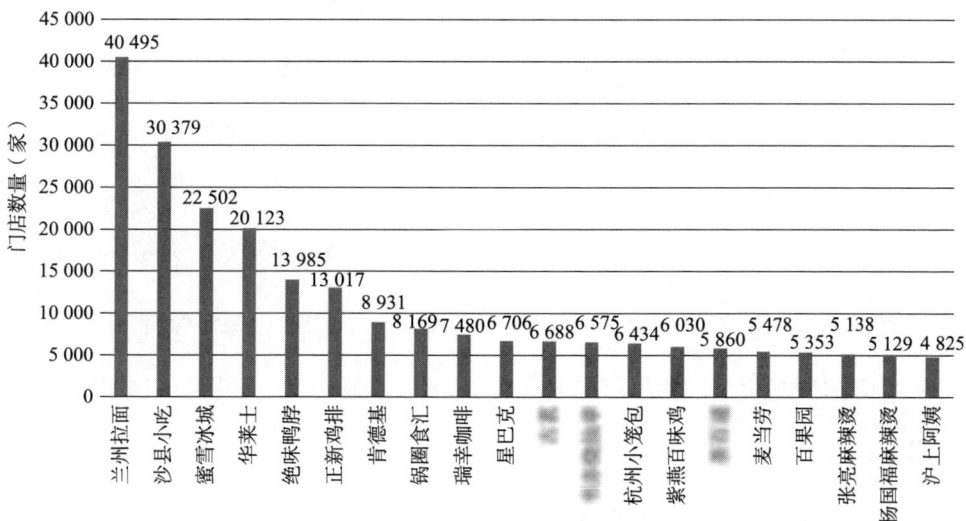

图 4-19 餐饮连锁品牌门店数量前 20 的排名

品牌门店数量与定位和定价高度相关，定位越窄，定价越高，则门店越少。定位越宽，定价越低，则门店越多。图4-19中的品牌都有定位宽、定价低的特点。相比头部品牌，蜜雪冰城门店数量的优势更大，截至2022年9月，人均24.75元的喜茶有841家门店，人均26.88元的奈雪的茶有958家门店，均不及蜜雪冰城的二十分之一，详细数据如图4-20所示。

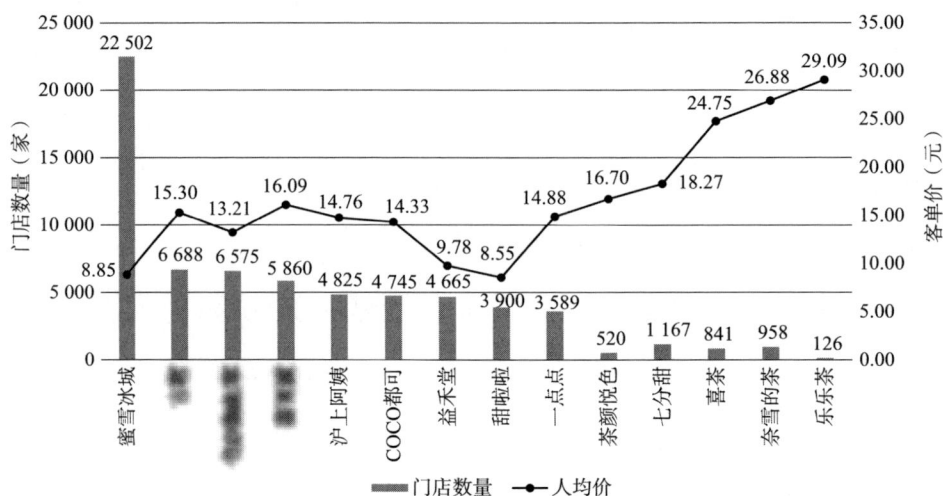

图 4-20　奶茶连锁品牌门店数量与定价关系

除了定位与定价，品牌选择直营还是加盟也会影响门店数量。加盟占比越高，门店越多，直营占比越高，门店越少。茶颜悦色因为只做直营，门店数量只有520家。

直营店开放加盟后，门店增速能有多快呢？以周黑鸭为例，在2019年底重新开放加盟后，直营店每年保持30~50家门店增量，加盟店每年保持800家左右门店增量，2020年前门店每年增速均低于35%，2020年后增速高达140%，详情如图4-21所示。

直营和加盟是品牌可选的两条扩张路径，那它们各有哪些优劣势呢？

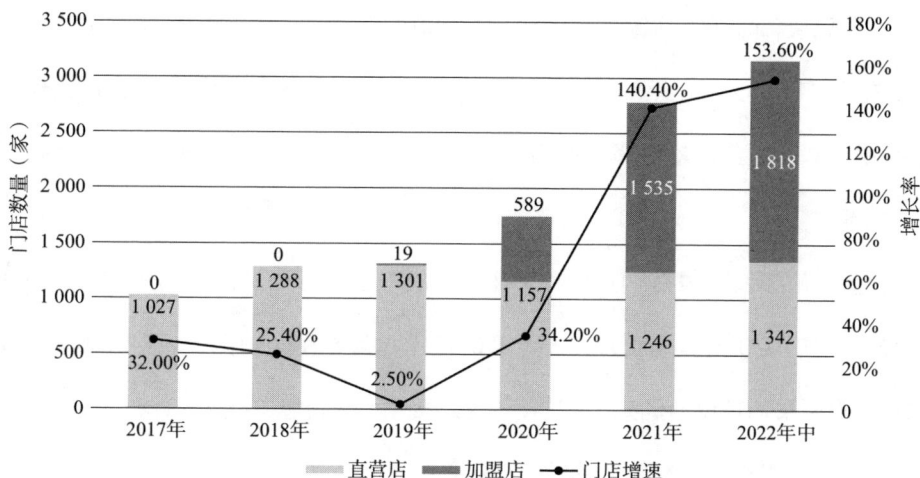

图 4-21　周黑鸭开放加盟后门店数量快速增长

加盟的优势在于轻资产运营，扩张成本低，速度快，财务风险低，规模上限高，开分店的成本由加盟商承担，加盟店自负盈亏，即使少量门店亏损也不会对总公司的财务状况造成压力，门店总数可以很高，图4-19中绝大多数是加盟品牌。直营是重资产运营，扩张成本高，速度慢，财务风险高，规模上限低，每家店的成本都需要总公司承担，回笼资金或者获得融资后才能新开一家，如果有一家分店亏损了，可能会吃掉三四家分店的利润，其受外部环境影响也更大，规模越大风险越大，因此，门店总数高不了。

直营的优势在于毛利率高、品控和管理难度低、品牌价值高。加盟品牌想要维持加盟店必要利润，必须让出一部分盈利空间给加盟店，直营店则不需要，因此毛利率更高，比如一鸣真鲜奶吧直营店的毛利率在60%左右，供货给加盟店则只有30%左右。

总公司对直营店拥有所有权和收益权，控制力更强，品控和管理难度相比加盟店低。在直营模式中，总公司垂直管理门店，店长由总部任免，一线员工服从总部管理，总部控制力直达基层。在加盟模式中，一线员工仅对加盟商负责，并不从属于总部。总部只能通过督导系统约束加盟商行为，对一线员工的控制力弱。如果加盟体系不完善，极有可能连加盟商都约束不了。因此，加盟店出现产品品质下降、服务质量下降、销售过期产品、瑕疵产品而产生食品安全问题的可能性更高。

介于直营和加盟在门店所有权和收益权上的差异，直营品牌的品牌价值更高。比如，2020年门店超过一万家的蜜雪冰城估值200亿元，2021年门店近700家的喜茶估值600亿元。相当于一家蜜雪冰城店值200万元，一家喜茶店值8 571万元，即使排除客单价的差距，门店估值也相差近15倍。

那品牌在什么情况下适合做加盟，什么情况下适合做直营呢？

（1）品类标准化程度越高，越适合加盟。

加盟管控的最大难点在于标准化，标准化程度越高，自然就更容易管理，奶茶、火锅、快餐的连锁率高正是得益于高标准化。中式快餐从原材料溯源筛选出发，到中央厨房的标准化生产，再到终端门店的简易化操作，实现了适合开放加盟的标准化水平，因此，老娘舅、老乡鸡均有加盟店。反观中式正餐，门店必然涉及煎炒烹炸等工艺，即使是大师级厨师，也不能保证每次的出品都一样，很难将产品完全标准化。所以，像小南国、新荣记、陶陶居等品牌只有直营店，没有加盟店。随着技术的革新和餐饮人的努力，有些本来很难标准化的品类，也慢慢开始适合加盟模式了，比如烤鱼。刚开始，烤鱼论斤卖，每条鱼重量不一样，所需的配料也就不一样，无法标准化。后来，探鱼开始按条卖烤鱼，每条控制在2~2.2斤，每条鱼的重量固定了，配料也就能标准化了，然后再将煤气灶换成能精准控制的电磁炉，加上统一的工具和SOP，厨师再也不需要凭感觉制作了。再后来，半天妖将活鱼换成冷冻鱼，将电磁炉换成精度更高的电烤箱，进一步提高了烤鱼品类的标准化水平，实现了烤鱼的"快餐化"并开放了加盟。

（2）客单价越高、附加值越高的品类，越适合直营。

定价高低决定了客户群的大小，进而影响了门店数量和品牌的扩张路径。同一品类下，高端品牌往往以直营为主，中低端品牌则以加盟为主。高端品牌往往对选址、产品和服务有更严苛的要求。在选址上，高端品牌往往集中在核心商业区，每个地区能容纳的门店数量少，能放出的加盟店也就少了，比如截至2022年9月，杭州只有40家喜茶直营店，但其他品牌加盟店却多得多。在产品上，对比品牌M、品牌H和头部品牌泡茶的SOP可以发现，头部品牌对员工的操作要求更高，而且头部品牌经常改SOP，比如喜茶仅有直营店时每周更改1~2次，新品刚上市时可能一天改两三次，管理难度大，很难通过加盟实现。喜茶在开放加盟前，对产品进行了大刀阔斧的修改，更替产品，下调售价，降低操作难度，比如将原价28元的多肉葡萄更替成售价18元的多肉葡萄冻，去掉奶盖，减少果肉，增加NFC果汁比例，减少SOP的步骤，从而为开放加盟创造技术条件。

（3）在缺少资金，但品类发展迅速的情况下，优先考虑开放加盟。

有时候选择直营或者加盟也需要考虑市场环境，当竞品们都在跑马圈地，疯狂扩张，但又没有办法融资时，应该优先考虑加盟，扩大规模，发展问题可以在发展过程中解决。缺乏加盟经验的新品牌，一夜之间爆红后，选择加盟往往意味着品牌发展不可持续，易出现辉煌后迅速湮灭的情况。这类情况在网红品牌上时常发生，猫山王、彻思叔叔、瑞可爷爷、答案茶均是如此。

（4）外部环境变化或者品牌遇到扩张瓶颈时，可由直营改成加盟。

比如喜茶，在2022年11月，只做直营的喜茶突然宣布开放加盟，喜茶创始人聂云宸在2016年接受媒体采访曾说"喜茶不开放加盟，品牌文化这种东西，单店加盟的形式是创造不来的"。那为什么过了6年，聂云宸改主意了呢？因为市场环境和喜茶自身都发生了变化。

2020年后重资产的直营品牌遭受重创,现金消耗极大,加上消费意愿低,处于高端市场的喜茶,营业收入进一步萎缩,为刺激消费,不得不下调了产品售价,主推产品从30元降低到20元以内。截至2022年11月,喜茶菜单上19元以下产品已经占到了近八成。现金储备减少加上营业收入下滑,尚未上市的喜茶缺乏扩张所需的资金,扩张速度大大减缓,详情如图4-22所示。

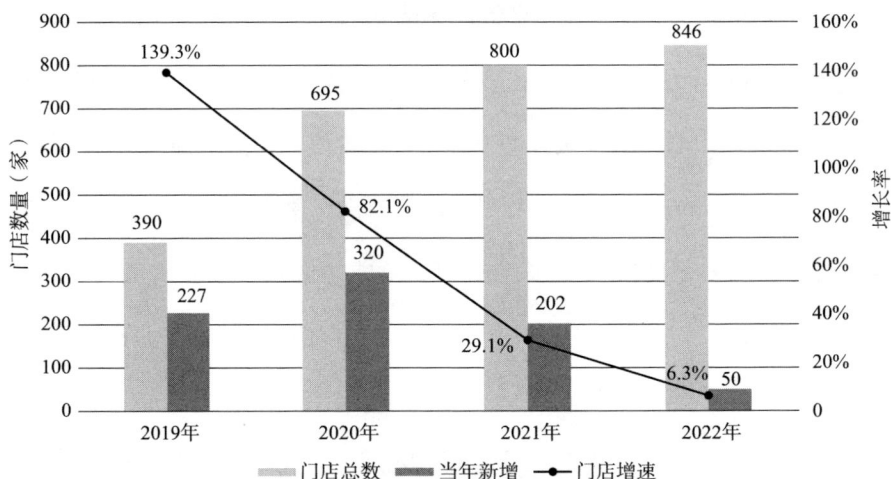

图 4-22　喜茶开放加盟前门店数量增速变化

据喜茶官方数据,2019年和2020年喜茶的增速分别为139.3%和82.1%,到2021年,门店增速已经下降到29.1%。到2022年,门店增速更是下降到6.3%。窄门餐眼数据显示,截至2022年11月,喜茶新店仅有50多家。

喜茶门店增速下降还受限于一二线城市茶饮市场的饱和。由于喜茶的高端定位,有超过92%的门店位于一二线城市,该占的点位都占了,想要继续扩张,只能下沉到三四线城市。三四线城市的消费水平低于一二线城市,奶茶品牌各级别城市分布比例如图4-23所示。因此,喜茶决定在下调价格后,开放加盟,既解决了三四线城市与品牌定位的错位,也解决了扩张所需的资金困境。

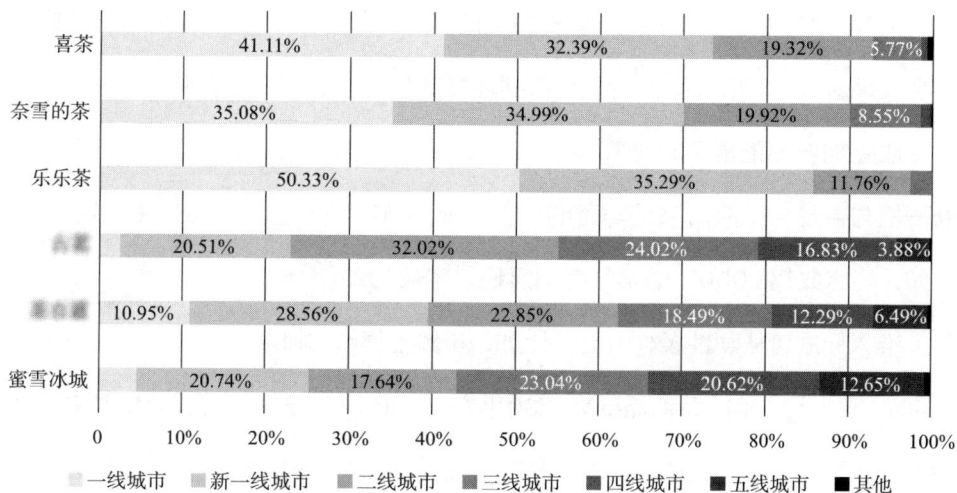

图 4-23　奶茶品牌各级别城市分布比例

品牌想要实现连锁经营，如何实现产品和服务的标准化？QSC、SOP和5S就是答案，在本书中，虽然书名中提及的是"开一家餐饮小店"，但在不少章节中已经加入了连锁经营的思维和技巧，绝大部分案例都是连锁品牌。如果不需要连锁经营，根本不用注册商标，也不用制定详细的SOP和规章制度，一家小店只是起步，并不是终点。

开一家直营店和开100家加盟店的区别，就像你特别善长射箭，练了两三年小有成就，现在要求你作为老师教会100个普通人学习射箭，短期内达到你的水平一样。想做加盟，必须确保单店盈利模式经过验证，有能力让加盟店盈利，并且拥有特许经营备案。品牌至少拥有至少两个直营店，经营时间超过一年，商标注册成功后，才能向商务部申请备案，有备案之后就能招募加盟商了。

门店数量少的时候，经营比管理重要，等到了一定规模，就必须重视管理和组织，下面以加盟店为例讲一下如何管理门店。一个加盟连锁品牌能不能做好，取决于连锁加盟体系。连锁加盟体系的建立，是不停踩"坑"、不停填"坑"的过程。从招商到审核，从培训到装修，从督导到物料管控，到处都有"坑"。

招商环节设置准入标准并审核加盟商奠定了加盟门店的质量基础。门店运营中人是最关键的因素，一个合格的加盟商可以极大地降低品牌总部的管理压力。建立加盟商的准入标准和审核机制是每个加盟连锁品牌的必修课，准入标准严格与否是一个品牌强势与否的重要依据，市场表现越好的品牌往往越严格，比如，门店数超3 000家的某品牌加盟通过率仅为2.4%。

准入标准可从硬性条件开始，比如，年龄不得超过35岁，不能合伙，资金限定50万元以上，商铺面积需要大于30平方米，必须具备一定的社会资源等。然后是一些附加条件，比如，要求有餐饮从业经验，热爱餐饮行业，加盟主必须亲自经营，能接受门店培育期的亏损。最后是理念上的要求，比如，认同总部的企业文化和经营理念，把加盟店作为长期经营的一项事业，不能抱着财务投资的心态加盟品牌。

为什么要重视经营理念？因为加盟商与品牌方的利益并不一致，如果加盟商作为一个财务投资者，它的最高目标是快速回本，获得更多的投资回报。当门店赚钱的时候，总部说什么都可以，总部说什么都是对的。但当品牌不赚钱了，那所有的矛盾都会被激化，加盟商会偷工减料，降低成本，会私自上架产品，扩充品类，比如在奶茶店里卖烤番薯，在披萨店里卖烧烤。没有加盟商的配合，品牌就失控了。只有排除急功近利的财务投资者，保留愿意长期经营的加盟商，后续的门店管控压力才能降低。

满足准入标准仅仅意味着有机会获得加盟资格，但最终能不能加盟成功，还需要审核评估。如加盟一家奶茶店提交申请表后会接到电话初审，电话初审通过后，进行视频初审。视频初审通过后再进行区域面谈。面谈就像面试，主要是了解加盟商对行业和品牌的了解程度，对经营概念的理解程度，是否有相关从业和管理经验，对当地市场的了解程度，开店是否有利资源，抗风险能力如何，人员准备情况等。更具体的还可能谈到准备投资多少、打算什么时候回本、打算如何管理人员和店铺、怎么做活动之类的问题。面谈通过后，公司提供选址服务，审核加盟商提交的铺面，人流量不足，与公司市场规划方向不符，距离其他门店过近或者成本过高均会被否决。铺面审核通过后，才算加盟成功，能与公司正式签订加盟合同。

招商审核完成后，就轮到头疼的培训了。加盟商都去哪里培训？培训多久？培训哪些内容？最少需要几个人参加培训？新产品上市前需不需要再回来培训？培训时加盟商住宿问题如何解决？如何保证培训的效果？门店设备摆放与培训时有区别怎么办？

最佳的培训场地是门店，很多品牌会在自己总部楼下设立一个直营店作为培训点。品牌有计划地按区域扩张，可以通过设立区域代理来分担培训压力，将各区域的培训任务下放到区域代理的门店，或者在所有门店中选出示范门店，将新签约加盟商的培训安排在示范门店，这样既分担了总部的培训压力，也降低了示范门店的人力成本。

门店实操培训的时间越长，效果越好，不同岗位轮岗练习，通过不停地实践巩固操作内容，形成条件反射，上岗后更熟练。比如喜茶加盟条件中首先是成为合格的喜茶员工、在门店工作超过三个月。没有条件的品牌只能将加盟商放在总部培训，培训时间相对较短，熟练度会差一些。

培训一般包括理论、实操、服务和食品安全四部分内容，每个部分学完都需要参加考核，全部考核通过才能毕业，加盟商必须通过门店四个岗位的晋升考核、连续三次以上通过现有门店标准的食安品控督检考核，获得店长任职能力。培训中最重要的是实操部分，培训师先做示范，学员再练习，在练习过程中纠正学员错误操作，直至操作标准。新品上市前一般不需要再单独培训，通过总部的文字及视频教程完成学习，然后通过系统考核即可。

实操越傻瓜式，越有利于培训和标准化。比如瑞幸咖啡用全自动咖啡机大大降低培训难度，咖啡师只需要把操作手册背熟，知道不同配方按多少次按钮就行。制作香草拿铁，半糖按两下按钮，全糖按四下，然后把杯子放到机器下面，等咖啡机制作完成，盖上盖子就可以出品，全程在一分钟左右。

加盟店招聘的新员工一般由老员工现场培训，为了保证其效果，不少连锁品牌会通过App完成对新员工的考核，督导在巡店过程中也会不定期抽查。比如瑞幸新员工背完操作手册后，要参加瑞幸大学App的考试，随机出两杯咖啡名称，五分钟内做完且拍摄视频上传，通过之后才能上岗。

培训开展的同时，装修也在同步进行。门店形象关乎品牌形象，装修的细节太多，加盟商把握不住，有条件的连锁品牌一定要由公司统一装修。如果条件不允许，将设计图细化再细化，每天汇报装修进度，派驻设计师实地监工，统一采购广告材料，这样做能稍微减少设计在落地时的变形。

开店后，督导和物料管控将是主要难点。督导简而言之就是监督与指导，代表总部对门店QSC进行检查、指导和管理，帮助门店做到标准化。一个督导管理片区内多家门店，至少每个月到店1~2次，管理的主要方式是罚款。

督导是总部与加盟商之间的沟通桥梁，不能只有罚款，既要有管理也得有服务。因为有可能加盟商是不知道而不会，没掌握所以没做到，或者沟通不充分导致未能完全理解。比如，老员工不知道SOP已经修改，仍按原来的做法执行，督导应及时指正。加盟商经营遇到瓶颈，督导反馈到总部，一起寻求解决方案。已经下架的产品，加盟店不肯下架，督导去主动沟通，阐明下架的理由，说服加盟商。加盟商面临高峰期人手不足问题时，督导也可以先协助出品等。

管控门店原物料是另外一个大课题。产品标准化的前提是原物料的统一采购，违规外采会导致SOP形同虚设，降低门店产品品质。外采也会直接损害总部的利益，加盟费的收入是一次性的，原物料的收入则是持续的，管控好每一个加盟店，总部才能实现长期盈利。外采最多的是市场上容易购买到的标准品，比如牛奶、奶油等，总部无法通过OEM垄断这些产品。其他的诸如奶精、茶叶、珍珠等非标品都可以通过OEM定制来降低外采风险。

门店的管控可以从ERP系统开始，结合收银系统，将进货数据与点单挂钩，每下单一个产品，系统就减掉相应的原物料，如果原物料为0，产品就无法下单。比如一杯豆腐奶茶需要10 g牛乳粉、8 g茶叶、月售1 000杯则需10 000 g牛乳粉、8 000 g茶叶，如果门店进货+库存低于这两个数值，则可以判定有外采行为。

在实际管控过程中，允许有一定的容错率。比如今天有30L牛奶，订单显示用了28 L，晚上盘点时，剩余牛奶量在1.5~2.5 L均可，有500 mL的容错率，但是不能超过这个数字，否则系统就会“标红”，标红的原材料太多，加盟店就会被追责，接受调查。

门店的监控系统也很重要，厨房应确保监控无死角，监控信号直连总部，并由专人负责监督，如发现违规操作或者有外采物料，应马上记录并向门店反馈。

系统是死的，可能有漏洞，管控最好能配合实地督查。比如所有门店的配货都由总部专车发货，直达门店，现场协助门店盘货，以彻底封死外采的可能。当然，以这种方式督查，很费钱，相当于开了一个物流公司，建立了独立的物流系统，需要投资仓库、购买货车、招聘司机等。

品牌一旦跨区域发展，就会遇到不同区域口味偏好差异的挑战，一张SOP并不能照顾到所有地区。面对区域口味差异，因地制宜本地化是最佳解决方案。可以根据不同地区设置不同的产品线，或对现有产品做本土化的改良，保持特色，入乡随俗，加入当地的配菜、配料，替换成当地更熟悉的主食搭配等。比如探鱼在北京推酱香味烤鱼，在贵州推酸汤味烤鱼，在成都推鲜青椒烤鱼，在重庆推豆花烤鱼。长期在一个区域发展的品牌，向外扩张往往会遇到困难，根本原因在于产品经过长时间打磨，已经固化为具有本地偏好的产品。

餐饮人为了解决加盟管控的难题，也有一些模式创新的案例。比如合作经营模式，不对外开放加盟，只有公司总部员工（含前员工）、每个单店员工、与公司有业务来往的熟人才有资格申请合伙。

还有一种被广泛采用的模式：加盟托管。加盟商出资，其对门店有知情权和监督权，但不参与具体经营，而是委托总部运营门店。所有员工由总部统一招聘、培训和管理，所有原料、设备都由总部配发，除了产权，其他地方都像一个直营店，最大限度保证门店控制权。

20家、100家、500家、1 000家是连锁经营的几个槛，各个阶段遇到的瓶颈都有差异，万变不离其宗的是如何提高管理效率。餐饮人应该多利用互联网，多用数据化的管理工具，诸如金数据、飞书、企业微信、腾讯文档、草料二维码等，以此减少对人的依赖。

后 记

以上是我从业十余年的经验总结，回望刚入行时的自己，就像张白纸一样，什么都不懂，迫切的求助任意一个能帮上忙的前辈，知乎上餐饮人@汪惟和@拿叔像是黑暗中的明灯，帮我照亮一条大路。没有他们的指引，我大概率早就退出这个行业，安安分分做心理咨询去了。受惠于人，我也希望自己能变成别人行业路上的那盏明灯。

开店所需的资料，包括连锁品牌的SOP文件、品牌制度规范、QSC检查表、合伙协议书、装修手册、商户装修设计指引、装修设计案例、外卖利润核算表、定制水吧台设计案例、选址评估表、选址盈亏预测分析表、各种函数计算表等，大部分已经上传至飞书在线文档（文末扫码），希望对你们有帮助。

书中结论和方法来源于个人经验，我跑过的市场有限，吃过的产品有限，审美水平不高，从业的时间也不算长，无法做到全面准确，如果关于本书的内容你有不同意见，随时欢迎指正。

餐饮创业是根据实际情况不断解决问题、不断尝试、不断演进的过程，就像开车，需要时刻观察路况，随时调整速度和方向。餐饮的盈利模式是在实践中生长出来的，没有标准答案，很难事先规划。市场环境一直在变，一代人有一代人的机会，初创公司必须敢于冒险，勇于创新，结合实际，快速反应，做小步高频的迭代，在迭代中发现属于自己的机会。而这种高频的迭代，可能一迭就是十年。

餐饮创业符合复利效应，前期发展非常缓慢，变化很小，熬到了一个临界点后，突然出现指数性增长。优秀的餐饮企业往往是十年起步，海底捞、乡村基、真功夫、小肥羊、蜜雪冰城都超过25年。

虽然全书都在描述创业的难，但事实上，很多人一旦走上了创业的路，无论成功或失败，再也不愿意回到朝九晚五的工作状态。只有创业才能让生活充满激情，也只有创业才能带来真正的自由。希望在读此书的你，有一天也能拥有这样的自由。

最后一条建议，餐饮劳动强度大、工作时间长，创业时注意锻炼身体、保持健康。比如我就是因为身体孱弱，职业病缠身，无法继续高强度工作在餐饮一线，以后只能以投资人或品牌顾问的方式参与餐饮创业。

如果关于餐饮创业你有什么问题或者建议，可以上知乎找@苏先生，在飞书上留言。